신들과
행복을
다투다

신들과
행복을
다투다

ⓒ 장국현, 2019

초판 1쇄 발행 2019년 5월 14일

지은이 　 장국현
펴낸이 　 이기봉
편집 　 　 좋은땅 편집팀
펴낸곳 　 도서출판 좋은땅
주소 　 　 경기도 고양시 덕양구 통일로 140 B동 442호(동산동, 삼송테크노밸리)
전화 　 　 02)374-8616~7
팩스 　 　 02)374-8614
이메일 　 so20s@naver.com
홈페이지 www.g-world.co.kr

ISBN 　 979-11-6435-302-6 (03100)

이 도서의 국립중앙도서관 출판예정도서목록(CIP)은 서지정보유통지원시스템 홈페이지(http://seoji.nl.go.kr)와 국가
자료공동목록시스템(http://www.nl.go.kr/kolisnet)에서 이용하실 수 있습니다. (CIP제어번호: CIP2019016972)

신들과 행복을 다투다

지고의 행복을 찾아 나선 자의 여정

행복, 삶, 죽음, 섭리, 자유, 자아, 종교 등에 대한 단상 1

장국현 지음

좋은땅

사랑하고 의지하는 아내 김정은에게 이 책을 드립니다.

먼 길을 돌아왔고 오랜 시간을 기다렸다. 신의 형벌을 다하기까지. 원하는 일의 창조가 아닌 의무를 수행해야 하는 세월을.

이 글은, 지고(至高)의 행복을 찾아 나선 자의 정신적 여정의 기록이다. 또한 행복, 삶, 죽음, 섭리, 자유, 자아, 종교 등에 대한 사색의 정리이기도 하다.

독자들께 부탁하는 바, 주제를 벗어난 중간중간의 잡설들은 쉽게 소화되지 않는 글의 소화제로 여겨 주시기 바란다. 일부 주제에 대해서는 중복되는 서술도 있으나 본(本)은 같아도 말(末)이 상이하여 굳이 생략하지 않았다. 교향악의 변주곡처럼 중요 주제에 대한 부연 설명이라고 생각해 주시면 감사하겠다.

이 자리를 빌려 나를 깨우쳐 준 선철(先哲)들에게, 정신적 물질적 지원을 아끼지 않으신 부모님께, 그리고 별스러운 사람과 30년 가까이 살아 준 아내에게 깊은 감사를 드린다.

　또한 오늘의 내가 있기까지 연기(緣起)의 사슬이 되어 준 친지, 친구들(심진호, 이근호, 최상선, 임성빈…), 지금까지 밥벌이를 허락한 SK Telecom 및 Service Ace, 그리고 선후배, 동료(김경원, 정경현, 임대식, 유재수…) 여러분께도 감사의 마음을 드린다.

2019. 3. 3

일산에서

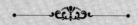

이 지구상에서 오직 990명의 현자(賢者)만이 이 책을 소유할 것이다.

목 차

1. 2008

'08. 1. 2

〈나의 삶〉

아! 나는 살고 있는가, 살아지고 있는가, 죽어 가고 있는가, 그 기준은 무엇인가.

하고픈 일을 하고 있는가, 해야 하는 일을 하고 있는가, 그 끝은 어디인가.

전체적인 인생에서 행복의 척도는 원하는 삶을 산 기간이라고 할 때 일생 동안 원치 않는 삶을 살았다면 그 인생은 무슨 의미가 있는가.

이 삶의 고통을 어떻게 인식해야 하는가.

고통(고민)이 없으면 성장도 없다. 그러나 반드시 그것을 극복해야 한다. 극복하지 못한 고통은 불행 그 자체일 뿐이다.

'행복과 고통'의 관계는 '새와 공기(의 저항)', '고기잡이와 갈대'의 관계와 같다.

〈어떤 세계관과 인생관〉

어느 낯선 곳에 살기 시작했다. 주변에는 인공물도 있고 자연물도 있고 사람도 있다. 그러나 나는 이곳이 지도상에 어디에 있는지, 지구인지 다른 혹성인지 모른다. 내가 살고 있는 이 세계가 도대체 어떻게 생겨났으며 이 세계와 나는 어떤 관계가 있는지 모른다. 그렇지만 나는 살아간다. 죽을 때까지 몰라도 살 수 있다. 동물처럼.

나는 내가 누구인지 모른다. 내 인생을 어떻게 살면 내가 가장 행복할지 모른다. 또 나에게 어떤 것이 행복인지 모른다. 단지 현실적으로 건강과 돈과 좋은 이웃이 있으면 행복할 거라 생각한다. 나는 지금 행복한지 아닌지 잘 모른다. 앞으로 행복할지 어떨지 모른다. 내가 행복

신들과 행복을 다투다

을 위해 원하는, 그것만 있으면 최소한 행복은 보장되는 그것을 돈이라 생각한다.

나는 죽음은 생각하지 않는다. 내 생이 아직 많이 남아 있기 때문에 그런 생각은 나중에, 긴 세월 경과 후에 해도 된다고 생각한다. 그렇지만 죽음은 두렵다. 동물처럼.

〈자유와 욕망〉

마음대로 선택할 수 있음, 하고 싶은 것을 하고, 하기 싫은 것을 하지 않을 수 있음, 이런 상태와 행동을 "자유"라고 한다면 현상계의 자유일 뿐이다. 이 수준을 "자유"라기보다는 "욕망(의 실현)"이라고 해야 정확한 표현이 아닐까? 소탈한 음식과 진귀하고 맛있는 음식 중 후자를 선택하는 자유는 진정한 자유가 아니라 욕망의 메커니즘에 따른 기계적인 행동이다. 인과율의 법칙일 뿐이다.

진정한 자유의 하나는 이 욕망의 메커니즘, 인과율, 동기의 법칙으로부터의 자유이다. 욕망에 의해 영향받지 않는 선택과 행동을 할 수 있는 자유.

그리고 이보다 더 본질적이고 고차원적인 자유는 자신의 생의 의지를 극복하는 자유이다. 자신도 굶주렸음에도 불구하고 타인을 위해 음식물을 양보하는, 신념이나 타인을 위해 목숨을 내놓는 수준의 자유.

자유 가운데 당장 실천할 수 있는 것은 욕망을 버리는 것이다. 식욕, 성욕, 물욕 등에 대한 자유. 어느 수준까지 자유로워질 수 있을까.

〈행복의 조건〉

행복한가, 불행한가, 그 이유는 무엇인가. 건강해서, 물질적 여유가 있어서, 가족이 화목해서, 진리에 대한 의지가 있어서… 이러한 것들은 어느 수준이면 행복한가.

그러나 일상의 어느 순간 갑자기 왜 행복한가를 생각해 보면 그 순간에 걱정(고통)이 없음과 잠재 행복이 있기 때문일 것이다. 행복의 조건은 평안과 잠재 행복이다.

잠재 행복은 희망과 유사하지만 희망은 아니다. 예상되는 행복, 발생 확률 높은 행복이다. 잠재 행복은 처한 상황이 고통스러울수록 많고 권태로울수록 적다.

내 삶 가운데에서도 평안을 느끼고 잠재 행복조차 바라지 않는 자는 "신들과 행복을 다툴 수 있는 자"이다. 절대 행복을 가진 자. 아! 나의 꿈이여.

'08. 1. 4

〈신의 지배〉

인간은 신의 지배를 받는다.

신은 인간의 마음속에 인간을 조종할 수 있는 것을 깊이 심어 놓았으니 그것은 욕망이다.

인간은 욕망의 프로그램대로 움직인다. 인간에게 욕망의 프로그램은 필연이라는 인과법칙과 같다. 신은 물질로, 안락함으로 인간을 유혹한다. 인간은 신이 제시한 조건을 선택하지만 알고 보면 선택이 아니라 욕망의 프로그램(필연)대로 움직일 뿐이다.

신의 지배를, 필연을, 욕망의 프로그램을 벗어나려면 신이 심어 놓은 욕망을 제거해야 한다. 고통을 흔쾌히 견뎌야 한다. 그럼으로써 비로소 인간은 자유로워진다. 인생의 목표다.

신들과 행복을 다투다

〈아비〉

아비는 가족을 등에 태우고 인생길을 가는 나귀다. 등에 올라탄 처자식은 즐겁게 뛰놀고 아비되는 자는 위태로운 한 걸음을 옮겨 놓는다. 탄 자가 태우고 가는 자의 마음을 어이 알랴, 나귀가 아니라 코끼리였더라면 나으련만…

〈고통의 원인〉

고통에 대해 깨달음이 없는 자는 남의 탓으로 돌린다. 깨닫기 시작한 자는 자신의 탓이라고 생각한다. 그러나 **현자는 누구의 탓도 아님을 알고 있다.**

〈철〉

사람은 인생에 두 번 철이 든다. 첫 번째는 삶을 윤택하게 잘 살기 위한 깨달음이고 두 번째는 삶을 잘 마무리하기(죽기) 위한 깨달음이다. **전자는 삶에 눈을 뜨는 것이고 후자는 죽음에 눈을 뜨는 것이다.** 현명한 사람일수록 일찍 철이 든다. 보통은 10~20대에 삶에 대한 철이 들지만 죽음에 대한 철은 사람마다 다르다. 그래도 인생을 생각하는 사람은 40대에 두 번째 철이 들지만 죽기 직전까지 두 번째 철이 들지 않는 사람도 많다. 첫 번째 깨달음으로만 인생을 사는 것이다. 가여운 인생이다.

——— '08. 1. 5

〈속물〉

세상은 도덕, 철학, 선에 대한 소망을 이야기하면 겉으로는 수긍하지만 속으로는 한심해하고 나아가 비웃는다. 금전, 명예, 권세, 애욕,

생존 경쟁 등에 대한 이야기를 하면 칭찬과 함께 격려를 한다. 인간의 타고난 속물 근성.

〈연민〉

사람들에게서 연민을 느낀다. 웃지 않는 그의 모습에서 이면에 드리운 생의 욕망과 고통을, 나와 동료의 억지 웃음에서 인생의 비애를, 지나가는 여자의 몸을 조인 옷에서 감추고 싶지만 감추어지지 않는 결점을 괴로워할 그녀의 마음을 느낀다. 고통을 내려놓지 못하고 껴안고 사는 인생들⋯

〈결혼의 조건〉

결혼을 하려면 상대를 자신보다 더 죽도록 사랑하든가, 그만한 사랑이 없으면 어떠한 경우에도 상대를 포용할 덕이 자신에게 있어야 한다. 둘 중 하나가 없으면 반드시 결혼 내내 삐걱거리며 살든지 이혼에 이른다.

'08. 1. 10

〈월요일의 행복〉

월요일 행복한 마음으로 즐겁게 출근하는 사람은 얼마나 될까. 아니 무겁지 않은 마음으로라도 출근하는 사람은 얼마나 될까. 뭇 사람들의 상황과 비교하여 나의 상황은 몇 %의 행복 안에 들 것인가. 객관적 상황이 주관적 행복을 결정하지는 못하지만, 객관적 상황만으로 순위를 정한다 해도 나는 행복해야 할 의무가 있다.

이제껏 경험하지 못한 행복이 존재하여 유혹한다 해도 더 이상의 행복은 내게 무의미하다. 그것이 최고의 행복일수록 나의 평정에는 유해하다. 외부의 행복을 모른 채 만족하는 것이 행복이므로.

현실은 고뇌의 사각 링. 여유 있게 서 있을 수 없다. 시시각각 날아 오는 타인과 상황의 매를 피하고 또 내가 때리고 극복해야 한다. 그곳 은 생각할 겨를도 기술을 연마할 시간도 없다. 다만 평소에 미리 연습 한 만큼의 실력으로 버티는 것이다. 내가 쓰러지든 상대가 쓰러지든.

〈철학적 인생〉

철학적 결심(선한 삶, 인내, 평정의 유지…)은 현실과 부딪힐 때 한 방에 무너지곤 한다. 그러나 매번 현실에 패하는 철학적 인생이지만, 그 인생의 궤적은 결국 "철학적 결심"이라는 매우 긴 반지름의 원주를 따라 가게 될 것을 믿는다.

'08. 1. 15

〈자수〉

"인생은 수놓은 직물이다."(쇼펜하우어) 인생은 아름답고 화려하고 희망으로 가득 찬 자수의 표면인가, 수고와 고통의 흔적이 적나라한 자수의 이면인가. Optimist는 전자라 할 것이고 Pessimist는 후자라 할 것이다. 인생은 분명 양자가 공존한다. 그러나 인생은 수고와 고통의 기간이 훨씬 많다. 짧은 쾌락을 위해 긴 고통의 시간을 보내는 것이다.

다시 한 번, 우리는 Pessimism의 현실에 처해 있음을 인식하고 있어 야 하지만 Optimism의 사고로 이 세상을 살아야 한다.

〈모순〉

매일, 회사에 나가기를 싫어하면서도, 매일, 회사에 못나가게 될까 걱정한다.

〈직업관〉

사람들은 자신의 승진이나 영달을 위한 업무와 자리를 쫓는다. 회사의 이익은 차선이다.

바람직한 직업관은, 자신이 어디에서 일하는 것이 가장 회사에 이익이 되는가를 우선 고려하는 것이며, 자신으로 인해 발생하는 비용 이상 회사에 기여해야 한다는 것.

자신이 회사에 가장 잘 기여할 수 있는 일을 하고 있고 자신이 발생시키는 비용 이상 회사에 이익을 주고 있다면 떳떳한 것이다. 자신에게건, 회사에게건, 세상에게건.

── '08. 2. 11

〈시간〉

업무 중 시간이 빨리 가면 "벌써 시간이 이렇게 되었네." 하고 놀라면서도 내심 좋아한다. 과연 그렇게 생각하는 것이 옳은가? 유한한 인생의 소비라는 측면에서…

인생의 힘든 시간은 생략되길 바라고 즐거운 시간은 멈추기를 바라는 것이 인간의 마음. 힘든 시간이 생략되길 바란다면 인생 70년이라 할 때 최소 20~30년은 생략될 것이다. 살고 싶은 시간만 산다면 20년도 못 살 것이다. 죽음 앞에서도 같은 생각을 할까?

나는 지금 이 시간을 어떻게 보내야 하는가?

'08. 2.15

〈선물과 나눔〉

누구에게서 음식을 선물 받았을 때 그 음식을 그 자리에서 주변 사람과 나누어 먹는 것과 그렇게 하지 않는 것과 어떤 차이가 있을까?

선물한 사람의 마음은 선물을 받은 사람이 홀로 그 선물을 가지고 자신의 마음을 알아주길 바랄 것이다.

선물 받은 음식을 나누어 먹은 주변인은 나누어 준 사람이 덕 있다 할 것이다.

둘 중, 선물 준 사람의 마음을 알아주는 행동이 순수함에서 앞선다고 생각된다.

'08. 2. 20

〈추구하는 것〉

진정으로 추구하는 것은 무엇인가. 물론 행복이지만 구체적으로 표현하면 무엇인가.

흔히 "돈"이라고 생각하지만 금전의 추구는 지속적으로 욕망의 늪을 헤맬 뿐이며 불만족의 갈증을 느낄 뿐이다. 그런 인생에는 만족의 기쁨과 평화가 없다.

돈은 행복으로 가까이 가기 위한 도구의 하나에 불과하다. 자신의 행복을 추구할 만큼의 도구를 얻었다면 그 도구를 이용해서 원하는 바를 실행하여야 한다. 언제까지나 도구만을 모을 것인가. 도구는 도구일 뿐 수단이지 목적이 아니다.

그 외에 가족의 건강, 자식의 교육과 성공을 들기도 하지만 자신의 직접적인 문제는 아니다. 그것은 나에게 고통을 주지 않거나 일시적인 행복을 줄 뿐이다.

행복은 고통을 품고 있다. 고통스러운 행복과 행복한 고통, 슬픈 기쁨과 기쁜 슬픔 사이를 왕복한다.

내가 추구하는 바—아직 명확하지는 않지만—를 위한 노력의 산물이 언젠가는 차고 넘칠 것을 믿는다. 넘치는 그것이 나와 타인에게 행복을 주길 바랄 뿐이다.

'08. 2. 22

〈행복의 속성〉

고통의 단계에서는 고통을 면하는 것만으로 행복하다고 느낀다.

고통을 면한 상태가 지속되면 무료해지며 무료의 단계에서는 원하는 것을 성취해야 행복하다고 느낀다.

원하는 것, 욕망을 달성했을 때의 행복도 지속되지는 않는다. 이것이 행복의 속성이다.

〈완전한 기쁨과 고통〉

외부에서 오는 기쁨은 상대적이고 유한하다. 내부의 성찰을 통한 만족에서 오는 기쁨은 보다 완전하고 절대적이다. 진정한 기쁨과 고통은 마음속에 있다. 인생의 기쁨이나 고통은 주관적이며 빈부 고저와 큰 상관없다. 따라서 절대 빈곤자가 아닌 대부분의 사람은 스스로 행복할 수 있으나 욕망에 집착하여 철판 같은 무지의 벽을 뚫지 못한다.

〈병사의 절망〉

"모든 것이 타아에 맡겨진 자아의 절망" - 이문열 『새하곡』

신들과 행복을 다투다

세상은 자아의 의지와 표상인 바, 타아에 맡겨진 자아에게 세상은 없다. 절망할 수밖에.

〈준비자의 절망〉

행복을 미분 개념으로서 어렵게 구명(행복의 크기는 양의 기울기 값과 같다.)하였으나 스피노자의 변화로서의 행복 개념을 접했을 때, 그리고 철학적 문학을 쓰려고 준비하였으나 『이 황량한 역에서』 등—이문열 초기 작품들—을 읽었을 때, 나는 '영화 〈혹성 탈출〉의 주인공이 쓰러진 비너스상을 볼 때 엄습했을 절망'에 압도되었다.

〈고뇌〉

어리석은 불쌍한 중생을 바라보던 석가의 마음일까?

해탈, 평안의 열쇠를 사람들에게도 깨우쳐 주어야 하는가, 나의 해탈로서 만족할 것인가. 깨달을 상황과 마음의 준비가 되어 있지 않은 자에게는 오히려 비웃음을 살 뿐이다.

대승과 소승 불교 중 하나를 선택해야 하는 구도자의 고뇌. 가장 좋은 방법은 직접적인 말이 아니라 글로써 남기는 것이리라. 원하는 자만 볼 수 있도록. 눈 있는 자 보고, 귀 있는 자 들을진저.

——— '08. 2. 25

〈월급쟁이〉

우연히 20년 전에 다니던 회사의 출근길을 다시 걸으며 회사에 대한 느낌이 그때나 지금이나 변함없다는 것을 깨달았다. 낯섦, 두려움, 편치 않음(신병 교육대처럼).

20년의 세월이 이런 느낌을 완화시키기는 했으나 내면 속에 각인된 표상은 변함없이 형형하다. 20년간 반복되는 금요일 오후의 즐거움과 일요일 오후의 우울함이 그 예다.

〈선택〉

과거에는 일단 좋은 것이면 무조건 취했다. 좋으면 계속 좋을 것으로 생각했다. 언제부터인가 좋게 보이는 것을 선택하기가 쉽지 않다. 당장은 취함으로써 행복할지라도 그것으로 인해 새로운 불행과 고통이 수반됨을 알기에. 특히 과다한 돈, 선물, 배려, 불로소득, 아내와 자녀까지도… 많은 가시적 행복은 잠재적 고통을 품고 있다.

행복은 욕망의 성취인가, 욕망을 버리는 것인가. 행복은 욕망을 버리는 고통을 감내한 후에 오는 마음의 평안일 것이다.

그러나 아직도 매주 로또를 사는 나는 이율배반자.

'08. 3. 12

〈더 사랑한다는 것〉

한 개인과의 관계에서 더 사랑한다는 것은 더 미워할 수도 있다는 것이다. 빛에 그림자가 수반되듯, 인생의 정석이다. 사랑하지도 미워하지도 않는 기준에서 생각할 때 사랑이라는 작용은 미움이라는 반작용을 태생적으로 품고 있는 것이다.

그룹에서 한 사람을 더 사랑한다는 것은 나머지 사람을 더 미워하는 결과를 낳는다. 본의와 상관없이 차별이 생기기 때문이다.

신들과 행복을 다투다

〈결혼〉

흔히 말하듯, 결혼 유지의 주요 인자는 사랑이 아니다. 동정이고 윤리적 의무이다. 결혼을 통한 동물적 외로움의 해소, 성욕의 해소, 자식을 키우는 행복 등과 결혼을 통해 짊어져야 하는 부양의 의무와 자유/기회의 박탈, 과연 어디에 더 가치가 있는 걸까?

〈행복한 삶과 가치 있는 삶〉

행복한 삶의 척도는 행복한 시간의 합이다.

가치 있는 삶의 척도는 타인과 환경에 대한 기여의 합이다.

즉 "자신이 가진 물적 재산과 시간 중 몇 %를 기여하였는가."이다.

나는 어떤 삶을 살아야 하는가.

〈글쓰기 위한 필요조건〉

다산은 18년간의 유배 생활 기간의 역작을 통해 자신의 이름을 남겼다. 그가 유배 생활 없이 승승장구하였다면 지금과 같은 명성을 남길 수 있었을까? 현안 처리에 대부분의 시간을 보냈을 것이다. 다른 위인의 경우도 상황은 비슷하다. 결국 강제적이든 자발적이든 생업에서 자유로워져야 한다. 사고에 몰입할 시간이 필요하다.

'08. 3. 13

〈신의 공평함〉

신은 인간에게 빈부에 관계없이 공평하게 행복을 배분하였다. 다만 그것을 누리는 것은 개인의 능력이다. 어떤 계층에 속하든 주어진 행복의 양은 같다. 오히려 잠재적 행복은 낮은 계층이 더 많다.

<성 스캔들 보도에 대하여>

성적 관계가 불륜이든 어떻든 당사자 간에 문제(소송 등)가 없다면 언론에서 취급하는 것은 부당하다. 그것에 대해 보도하는 것은 누구나 가지고 있는 당연한 인간 본능을 보도하는 것이며 당사자의 인권 침해인 동시에, 보도하는 인간/단체의 비인간성을 나타내는 것이다. 성적 관계는 양자가 원하였다면 관계자 외에는 누구도 뭐라 할 수 없는 인간 본능이기 때문이다.

'08. 3. 14

<행복 담보의 조건>

미래의 행복을 위하여 현재의 행복을 담보하는 경우가 많다. 놀고 싶어도 참고 공부하는 것, 하기 싫은 일(직업)을 하는 것 등. 이러한 경우 어느 정도의 행복이 보장되어야 할까.

행복한 삶의 척도는 행복한 시간의 합이므로, 담보된 시간보다 최소 2배의 행복한 시간이 보장되어야 한다. 행복할지 불행할지 모르는 미래를 위해 현재의 행복을 포기하는 것이므로.

'08. 3. 17

<고통과 행복>

선물 받거나 고통 없이 얻은 행복은 금방 도망가 버린다고 한다. 고통을 겪고 얻은 행복이 가치 있고 또 고통의 기억에 비례하여 오래간다는 말일 것이다.

어느 정도의 행복을 얻기 위해 얼마나 고통을 겪어야 알맞은 것인가. 주관적이지만, 행복과 고통의 농도가 같다고 가정하면 이 또한 시

신들과 행복을 다투다

간의 문제일 것이다. 다음의 조건이 만족해야 미래의 행복을 위해 기꺼이 현재의 고통을 겪을 만하다.

※ 행복할 시간 > (고통의 시간 × 2)

〈자유와 노동〉

개인의 자유 의지 유무에 따라 노동은 행복일 수도 불행일 수도 있다. 하고 싶어서 하고 일의 수행 일정과 방법을 자신의 의지대로 결정하면서 할 수 있다면 노동은 행복이다.

'08. 3. 19

〈황제의 권태〉

무엇이든 마음대로 쉽게 할 수 있는 황제는 행복한가? 그의 행복은 무엇인가? 권력, 여자, 영토, 부귀… 이미 충분히 경험한 그에게는 권태일 뿐이다. 범부가 소원하는 행복도 그에게는 권태인 바, 그의 생은 얼마나 불행한가! 모든 것을 누린 자의 최후의 행복은 선(진리)에의 귀의일 것이다. 반면 비천한 범부의 불행은 무한한 행복을 내포하고 있는 것이다.

〈물고기〉

청계천을 걷다가 무리 지어 뛰어가는 외국인 마라톤 선수들을 본다. 나풀나풀 나비처럼 뛰는 동작이 부드럽고 자연스럽다. 멀리 사람들 사이로 사라지는 그들의 뒷모습이 흡사 파도 위를 튀어 오르며 헤엄치는 물고기 같다.

〈허상과 실제〉

높은 지위 - 실제로는 의무와 책임으로 자유 없이 분주한 허울만 좋은 자리.

범부의 행복 - 마음 편함. 걱정 없음.

'08. 3. 20

〈행복의 반대 개념〉

행복의 반대 개념이 불행이나 고통이라면 대부분 동의할 것이다. 그러나 진정한 반대 개념은 권태다. 고통이나 불행은 미래의 행복을 내포하고 있으나 권태는 더 이상의 아무런 행복을 기대할 수 없기 때문이다.

〈잠재 행복〉

나는 행복한가? 행복하거나 불행하다면 그 이유는 무엇인가?

잠재 행복 측면에서는, 현재 가장 행복한 사람이 가장 불행한 사람이며, 현재 가장 불행한 사람이 가장 행복한 사람이다.

이후의 잠재 행복을 생각할 때 특정 시점에서 가장 행복한 사람은 미래에 누릴 수 있는 행복이 가장 적다. 이미 누린 행복은 행복으로 남지 않는다. 반면 가장 불행한 사람은 미래에 누릴 수 있는 행복이 가장 많기 때문에 가장 행복하다.

인생 전체를 볼 때 사실은 누구나 행복한 것이다. 현재 행복한 사람은 당연히 행복하고 현재 불행한 사람은 미래의 행복이 많이 남아 있기 때문에 행복한 것이다. (반대의 해석도 있을 수 있으나 일부러 불행해 할 필요는 없다.)

신들과 행복을 다투다

〈행복과 문명〉

행복하기 위해서는 욕망을 버리라 한다. 욕망을 버리면 문명의 발전이 없다고 한다. 현 상황에서 더 이상 문명이 발전하는 것은 악이다. 따라서 더욱 욕망을 버리고 행복해야 한다.

그러나 인간에게 욕망은 삶의 엔진!

〈현명함의 극치〉

분노나 욕망 등 악마의 유혹은 물리칠 수 있는 현명함을 소유한 사람은 있다. 그러나 노력의 대가 이상, 혹은 무상으로 안겨 오는 재물, 보상 등 천사의 유혹까지도 물리칠 수 있는 현명함을 소유한 진정한 현자는 얼마나 될까?

노력의 대가 이상의 보상을 물리치는 것이 왜 현명한 일인가. 행복에 덕이 되지 못하기 때문이다. 행복에 덕이 되지 못하는 이유는 무엇인가. 첫째 무상으로 얻어진 행복은 쉬이 사라지기 때문이며 곧 공허하기 때문이다. 둘째 무엇을 얻는다는 것은 다른 무엇인가를 잃는다는 것이다. 특히 무상으로 얻어진 대가로 인해 더 많은 중요한 소유를 잃게 되기 때문이다. 노력이나 고통 없는 큰 행운을 수용하는 것은 메피스토펠레스에게 영혼을 파는 것과 같지만 - **"알라딘의 램프를 문지르지 않은 현자는 드물다."**(알랭의 인생론)

〈현실과 희망〉

사람들이 표현하는 세상은 희망으로 얇게 싸여 있다. 사람들의 모습이 미소로 얇게 포장된 것처럼. 미소 띤 인간의 욕망이 서로 부딪치면 세상은 금방 피비린내 나는 싸움터로 돌변한다. 그 미소는 살기로 바꾼다. 인간의 역사가 그러했다. 이런 세상을 말하며 희망 운운 하는 것은 블랙 코미디다.

차라리 솔직히 이렇게 말하자. 현실은 희망이 없는 욕망의 도가니지만 살기 위해서 희망을 가져야 한다고.

〈생의 심판〉

현생의 심판은 사후에 이루어지는 것이 아니라 현생에 이미 이루어진다. 현생의 잘잘못에 대한 결과로서 인간은 이미 현생에서 행복과 불행을 경험한다. 선행에 대한 보답으로서의 행복은 충분히 현생에서 경험할 수 있다. 특별한 악인이 현생의 악을 즐기고 그에 상응한 고통이 부족했다면 사후 별도 심판이 필요할 수도 있다. 신이 필요한 이유다.

그러나 "현생에 대한 심판의 결과, 다음 생도 현생처럼 살게 된다." - 플라톤

'08. 3. 25

〈낙천적 사고〉

행복을 누군가가 가져다 주는 경우는 드물다. 대부분의 행복은 스스로 우러나오는 것이다. 따라서 행복을 위한 기본 자질은 낙천적 사고이다. 낙천적 성격은 선천적일 수 있으며 향유할 수 있는 행복은 수동적이며 제한적이다. 낙천적 사고는 배움과 연구를 통한 지성에서 나오며 보다 능동적이고 무한한 행복을 향유할 수 있다. 범인이 불행을 느끼는 상황에서도 지성 있는 자는 행복을 찾을 수 있다. 이것이 교육의 중요한 목적이다.

신들과 행복을 다투다

〈행복의 지속 정도〉

열심히 노력하여 행복을 얻어도 그 행복은 오래가지 않는다. 그러면 성취한 행복은 얼마나 오래갈까? 중요한 것은 그 행복을 지속적으로 느끼는 시간이며 그 시간은 행복을 얻기까지의 고통의 정도나 고통의 시간에 비례하기보다는 고통의 기억이 지속되는 시간에 비례한다. 즉 행복을 성취하기 위해 매우 힘든 고통을 오랫동안 겪었을지라도 기억 속에 그 고통이 사라지는 순간 성취한 행복도 사라진다.

〈늙음, 죽음〉

피할 수 없는 중요한 문제이다. 이에 대한 정리 없이 행복은 없다.

늙음은 더 낮은 곳으로 내려가는 것, 그에 따라 마음이 평안해지는 과정.

죽음은… 생각할 시간이 필요하다.

'08. 3. 26

〈남녀의 사랑〉

일생을 통해 남녀가 매력 있는 낯선 상대를 원함은 서로를 취하기를 원하기 때문이다. 사회적 관계 속에 이성은 사회 규범 속에 묶여 있지만 원시의 욕망은 자유롭게 살아 있어 끝없이 상대를 욕망한다. 오히려 나이가 들어감에 따라 이성과의 사랑의 욕망은 Mental 면보다 Physical 면이 강해진다.

"남녀 간의 사랑은 유혹이며 훔치는 것이다. 또한 매혹 당하는 것이며 사로잡히는 것이다." 사랑은 이성과 의지의 제어를 초월하는 어쩔 수 없는 몰입이다.

이유나 조건이 붙는 이성의 판단과 의지가 개입된 사랑은 이미 사랑이 아니며 그것은 동정, 보답, 상실의 두려움이거나 사랑으로 포장된 다른 욕망일 것이다. "진실한 사랑의 농도는 한없이 진한 것이며 열병처럼 왔다가 그리 오래잖아 사라지는 것" 나의 남은 인생에도 사랑의 열병이 찾아올까…

'08. 3. 27

〈언어와 문자의 한계〉

언어는 현상과 사고의 매개체이다. 문자는 언어의 매개체이다. 언어와 문자 자체에 몰입하면 본래의 현상과 사고를 놓치는 경우가 있다. 매개체는 사실을 대체할 뿐 전부를 표현하지 못한다. 따라서 전달하는 자뿐만 아니라 전달받는 자의 통찰력과 상상력이 더욱 필요한 것이다. 전달받는 자의 경험과 지식이 전달하는 자의 그것에 못 미치는 경우 완전한 전달은 불가능하다.

〈고향〉

고향은 풍경으로 기억된다. 기차에서 내려 버스 타고 20여분, 내리면 골목 입구가 보이고 그 옆에는 낯익은 가게들, 동네 너머 개울에서 고기 잡던 모습들. 아파트에만 살아온 우리 아이에게도 고향의 풍경이 남아 있을까? 저 영혼 깊숙한 곳에 아스라한 기억의 잔상이 남을까? 안쓰럽다. 얻은 것만큼 잃어 가고 있다.

신들과 행복을 다투다

'08. 3. 28

〈주관과 객관의 세계〉

주관적 편차는 객관적 편차보다 훨씬 크다. 객관적 세계의 변화는 주관적 인식의 다양성만큼 크지 않다. 같은 현상에 대해 인식된 현상은 무수히 많다(개인차).

객관 세계는 끊임없이 변한다. 객관을 인식하는 주관 세계는 객관 세계만큼 변하지는 않는다(인식 주관).

'08. 3. 31

〈인식의 단계〉

지식 등 현상을 인지하는 정도는 잘 모르거나 지나치는 단계, 이해하는 단계, 공감하는 단계, 체화하는 단계 등으로 나눌 수 있다. 경험은 체화의 단계이기 때문에 중요한 것이며 체화된 지식은 언제라도 행동으로 전환될 수 있다.

독서의 경우 1회 정독보다는 다독하는 편이 체화하는 데 도움이 된다. 통독보다는 정독을 정독보다는 다수 통독을 권한다. 체화하지 못한 지식은 나의 지식이 아니다.

〈교회의 역사와 현실 - 비판적 시각에서〉

교회의 역사는 예수 사후 313년 콘스탄티누스 황제의 밀라노칙령까지는 신의 역사이며 그 이후로 교회가 권력을 쥔 현재까지는 인간의 역사이다. 부끄러운 역사이다.

교회는 신의 대리인이라는 권력을 쥐고 내적으로 불쌍한 인민의 피를 빨며 성장을 거듭했고, 외적으로는 아프리카, 아메리카, 아시아 등

신대륙으로의 팽창이라는 제국주의의 칼과 협력하며 수많은 식민지인이 피 흘리는 것을 방조, 일조했다. 이러한 과정을 통해 교회는 "모세의 제1 돌판으로 제2 돌판을 깨뜨리는" 엄청난 범죄를 저지르게 된다.

십자군전쟁, 중세의 종교재판, 신대륙 정복… 주류 교회는 언제나 가해자였다고 생각되는 바, 초기 순교 이후 자의건 타의건 희생을 감수한 사례가 있는가. 주변의 불쌍한 사람을 돕는다고 하지만 잉여의 자선이 아닌 자신이 희생으로 도운 적이 있는가.

인간은 원죄로 인해 죽을 수밖에 없고 영원한 죽음을 피하기 위해 하나님을 믿는 것이 기독교의 기본 교리다. 그러나 교회는 과거에 행한 죄의 피떡칠을 하고도 반성 없이 뻔뻔스럽게 태연히 포교를 하며 대형화, 조직화, 권력화해 가고 있다.

예수님의 목적은 불쌍한 인민의 육체적, 영적 구원이었다. 그분은 낮은 곳에 임하시어 낮은 사람과 일생을 보내셨고 낮은 사람들과 함께 죽으셨다. 우리의 대단한 교회는 낮은 곳은 관심 없다. 아니 약간 관심 있다. 교회의 성장, 교인의 복지가 이루어지고 잉여가 남을 경우.

주류 교회의 팽창의 논리는 무엇인가. 과거 제국주의의 팽창과 다른 점은 무엇인가. 선교? 우습다. 주님이 원하지 않는 방식의 선교임은 이미 자명하다.

교회는 자신들의 행동이 잘못된 것을 알지 못하는가, 알면서도 인간적 욕심으로 행하지 못하는가. 교회는 아직 반성하지 않고 있으며 그럴 생각 없이 공허한 단편적인 성경 일부만을 읊어대며 딴전을 피우고 있다.

오늘날 주류 교회의 목자의 자질은 어떠한가. 그들이 목회를 하는 진정한 목적은 무엇인가. 영혼의 구제인가, 생활의 방편인가. 목자의

신들과 행복을 다투다

개념은 양들과 함께 먹고 자며 생활하는 양치기이다. 목자의 양심으로서 어찌 평균 이상의 생활이 가능한가. 그 부끄러움은 하나님만을 위한 것인가. 그들은 왜 교회를 팽창시키는가.

과연 교회는 예수님의 몸체인가. 목자는 신의 대리인인가.

—— **'08. 4. 2**

〈소박한 행복〉

우리가 추구하는 것들 중 몇 %가 진정 가치 있는 것인가.

행복을 위한 조건이 많을수록 행복에 도달하기도(느끼기도) 어려우며 도달했다 하더라도 그 조건들의 변화로 인해 지속적인 행복을 누리기가 어렵다. 단지 햇볕 쬐는 것을 원했던 디오게네스와 같이 소박한 희망일수록 행복에 가까이 있다. 통쾌한 삶, 무소유의 자유로움.

외롭지 않을 정도의 교제, 배고프지 않을 정도의 음식, 기본 의식주를 해결할 정도의 금전 등 육체적, 물질적 추구는 최소한이 좋다. 과하면 불행의 씨앗이 된다. 반면 정신적 추구는 많을수록 행복하다.

—— **'08. 4. 3**

〈두 가지 자유〉

행복 선택의 자유: 행복하기 위한 조건은 다양하다. 권력, 부유, 명예, 소박함… 그러나 태어난 환경에 따라 그 환경에 어울리는 조건에서 벗어나기가 어렵다. 귀족의 경우 귀족의 신분을 벗어 버리고 소박한 행복을 추구하기는 쉽지 않다. 즉 원하는 행복을 선택할 수 있는 자유를 가진 사람은 행복 선택에 제약이 있는 사람보다 행복하다.

잉여 행복 처분의 자유: 잉여 행복이 있고 그것을 처분할 수 있는 자유를 가진 사람은 행복하다. 단, 잉여 행복이 있는 자는 많아도 그것을 기꺼이 처분할 수 있는 자는 많지 않다.

'08. 4. 10

〈행복과 불행〉

산다는 것은 행복과 고통 양면으로 이루어진 뫼비우스의 띠를 걸어가는 것이다. 행복과 고통은 분리되어 있지 않고 서로 꼬리를 물고 있다. 행복 속에는 불행, 불행 속에는 행복이 잉태되고 있는 것이다.

〈고통의 실체〉

우리가 생각하는 고통은 대부분 실재하지 않으며 실재해도 생각보다는 훨씬 작다. 과거의 고통은 기억 속에만 존재하며, 미래의 고통은 상상 속에만 존재한다. 상상하는 대부분의 불행은 발생하지 않으며 발생해도 그 고통은 상상만큼 크지 않다.

〈유년과 노년〉

유년일수록 대체로 인식 성향이 강하다. 잘 들으려 한다. 노년일수록 인식 성향이 약하다. 들으려 하지 않고 말하려 한다.

"어린아이는 초인종이 울리면 천사(즐거움, 호기심, 행운, 기대)를 생각하고, 노인은 악마(두려움, 괴로움, 성가심, 죽음)를 생각한다. 노인에게 세상은 허무할 수밖에 없다. 남은 생이 없으며, 젊을 때 존재한다고 믿었던 행복을 찾아 헤매다 망상에서 깨어나기 때문이다." - 쇼펜하우어(인생론)

〈인생의 길이〉

체감하는 인생의 길이는 기억의 양에 비례한다. 인생을 오래 사는 방법은 일기를 쓰는 것이며 새로운 자극을 얻는 여행, 새로운 곳으로의 이사, 새로운 학문에 접하기, 사고하기 등이다. 반복되는 일상 속에서 아무 사고 없이 사는 것은 인생을 짧게 사는 지름길이다.

〈객관과 주관〉

객관적 사고로는 나는 전 우주의 미미한 존재일 뿐이지만 주관적 사고로는 내가 세상의 중심이다.

〈이성과 의지〉

직관(오감) → 오성(지각과 인식) → 이성(분별과 판단) → 의지(이성의 주인, 욕망)

'08. 4. 14

〈지금 행복한 이유〉

현재 행복하다. 건강하다. 행복의 본질과 현상을 인지하고 있다. 고통, 근심이 없다. 소박한 부가 있다. 그래서 지금 행복하다.

현재에 행복한 사람은 없다고 한다. 행복하려면 더 채워야 할 욕망이 있기 때문이리라. 그 욕망을 채우기 위해 현재의 행복을 느끼지 못한 채 바삐 달려 가는 자의 미래는 공허할 뿐. 미래의 시점에 느낄 수 있는 행복은 원하고 상상했던 행복의 1%나 될는지…

〈행복의 기본〉

어릴 적 행복의 기본은 안락함이었다. 안락함이 없는 삶은 고통이었다. 청년기 행복의 기본은 함께 하는 연인이었다. 환경과 상관없이 함께한 사람이 누구인가가 행복의 척도였다. 지금 바라는 행복의 기본은 보편적 시각을 소유한 지성이다. "궁궐이든 감옥이든, 누구와 함께 하든, 저녁 노을의 아름다움은 같다."고 느낄 수 있는 지성이다.

'08. 4. 16

〈욕망의 계단 VS 근심의 심연〉

욕망(소망)은 달성되는 순간 새로운 욕망이 태어난다. 생의 의지가 포기되지 않는 한 욕망의 계단은 끝없다. 어떤 계단에도, 앉아 쉬어 가지 못하는 인생은 영원히 휴식 없이 허무한 욕망을 향해 달려 가는 마라토너이다. 죽을 때에 비로소, 어쩔 수 없이 쉬지만 자신이 올라온 욕망의 계단을 내려다보며 무슨 생각을 할까. 눈물 나게 가여운 인생이다.

근심의 심연은 깊다. 정확히 욕망의 계단 높이만큼 깊다. 근심은 층층이 쌓여 있어 가장 큰 근심이 없어지면 그 아래 있던 의식하지 못한 근심이 마음의 표면으로 올라온다.

욕망과 근심은 동전의 양면이다. 욕망을 줄일수록 근심도 작아진다.

〈범인의 행복 추구〉

범인은 생계를 위한 의무적 노동에서 해방되지 않는 한, 행복에 대한 깊은 사고를 통한 깨달음에 도달하기 어렵다. 빵이 자유에 우선하기 때문이다. 범인은 생계적 노동에서 해방될 정도의 부를 가져도 깊은 사고를 통해 깨달음을 얻기란 흔치 않다. 일찍이 그런 깨달음에 대

신들과 행복을 다투다

한 각성이 있다는 것도 축복이다.

〈욕망의 종류〉

대부분의 욕망은 모를수록 좋다. 새로운 욕망을 알면 그것을 추구하게 된다. 더구나 그 욕망이 상당히 높은 수준을 요하는 것이면(골프?) 적당한 수준에서 멈추지 못하기에 그 자체가 불행의 씨앗이다.

지혜 또는 깨달음에 대한 욕망은 추구할수록 욕망을 버리게 되고 선에 가까이 다가감으로써 행복(평안)에 근접한다. 기본적인 간편한 운동 등에 대한 욕망도 쉽게 성취할 수 있고 건강에 도움이 되므로 좋다.

'08. 4. 21

〈깨달음과 행동〉

깨달음이 넘칠 때 행동이 수반된다.

반대로 행동(경험)을 통해 깨달음을 얻는다.

〈철학과 현실〉

모든 철학적 주제(의지, 사랑, 행복…)는 그물처럼 얽혀 있다. 각기 다른 주제를 통해 철학으로 진입하지만 결국은 어떤 정점(삶과 죽음)에 모인다.

철학적 사고는 이상으로 치닫는다. 최선의 삶은 분명하나 대다수의 사람은 "현실" 속에 산다. 나는 어떤 선택을 할 것인가.

인생을 이해하지 못하는 사람들이 사랑이라고 부르는 것은 개체로서의 자기에게 행복을 주는 어떤 조건을 다른 조건보다도 낫다고 생각하는 감정에 지나지 않는다. 나에게 있어서는 어떤가.

〈아이와 인생〉

아이를 낳는 이유는 무엇인가.

아이를 낳았지만 그 아이의 인생을 고려했는가.

태어나는 것이 아이를 위하는 것일 정도로 세상은 행복한 곳인가.

아이를 낳는 것이 단순히 후세를 원하는 본능 때문인가.

인생 쾌락의 도구나 노년의 보조자가 필요하여 아이를 원했는가.

노년이 되었을 때 세상은 살만한 곳이겠는가,

태어나지 않았더라면 좋았을 곳이겠는가.

인생은 있는 힘을 다 털어 살아야 하는 부역인가,

아니면 원하는 대로 즐길 수 있는 것인가.

10의 만족/기쁨/생존을 위해 100의 노고를 해야 하는 인생 아닌가.

〈인생의 과정〉

인간은 동물적 본능에 의해 결혼하고 아이를 낳는다.

결혼 전에 인생에 대한 깨달음을 요구한다면 무리일까. 육체의 본능을 극복하기 어려워 결혼은 한다 하더라도 인간이 동물과 다르다면, 이성적 사고를 갖고 있다면, 아이를 낳는 것에 대해서는 깊은 사고가 필요하다. 그러나 대부분은 본능에 의해 아이를 낳는다. 혹 생각을 한다 해도 종족의 보존, 자신의 행복, 노후의 외로움 정도일 것이다. 동물과 크게 다를 바 없다. 미리 자식의 인생이나 그들이 살아가야 할 세계에 대한 성찰 없이 그냥 낳는다.

이런 과정을 거쳐 인간은 세상에 태어나고, 어느 때부터인가 의식, 자아(의지)가 생긴다. 대부분은 삶에 대한 깊은 성찰 없이 이기적인

　　　　　　　신들과 행복을 다투다

투쟁을 하며 인생을 살아간다.

　육체의 죽음과 함께 정신적인 모든 것은 무로 돌아가는가. 육체에서 기인하는 의식은 사라진다. 그러나 자아는 사라지지 않는다고 한다. 자아는 시공간을 초월하여 존재한다고 한다. 정자와 난자 속에, 수정란 속에 자아가 존재한 것은 아니다. 따라서 육체의 죽음에 따라 자아가 소멸하는 것도 아니다. 그렇다면 육체의 죽음 이후에 자아는 어떻게 되는 것인가.

'08. 4. 22

〈가치 있는 일〉

　현재 가치 있다고 생각되는 것은 어떤 업무, 어떤 지위인가. 긴 세월 후에 가치 있다고 평가받는 것은 어떤 것인가? 권력의 측근에서 그들의 비위를 맞추어 가며 호사하는 업무와 지위는 그 당시에는 선호하는 업무일 수도 있다. 그러나 역사적으로 평가받는 것은 변방에서 국방을 지키는 업무, 그 당시에는 알려지지도 않은 오지에서 백성을 위해 무엇인가를 실천하는 업무 등, 실제로 많은 사람에게 또는 나라(회사)에 도움을 준 업무일 것이다. 나는 지금 그런 일을 하고 있는가.

〈신념과 행동〉

　자신의 신념대로 행하는 이는 얼마나 될까. 대부분은 자신의 종교적, 윤리적, 정치적 신념보다는 자신의 이익과 안위에 따라 판단하고 행동한다. 더구나 아이들에게도 그렇게 하는 것이 현명한 것이라고 가르친다. 아찔하다.

　생의 의지 때문인가. 정의에 입각한 지성은, 편하고 행복하게 살고

자 하는 의지의 시녀이기 때문인가. 그렇다면 인간의 이성의 용도는
무엇인가. 쾌락을 느끼기 위한 도구일 뿐인가.

'08. 4. 23

〈인생은 연극〉

회사, 군대 등 그 속에 있을 때는 자신의 위치나 역할이 인생의 전부
인 것처럼 보인다. 시공간을 초월한 자아의 길 속에 잠시 나타나는 육
체의 삶이라는 기간을 생각할 때 회사에서의 내 역할은 연극 속 배역
일 뿐이다. 부모나 자식의 관계조차도 조금 긴 연극의 역할일 뿐이다.
그림자의 삶이다.

〈깨달음〉

인생에 대한 깨달음은 오랜 탐구와 사색을 통한 기다림 속에 찾아올
수도 있고 불현듯 나타날 수도 있다. 그 깨달음의 깊이는 차이가 있을
지 모르나 깨달음의 본질은 같다. 중요한 것은 깨달음 이후의 삶이다.

'08. 4. 24

〈남녀의 차이〉

여자는 남자의 마음을 갖기 위해 몸을 주지만 남자는 여자의 몸을
갖기 위해 마음을 준다.

'08. 4. 25

〈인생이라는 말(馬)〉

우리는 인생이라는 말을 타고 달린다. 그 말은 그저 달릴 뿐이다.

대부분의 사람은 승마술을 익히지 못한 채 말에 몸과 마음을 맡긴다. 운이 좋으면 평탄한 길을 오래 달리고 그렇지 못하면 낭떠러지로 떨어져 죽는다. 그런 이들은 눈앞의 모습만을 인지할 수 있기에 낭떠러지 앞에 와서야 상황을 깨닫고 자신을 뒤돌아 보지만 속도를 멈출 수 없다. 불안함 속에 생을 보낸다.

일부 소수의 사람은 승마술을 익힌다. 속도 조절과 방향 전환이 가능하다. 그러나 멀리 볼 수 없고 가장 좋은 길이 어떤 길인가를 모르기 때문에 천천히 조심조심 가고 어느 정도의 위험은 피할 수 있으나 역시 불안한 삶이다.

깨달음을 얻은 극소수는 승마술을 익히고 멀리 보는 혜안을 얻으려고 노력한다. 그 결과 진정 평안한 길을 알게 되고 그 방향으로 인생이라는 말을 적정한 속도로 몰아가는 것이다.

〈소크라테스의 죽음〉

그는 악법도 법이기에 할 수 없이 독약을 받아 마신 것이 아니다. 스스로 자살한 것이다. 그는 상황 논리로 자신의 선택을 포장했다. 그는 삶의 고통과 죽음의 의미(육체와의 분리에 따른 영혼의 자유, 신에 다가감, 평안)을 잘 깨닫고 있었기에 자발적으로 죽음을 맞은 것이다. - "철학자는 날마다 죽음을 연습하는 자이다."

〈인생의 의의〉

인생의 의의는 삶을 유지하기 위해 노동을 통해 수고하는 삶에서만 찾을 수 있다. 신은 절묘하게도 당신이 내린 형벌 속에 고통과 행복을 함께 주셨다.

〈교화와 신앙〉

교회는 참으로만 이루어진 곳도 아니고 거짓으로만 이루어진 곳도 아니다. 참과 거짓으로 이루어져 있다. 교회는 신과 인간이 함께 있기 때문이다. 참은 신의 가르침이며 거짓은 인간의 가르침이다. 나는 참을 갈구하기에 거짓도 수용할 수밖에 없었다. 교회를 통한 신앙을 유지하는 한.

'08. 4. 28

〈인생의 영양소〉

인생에 필요한 영양소는 무엇인가. 돈, 자유, 시간… 이러한 영양소를 골고루 알맞게 가질 수 있는 직업은 무엇인가. 혹시 회사원은 어떤가. 과다한 영양소가 오히려 해로운 것은 우리의 몸이나 인생이나 매한가지다.

〈신앙〉

종교인은 신앙을 통해 평안을 얻는다. 예배 시간에 일어나 박수치고 흥에 겨워 노래하는 것은 격렬한 깨달음의 결과일 수는 있으나 인위적으로 강요해서는 안 된다. 그렇다면 그것은 위선이고 신앙의 강요이기 때문에.

〈죄와 벌〉

동물들은 죄가 없다고 본다. 본능에 따라 행동하며 잉여의 축적이나 욕심이 없기 때문이다. 그러나 인간은 죄가 있기 마련이다.

형이상학적 죄는 잉여의 축적, 그것에 대한 소유욕 등에서 시작되며 형이하학적 죄는 과학의 발달 및 그것을 가져오는 물리적 지식에서 연유한다.

신은 삶 속에 상과 벌을 주었다. 선행과 악행에 따라 인생 가운데 정신적 기쁨과 고통을 주며 그것으로 부족할 경우 육체적인 상벌을 준다. 그것이 인생을 통해 겪어도 부족하다면 사후의 상과 벌이 기다릴 것이다. 신의 용서가 없다면.

〈구원〉

인생에서의 구원은 평안한 삶이며 두려움 없는 평안한 죽음을 맞는 것이다.

어떤 이는 세상의 지혜를 통해 구원을 얻으며, 다른 이는 신앙을 통해 구원을 얻는다.

내 삶의 구원은 올바른 삶, 나아가 이타적인 삶.

───── **'08. 5. 2**

〈행복 얻기〉

행복은 두 가지이다. 소극적 행복과 적극적 행복.

소극적 행복은 욕망을 버림으로써 얻어진다. 소박함을 추구할수록 얻는 행복도 크다. 이것만으로도 개인의 행복은 달성된다. 적극적 행복은 덕 있는 행위를 통해서만 얻어진다. 이것으로 개인과 사회의 행복이 완성된다.

지금 나의 행복한 삶의 그림은 산과 바다 등 자연과 함께 할 수 있는 호젓한 곳에서 소박하게 사는 것.

〈희망〉

희망은 자기도취의 긍정적인 마약이다. 희망이 좋은 점은 현실의 고통을 완화시키거나 잊게 해 주기 때문이다. 희망은 실현 여부와는 상관없이 일정 기간을 희망이 없는 것 대비 상대적으로 행복하게 해 준다. 그러나 희망을 실현으로 확신하는 만큼 환멸의 고통을 감수할 각오를 해야 한다. 그것 없이 희망의 허무함을 알았을 때 닥치는 공허는 자살에 이르게 할 수도 있다.

〈향연, 바쁨과 사색〉

향연 속에서 지내다 보면, 마음은 욕망으로 채워지고 머리 속은 비어 간다. 행복과 반대 방향의 삶이다.

사람들은 바쁜 생활을 좋아하고 나아가 자랑스러워 하기도 한다. 그러나 그런 생활은 사색의 시간을 남겨 놓지 않는다. 나도 모르는 곳으로 질주하고 있는 것이다.

지금 하는 일에 대해 왜 이 일을 하고 있는가, 지금의 상태에 대해 왜 이런 상태에 있나, 혹은 있어야 하는가를 생각해야 한다. 내가 나의 삶에 직접 개입해야 한다. 이것만이, 살아지는 나의 삶이 아니라, 남이 사는 나의 삶이 아니라, 내가 사는 나의 삶이다.

〈독서와 사색〉

독서는 사색의 내용(Contents, 사색거리)을 공급한다. 따라서 독서 없는 사색은 건조하며 내용이 없다. 천재가 아닌 한 불가능하다.

사색 없는 독서는 독자에게 내용을 남기지 않는다. 아득한 기억 너머로 사라져 버린다. 사색은 책의 내용을 마음(기억) 속에 Data Base화하는 것이다. 체화하기 위한 과정이다. 사색은 기록을 통해 비로소 완성된다.

'08. 5. 6

〈효과적인 인식〉

효과적인 인식은 각각의 대상이나 객관의 차이를 구별하는 것이다. 따라서 효과적인 지식 습득 방법은 습득할 대상과 그 주변 대상과의 차이를 구별하는 것이다.

'08. 5. 7

〈원하는 세계〉

주관과 객관의 합일, 인식하는 자와 인식 대상의 합일, 의지의 완전한 객관화, 순수 인식 주관, 장자와 나비, 완전한 관조, 무아지경, 물아일체, 대상에 대한 몰입, 자아의 부재, 의지의 분리…

이러한 세계로 들어가지 못하는 이유는 무엇인가. 장애물은 생의 의지, 주관 중심.

'08. 5. 13

〈선각자의 역할〉

진리는 이미 존재한다. 선각자가 할 수 있는 일은 깨달음을 나누어 주는 것이 아니다. 다만 진리로 가는 길을 알려줄 뿐이다. 자신만의 진리일 뿐 타인의 진리가 아니기 때문이다.

〈글에 대한 취향〉

상상력에 의한 가상의 주제를 다룬 글은 재미없다. 글은 인간의 감정, 인지된 모습에 대한 깊은 사고를 통해 그 이데아로 표현되어야 한다. 바로 담근 싱싱한 겉절이보다는 충분히 잘 익는 김장 김치의 맛이 진정한 글의 맛이다. 발효된 맛.

〈쇼펜하우어〉

그의 책(의지와 표상으로서의 세계)은 깨달음으로 향한 진정한 교사의 역할을 충실히 한다. 서술한 내용의 정리와 확인, 자세한 해설과 비유 등을 통해 책 속에서 다정한 안내자로서의 철학자를 만날 수 있으며 그는 진정한 교사이다.

가슴을 울리는 체계적인 진리의 구조물. 이전의 사람들은 그의 크고 정교하고 편리한 지혜의 건축물은 무시하고 겉에 칠해진 색깔만을 트집잡았다. 제대로 인식하지 못한 채.

〈소망〉

자신이 원하는 것과 세상이 원하는 것은 다르다. 자신이 원하는 바는 모르고 세상이 원하는 것을 얻으려는 것은, 설사 그것을 얻었다 해도 무익한 인생의 소진일 뿐이다.

'08. 5. 15

〈의지, 물자체, 이데아, 개체〉

기존에 가지고 있는 관념으로 보면 나는 육체와 영혼으로 구성되어 있고 나의 육체가 타인의 육체와 분리되어 있듯이 나의 영혼도 타인의 영혼과 분리되어 있는 각각의 것이다.

　이러한 생각은 쇼펜하우어의 주장에 따르면 시공간과 개별화와 인과율에 의해 지배되는 (의지의 객관화 즉 의지의 표상인) 현상계에서의 법칙이다.

　나는 의지의 객관화이다. 너도 의지의 객관화이다. 그 (하나의) 의지는 각각의 현상으로 너와 나로 분리되어 다양하게 개체화되었으나 본래는 하나다. 즉 개체로(현상계에서) 보면 너와 나는 별개이지만 의지 즉 물자체 관점에서 보면 너와 나는 하나다. - 이 말을 이제야 조금 이해하기 시작한다.

〈노력의 의미〉

　철학적 탐구를 위한 노력이 나에게는 어떤 의미인가. 쇼펜하우어 말대로 내 인생의 등불은 될 것이다. 내가 언제 죽을지 모르나 그때까지 내 인생을 평안히 견고한 삶으로 인도할 것이다. 그러면 다인가? 인생의 교사로서의 역할을 해야 한다고 생각된다. 책을 통해서는 가르침을 통해서든. 불행 속으로 돌진해 가는 저 사람들, 또 다른 "나"를 고통 속에서 구해야 한다.

'08. 5. 16

〈생의 의지와 여성미〉

　남자에게 여자가 아름답다고 인식되는 가장 근본적인 조건은 여자의 생식 능력이다. 즉 가임 연령의 여성이다. 생식 능력이 없다고 생각되는 여자는 아름답게 생각되지 않는다. 이 기본 조건이 만족되면 임신이 잘되는 형태의 외모와 우수한 유전자를 전달할 수 있는 외모일수록 아름답다고 생각된다. 이것은 생의 의지의 반영이다.

아름답지 않다고 생각하는 여성과 결혼한다는 것은 그 여자의 인격이나 재능 등을 우선시한 것으로 일종의 생의 의지의 극복이라고도 할 수 있다.

〈행복한 삶과 가치 있는 삶〉

행복한 삶은 평안하게 미소를 띠고 죽을 수 있는 삶.

가치 있는 삶은 사후에 자신의 생각보다 많은 수의 타인이 자신의 죽음을 슬퍼하는 것.

〈인식과 느낌〉

인식은 형이상학적이다. 느낌은 직관이다. 인식은 머리로 아는 것이고 느낌은 마음으로 아는 것이다. 느낌은 인식보다 명료하며 느낌은 인식의 우위에 있다.

신앙인으로서 신의 존재를 인식한다 해도 짧은 순간이나마 신을 느낄 수 있다면 진정한 귀한 축복이다.

"의지의 객관으로서 표상은 각각이나 의지 자체는 하나이며 개체로서의 인간은 각각이나 인간으로 표상된 본래의 의지, 즉 물자체는 하나다."라는 말도 인식은 되지만 느낄 수는 없다.

'08. 5. 19

〈자유의 의미〉

진정한 자유의 제1 단계는 성격(인과율)으로부터의 자유이다. 이는 동기에 따르는 행위 법칙(성격)으로부터의 자유를 의미한다. 제2 단계는 의지의 자유이다. 이는 생의 의지(살려는 의욕)로부터의 자유를 의미한다. 해탈이다.

우리가 보통 말하는 선택의 자유는 어떤 선택을 하든지 대부분은 성격의 반영(인과율의 결과)일 뿐이다.

〈책〉

책은 관계 맺음에 있어서 사람과 같다. 모르는 사람이 남이듯, 읽지 않은 책은 나와 아무 관계없다. 그러나 한 번 읽은 책은 친구가 된다.

〈영원한 정의〉

세상의 모든 선과 악을 상쇄시키면 남는 것은 무엇일까. 악일 것이다.

세상의 모든 기쁨과 슬픔을 상쇄시키면 남는 것은 무엇일까. 슬픔일 것이다.

남은 악과 슬픔을 각각 천칭의 양쪽에 올려놓으면 정확이 균형 잡을 것이다.

(페시미즘적이지만 유감스럽게도 세상에는 악과 슬픔이 더 많은 것 같다.)

〈너를 사랑하는 이유〉

너를 사랑하는 이유는 네가 나에게 행복을 주기 때문이다. 너와 나는 분리되어 있다.

VS

너를 사랑하는 이유는 너를 동정하기 때문이다. 너도 나처럼 고통의 삶을 살기에 너에게 행복을 주기 위함이다. 너와 나는 분리되어 있지 않다. 너는 또 다른 나이다.

〈인식과 직관〉

진리와 고통은 인식하는 것보다 직관하는 것이 더 확실하다. 그러나 의욕의 진정제로서의 역할은 같다. 다만 직관이 아닌 인식을 통한 선으로의 접근을 바랄 뿐이다.

〈진리의 효용〉

인생의 진리, 철학적 진리를 깨닫는 것은 자신의 재산을 단번에 수배 이상 늘리는 것이다. 깨달음 이후에는 행복과 평안 속에 머무는 데 필요한 물질적 요소가 현저히 감소하기 때문이다.

〈행복의 두레박〉

행복의 두레박은 길이가 다른 나무 조각을 엮어서 만든 것이다. 거기에 담기는 행복의 양은 가장 짧은 나무 조각에 달려 있다. 행복을 위한 조건의 수는 두레박을 구성하는 나무의 수이다. 많은 조각으로 구성된 두레박은 그 중 하나의 조각이라도 짧거나 없어지면 행복을 담을 수 없기에 적은 조각의 두레박이 좋다.

또한 행복과 행복을 위한 조건은 우리 몸과 영양소의 관계와 같다. 그 양이 부족하면 영양실조가 되고 과다하면 병이 생긴다. 적당한 양 이상의 조건(금전)은 행복에 독이 된다.

"적당한 양"이 작을수록 행복에 쉽게 다가갈 수 있다.

〈꽃 이름〉

꽃 이름을 알아서 뭘 해, 떡이 나와 밥이 나와?(돈벌이가 돼?)
나는 꽃 이름을 알고 사는가. 최소한 꽃 이름을 알고 싶어 하는가.

〈철학의 벽〉

철학의 벽은 두텁고 높다. 그 벽을 극복하려면 많은 지식과 깊은 이
해력이 필요하다. 그러나 일단 극복하면 철학의 바다가 펼쳐지며 그
바다를 헤엄칠 수 있는 수영 능력을 갖추게 된다.

'08. 5. 20

〈삶의 허무함 앞에서〉

인생을 어떻게 살았든지—쾌락만을 추구했든지, 선행만을 추구했든
지—죽음 앞에서 되돌아보는 인생은 허무하다.
어떻게 살 것인가. 어차피 허무한 삶, 수도승처럼 모든 쾌락을 멀리
하고 도 닦으며 살 것인가. 자신의 철학을 실천하며 살 것인가. 내 삶
은 그저 소박하고 즐겁고 평화로웠으면 한다. 삶 속에서 명랑함을 잃
지 않기를 바란다. "아름다운 이 세상 소풍 끝내는 날, 가서 아름다웠
더라고 말하리라…"라는 천상병 시인의 표현처럼.

〈부모와 자식〉

자식은 부모의 생의 의지의 화신이다. 자식은 부모의 가장 가까운
자신이며, 자식의 가장 가까운 자신은 부모이다. 부모와 자식은 분리
된 것이 아니다. 죽음을 앞에 둔 부모를 바라보는 자식의 마음이 아픈
것은 자신의 죽음을 앞에 둔 것이기 때문이다.

부모에게 효도하는 것도 부모의 은혜를 갚는다는 차원이 아니라 내 자신에게 선의를 베푸는 것이다.

'08. 5. 22

〈문명〉

문명은 인간의 욕망을 부추긴다. 자동차를 타면 이유 없이 더 빨리 가고 싶어진다.

문명이 인간의 행복에 공헌하는 면이 많은가 불행을 초래하는 면이 많은가. 문명의 가장 큰 업적으로 인간 수명 연장을 들 수 있으나 연장된 수명이 인간의 행복에 얼마나 기여했을까. 수명의 연장이 과연 참 행복에 도움되는 것인가. 문명은 인간에게 편리함을 주었으나 불행도 주었으며 인간이 느낄 수 있는 주관적인 행복은 오히려 줄어들었다.

〈새벽과 행복〉

행복을 느끼는 실제적인 방법 중 하나는 새벽 일찍 일어나 활동하는 것이다. 행복한 사람만이 일찍 일어나고 싶을 것이다. 새로운 날을 어서 맞고 싶은 마음이 있어야, 빨리 하고 싶은 일이 있어야 일찍 일어날 수 있기 때문이다.

혹 행복하지 않더라도 일찍 일어나 무엇인가를 하면 행복해질 수 있다.

'08. 5. 26

〈깨달음〉

깨달음은 이미 곁에 있는, 도처에 있는, 진리를 아는 것. 그러나 진리를 깨달으려면 진리를 감싸고 있는 현상의 베일(진리의 벽)을 꿰뚫

신들과 행복을 다투다

을 수 있는 능력이 필요하다. 구도자는 그 능력을 얻고자 정진한다.

〈진리와 삶〉

어떻게 살 것인가, 무엇을 목표로 어떤 계획을 세우고 어떤 마음으로 살 것인가. 이러한 고민은 인생의 진리에 대한 깨달음을 얻는 순간 단박에 풀린다. 마치 어둠 속에서 희미한 촛불에 의지해 눈앞의 사물에 의지하여 계획하는 것과 태양 빛 속에서 세상 전체를 보고 계획하는 것의 차이다. 반대로 진리의 구함 없이 현상의 고민만으로는 올바른 삶의 계획을 세울 수 없고, 세운다 하더라도 엉뚱한 방향으로 삶을 인도할 것이다. 그런 의미에서 "먼저 하느님의 나라와 그의 의를 구하라"라는 성경 구절은 기독교인의 삶의 지표로서 적확하다.

〈참사랑, 참행복〉

참사랑이 크기나 정도가 아니라 단지 지치지 않고 지속되는 사랑인 것처럼 행복도 부침 없이 잔잔하게 지속되는 것이 참행복이다.

〈인식의 필요조건〉

인식 주체는 인식 대상에서 떨어져 있어야 한다. 관조는 인식의 필요조건이다. 세상을 보려면 인식 주관은 세상 속에 휩쓸려서는 안 된다. 세상 밖에서 세상을 관조해야 한다.

자신을 보려면 인식 주관은 자신의 마음 밖에서 자신을 관조해야 한다.

〈개념과 문자〉

개념은 문자로 집약된다. 문자를 통해 개념이 파악된다. 문자가 없으면 개념도, 개념의 구별도 없다.

〈섹시함 1〉

섹시함은 아름다움일 수 있는가. 아름다움의 정의는 "좋다고 생각되는 것. 단 다른 욕망을 불러일으키지 않는 것"이다. 이에 따르면 섹시함은 아름다움이 아니다.

'08. 5. 27

〈물질적 행복의 차이와 한계〉

3천 원짜리 밥 한 공기에 세 가지 반찬 식사와 유명 호텔에서 수 만 원짜리 식사 사이에 행복의 차이는 과연 얼마나 클까. 그 차이만큼의 행복을 구하기 위해 노력하는 삶은 과연 지혜로운 것인가. 뱃속에 밥 한 공기 넣기 위해 열나게 씩씩거리는 삶은 지혜로운 것이냐.

부가 가져다주는 행복의 한계는 어디까지인가. 실제로 누릴 수 있는 부는 얼만큼인가. 그 한계는 사람마다 다르겠으나 세 끼 밥, 좋은 옷, 어느 정도의 집, 괜찮은 차 정도일 것이다. 그 이상의 부를 추구한다면 부에 끌려가는 인생을 살게 된다. 그럼에도 불구하고 사람들은 더 많은 부를 추구한다.

〈욕망의 전형 성욕〉

성욕은 욕망의 전형이다. 짧게는 10초, 길게는 15분의 쾌락을 위해 투자하는 시간과 노력은 얼마인가. 성욕의 실현에 따른 쾌락과 행복은 얼마나 지속되며 그 후에 무엇이 남는가. 인간의 모든 욕망의 속성이 이와 다른 면이 있는가.

신들과 행복을 다투다

〈과학의 발달과 지혜의 발달〉

역사 이전부터 과학의 발달은 가속되어 왔다. 과학은 자연의 원리를 탐구하는 학문이며 그것을 실용화시키는 것이 기술이다. 인간이 밝혀내지 못한 신이 만든 자연의 신비는 아직도 무궁무진하며 그 자체가 신의 능력을 나타낸다.

반면 인간의 정신적 지혜는 얼마나 발전되어 왔는가. 3천년 전 우파니샤드의 지혜와 지금의 지혜를 비교해 볼 때 인간은 더 우매해지고 있지 않은가.

'08. 5. 30

〈현상과 환상〉

잠든 채 깨어나지 못하는 영혼, 삶에 취해 사는 삶.

우리가 놓지 않으려 하고 끝까지 매달리는 것의 정체는 무엇인가.

돈, 명예, 자식… 신들의 장난.

"거짓 행복"으로 유혹하는 환상. 인간이 만든, 인간을 고통 속으로 몰아넣는 환상.

인간은 오감한 것, 특히 눈으로 보는 것을 믿는다. 그러나 그것은 환상일 뿐 실체는 아니다. 지혜, 깨달음만이 본질을 꿰뚫는다. (환상의) 가장 강력하고 유일한 파괴자는 시간이다.

〈인간과 종교〉

신의 가장 큰 오류는 이기적인 인간에게 필요 이상의 사고 능력을 부여한 것이다.

인간이 육지에서만 살 수 있게 창조된 결과 그나마 하늘과 물 속의 파괴는 지연되었다.

종교(교리) 속에 어떤 (인간의) 의도가 있는가 여부가 참된 종교 여부를 구분하는 하나의 지표이다. 최소한 베다(우파니샤드)에는 그런 의도는 없다. 그러나 현대의 종교들은?

〈사색(경험)과 인식〉

언어와 문자는, 그리고 현상은, 이전의 사색과 경험만큼 자신에게 다가온다. 무지한 자는 눈앞의 진리를 보지 못하며, 가르쳐 주어도 자신이 이미 소유한 행복조차도 깨닫지 못하고 헛된 노력과 불행 속을 헤맨다.

무지한 자는 현자의 언어를 알아듣지 못한다. 말도 안 되는, 공허한 소음일 뿐이다. 평이한 말 속에 들어 있는 의미와 진리를 모른다. 안다 해도 깨닫지 못한다.

'08. 6. 5

〈욕망과 제어〉

제어하기 어려운 욕망 중의 하나는 생의 의지의 핵심인 성욕이다. 아름다운 여성을 욕망 없이 바라볼 수 있으면 좋겠다는 바람은 모순인지도 모른다. 뜨거운 화로를 안은 채 시원하기를 바라는. 의지가 존재하는 한 욕망도 존재한다.

스스로를 욕망의 대상에 노출시키지 않아야 한다. 욕망을 억제하기보다는 욕망이 일어나지 않도록 해야 하고 또 그런 환경을 조성해야 한다.

신들과 행복을 다투다

〈행복을 결정하는 것〉

"행복을 결정하는 것은 주머니 속에 있는 것이 아니라 머리 속에 있는 것이다. - 쇼펜하우어" 범인에게는 주머니 속에 있는 것이 행복에 기여하는 바는 절대적이다. 현자는 머리 속에 있는 것으로 행복이 결정되며 그 행복은 가슴에 머물고 또 팔, 다리를 통해 실천/유지된다.

몸 전체에 힘을 빼는 것, 또는 그런 사람이 행복에 가까이 있다. 긴장, 의지, 욕망 등으로 굳어진 몸, 번득이는 눈빛… 푸근히 놓아야 한다.

〈대상의 구별〉

사물과 관념들에 대한 구별된 인식의 결과가 쌓임으로써 지식이 형성된다. 따라서 대상에 대한 차이를 인식하는 것을 통한 학습은 매우 효과적이다.

- 예1) 시기는 능력에 대한 것이고, 질투는 관계에 대한 것이다.
- 예2) 윤리는 사회의 객관적 규범이고 도덕은 개인이 선택한 행동 원칙과 규범이다.

〈깨달음과 믿음〉

진리를 깨달은 자는 자유로워진다.

"깨달음", 그냥 "깨달음"이면 된다. 깨달음과 믿음의 차이는 무엇인가.

"본질이나 이치를 아는 것"과 "그렇게 될 것이라고 생각하는 것"의 차이는 얼마나 클까.

〈리더의 어려움〉

인조는 상황 판단을 더 빨리해서 남한산성에서 내려와야 했다. 백성들이 유린당하는 것을 최소화해야 했다. 중소기업 사장은 직원과 사업을 위해 대기업의 하인(담당)에게 머리를 숙인다. 가장은 식솔을 위해 자존심을 버린다.

Leader의 기본 덕목은 Follower를 위해 자신의 욕망을 버리는 것이다. 희생하는 것이다. 그러나 그 희생이 진정 보답을 염두에 두지 않은 희생인가. 사회에서 순수한 희생은 없다는 것에 인생의 숙제가 있다.

〈위대한 철학자〉

칸트의 저서는 "세상을 볼 수 있게" 한다. 희미했던 대상을 드러나게 한다. 근시안에게 안경을 씌워 준다.

"나는 왜 이렇게 ○○한가."라는 니체의 글은 처음 느낌과는 달리, 스스로를 그렇게 생각하는 것도 지나치지 않다고 생각된다. 그러나 의사소통되지 않는다.

'08. 6. 9

〈행복한 자와 불행한 자의 하루〉

A는 부를 누리고 있음, 그날의 운도 좋음. 하루의 끝에서 잡을 수도 있었던 부에 대해 아쉬워함. 채울 수 있었던 욕망 때문에 잠을 설침.

B는 다소 아쉬운 생활 형편, 그날의 운도 좋지 않음. 하루의 끝에서 잡을 수도 있었던 작은 부를 생각하며 행복해함. 현재는 어렵지만, 못 견딜 정도가 아닌 것에 만족. 다가올 잠재 행복을 기대하며 기분 좋은 꿈을 꿈.

〈타인을 보는 척도〉

타인을 보는 척도는 무엇인가.

부, 권력, 명예, 외모, 학벌, 매너, 유머… 부질없는 것들.

척도는 오직 지혜이다. "우주와 세계에 대한 심원한 이해와 인생을 깊이 통찰하는" 지혜.

내가 시기하는 것은 오직 지혜뿐이다.

'08. 6. 11

〈사랑은 존재하는가〉

부모와 자식 간의 사랑(희생)은 있다. 그 다음 부부 간의 사랑이 있다. 형제 간 또는 그 외 친척 간, 일부 친구와의 사랑은 있을 수도 있다. 그러나 사회 지인 및 타인에 대한 사랑은 존재할 수 있는가. 대부분 회의적일 것이다.

사랑은 희생을 전제로 한다. 이면의 목적 없이, 이득 없이 타인에게 자기의 무엇을, 혹은 양보 수준을 넘어 자기를 희생할 수 있는가. 현실에서는 불가능하다. 그렇다면 타인에 대한 사랑 없이 세상을 살아가야 하는가. 어떤 깨달음으로 이 현실을 헤쳐 나가야 하는가.

구원은 "타인은 또 다른 나"임을 깨닫는 데 있다. 베다 철학의 브라만, 아트만, 샴사라, 모크샤까지 생각하지 않아도 나와 인생과 세상을 조금 더 관조한다면 어렴풋이 깨달을 수 있다. 예수가 "네 이웃을 네 몸과 같이 사랑하라."고 했던 이면에는 이와 같은 깨달음에 대한 요구가 있는 것이다.

〈절대 행복으로 가는 실천〉

생각과 행동을 일치한다. 부와 안락을 쫓지 않는다. 욕망을 줄인다
(금주, 금욕).

욕망의 인과율을 탈피한다. 욕망의 덫에 걸리지 않는다.

알라딘의 램프가 있어도 문지르지 않는다. 요행을 바라지 않는다(로
또 포기).

지혜를 향해 정진한다.

〈몰입의 시간〉

학문의 정진, 철학의 구축, 높은 깨달음을 얻으려면 몰입의 시간이
필요하다. 석가, 예수는 물론이고 근대 철학의 완성자 세 사람 임마누
엘 칸트, 아르트르 쇼펜하우어, 프리드리히 빌헬름 니체는 모두 미혼
이었다. 또한 대부분의 철학자는 사회적으로 성공한 경우는 드물다.
오히려 그러한 환경이 세사에 시달리지 않고 오로지 자신의 세계에 몰
입할 수 있는 시간을 허용했으리라.

〈섹시함 2〉

섹시함은 세련미, 청순미, 우아함 등을 포함한 지성미로 포장되어야
한다.

섹시함을 그대로 Appeal한다는 것은 벌거벗은 몸을 그대로 보여 주
는 것과 같아서 오히려 섹시하지 않다.

'08. 6. 12

〈좋은 책〉

좋은 책은 느낌이 있다. 더 좋은 책은 생각을 고이게 한다. 행동하게
한다.

'08. 6. 16

〈미의 보편성과 관찰자의 자세〉

- 쇼펜하우어가 말한 "궁정에서 보는 석양이나 감옥에서 보는 석양
이나 그 아름다움은 같다."에 대하여.

그는 천재만이 볼 수 있는 미의 보편성을 이야기하였으나 그 이면
에 있는 철인의 평정을 깨달아야 한다. 궁정에 있건 감옥에 있건 철인
에게는 큰 차이가 없다. 그러한 동일한 평정심이 수반되어야 보편적인
아름다움을 느낄 수 있다.

〈현상계의 차이의 미미함〉

아(我)와 비아(非我)의 차이, 빈부의 차이, 명예 유무의 차이, 귀천의
차이… 삶과 죽음의 차이까지, 이러한 현상계의 차이는 과연 얼마나
큰 것인가. 그 차이로 나타나는 것은 과연 무엇이며 그것이 철인에게
미치는 영향은 얼마인가. 그저 미미할 뿐이다. 그러나 범인에게는 엄
청나게 느껴질 것이며 그 차이를 좁히기 위해 범인은 인생을 건다.

- 예) 빈부의 차이에 대하여. 대기업 부장인 A와 노숙자인 B의 차이
는 무엇인가? 물론 외적 차이는 있다. 그러나 B가 그 차이의 덧없음을
깨닫고 있으며 더 이상의 욕망 없이 현재의 삶에 만족하고 있다면, 현상
을 쫓아 달리는 A에 비하여 못하지 않다. 오히려 절대 행복은 B가 크다.

〈현실과 철학〉

"현실은 계모이고 철학은 생모이다. 본분을 다해 계모를 모시지만 마음은 언제나 생모에게 있다. 자주 철학으로 돌아가 휴식을 취하라." 라고 했던 철인 황제 마르쿠스 아우렐리우스조차도 철인정치는 행하지 못했다. 플라톤의 철인 정치는 이상일 뿐이었다. 철학과 정치는 공존할 수 없다. 정치는 현실이고 철학은 현실의 지향점이기에.

〈실천하지 못하는 이유〉

현 상황(직장 생활)을 떠나지 못하는 이유는 무엇인가. 부의 부족인가. 현 상황의 안락함(처우)인가. 욕망을 버리지 못해서인가.

'08. 6. 18

〈세상이 주는 것〉

세상이 주는 것, 부, 지위, 권력, 명예, 학벌… 현자는 이러한 것들을 어떻게 바라보는가. 세상에서 얻은 것들을 귀하게 생각하는 현자는 없다. 어쩔 수 없이 주어지거나 타고났으면 자신과 분리시키거나 절제하였다.

〈금전〉

현자라면 자신에게 가진 또는 추가되는 금전이 배고픈 상태의 밥인지, 배부른 상태의 후식인지, 포화된 상태의 더 먹으면 안 되는 뿌리쳐야 할 독극물인지 생각해야 한다.

현자라면 반대로 소유한 금전이 나에게는 어떤 효용이 있는지, 누구에게 가장 필요한 것인지, 그 금전을 어떻게 사용하는 것이 가장 가치

신들과 행복을 다투다

있게 사용하는 것인지도 생각해야 한다.

현자라면 생각의 결과대로 행해야 한다.

〈지위〉

지위는 옷이다. 현재의 지위는 나에게 편안한 옷인가. 너무 크거나 작지 않나. 범인은 높은 지위를 원한다. 자신의 몸보다 큰 옷을 원하는 것이다. 또는 계절에 상관없이 비싸고 좋은 옷만을 원하는 것이다. 한 여름임에도 비싼 밍크 코트를 원하는 것이다.

황제와 촌장, 누가 더 행복할까. 현자는 촌장을 택할 것이다. 그조차도 원치 않겠지만.

〈사랑〉

타인을 어떻게 사랑할 것인가. 어떤 깨달음으로 사랑할 것인가. 결심과 믿음만으로는 사랑할 수 없다. 깨달음을 통한 인식(사고의 프로그램)의 변화만이 가능하게 한다.

먼저 인간에 대한 생각의 변화가 필요하다. 인간의 본성은 착하고 따뜻하다는 것과 타인은 다른 나 자신이라는 것을 인식해야 한다.

〈난세와 철학〉

B.C. 8세기~3세기, 동양 철학의 황금기, 제자백가 사상이 꽃피웠으나 세상은 앞을 모르는 춘추전국시대였다.

B.C. 3세기 전후, 소크라테스 전후 시기는 그리스 철학의 황금기였다. 세상은 펠로폰네소스 전쟁 등의 난세였다.

17~19세기 근대 서양 철학의 전성기, 그러나 세상은 나폴레옹 전쟁

등 무수한 전쟁으로 얼룩진 난세였다.

난세는 철학에 적합한 토양이다.

〈고통과 쾌락의 원천〉

외부의 존재에서 오는 고통과 쾌락은 그것에 대한 자신의 판단의 결과이다.

고통과 쾌락의 원천은 외부가 아닌 자신의 내부에 있다.

'08. 6. 19

〈평안의 대가〉

평안은 많은 대가를 요구한다. 욕망을 버리는 고통을 요구한다. **자유란 타인의 지배, 외부의 지배를 벗어남이 아니라 자신의 욕망의 지배를 벗어나는 것이다.**

진정한 평정을 원한다면 타인의 존경(자신의 명성)까지도 반성해야 한다.

'08. 6. 20

〈결혼에 대하여 - 소유와 감각적 행복〉

물질이건 이성(異性)이건 비정신적인 대상의, 소유 전과 소유 후의 행복은 어떻게 변화할까.

소유 이전에는 소유하고 싶은 욕망으로 간절할 것이다. 따라서 소유하기 위한 여러 사고와 행위를 함으로써 행복할 것이다.

소유하는 순간은 그 대상이 줄 수 있는 행복의 극치이다.

소유한 이후에는 그 대상이 주는 행복은 급격히 또는 서서히 감소되

신들과 행복을 다투다

며 나중에는 그 대상이 없어지지 않는 한 필요함(행복)을 못 느낄 것이다.

그렇다면 소유함으로써 행복은 사라지는 것인가. 대상이 자신의 소유가 아닐 때 더욱 행복을 주는 존재가 되는가(소중한 것인가). 소유하지 않고 원하면서(그리워하면서) 조금씩 소유해 가는 것이 행복한 길인가.

결혼은 이러한 관점에서 인간에게 행복을 위한 행위인가. 결혼을 통한 긴장의 해소와 안락함의 증대는 단기적 행복을 주지만 이후의 반복되는 생활은 과연 결혼하지 않고 연애만 하는 생활과 비교해 더 행복한가. 무료한 안정과 행복한 긴장 가운데의 선택이다. 인간에게는 "무료한 삶이냐 행복한 삶이냐."보다는 "안정된 삶이냐 긴장된 삶이냐."가 더 중요한 인자인 것이다. 젊음을 위해서는 후자를, 노년을 위해서는 전자를 택할 것이다. 대부분은 결국 무료한 안정인 전자를 택하는 것이다.

〈남은 인생〉

남은 인생 25년. 그 이전 25년은 대학 입학 후 지금까지의 기간. 생각할수록 짧았던 기간. 이제는 고통을 극복하고 자유에 대한 추구를 실천에 옮길 시점. 나머지 생이라도 건지려면 어떻게 해야 하는가. 그러나 얼마나 더 (부를) 쌓아야 실제로 행동할 것인가.

〈칸트〉

칸트는 철학이라는 하나의 빛을 수많은 빛으로 분사시킨 프리즘이었다.

〈범인과 천재〉

범인은 전통과 관습에 따른다. 변화에 앞장서는 것을 두려워하여 모방할 뿐이다.

천재는 위험을 무릅쓰고 변화를 추구한다. 천재는 변형이고 그의 사고는 변이이다.

역사는 범인과 천재와의 싸움이다.

〈행복에 필요한 지성의 정도〉

지성이 많을수록 행복한가. 어느 정도 이상의 부가 행복을 저해하듯 지성이 많을수록 행복한 것은 아니다. 오히려 적당한 지성의 소유가 높은 지성보다 더 행복하다고 생각된다.

행복을 위해 지성의 정진을 멈추고 행복한 인간으로 남을 것인가. 지속적인 정진을 통해 위대한 인간으로 나아갈 것인가. 사람들이 존경하는 것은 행복한 인간이 아니라 위대한 인간이지만 지성의 정진이 지혜일까.

〈성교〉

인간의 성교는 사랑의 행위인가, 욕망의 행위인가, 아니면 그저 본능의 배설인가.

성교의 행위는 어떤 원인을 통해 이루어지는가. 간절한 사랑의 행위라고 주장할 수 있는 이는 얼마나 될까. 간절한 사랑의 행위로서 이루어지는 성교는 몇 %나 될까. 인간에게 간절한 사랑에 의한 성교는 가능하기나 한 것인가.

〈쇼펜하우어의 인생론에서 간과한 것〉

쇼펜하우어가 자신의 인생론에서 행복에 필요한 요소로서 간과한 것은 의식적이기는 하지만 "사랑"이다. 사랑은 일시적일 수밖에 없는 것이어서 제외하였을까.

〈환경〉

현실(현상계)에서 사는 한 현실의 법칙(인과율, 금전, 권력, 명예의 법칙)을 따를 수밖에 없다. 거부한다 해도 일부만을 거부할 수 있을 것이다. 이제 할 일은 1차로 직장, 도시 등의 당면한 현실을 관조하고 2차는 현실 자체를 벗어난 삶을 살 수 있는 곳으로 가는 것!

〈Vision〉

Vision의 정의는 무엇인가. 사전적 의미는 미래상이다. 흔히 긍정적인 발전적인 모습을 Vision이라고들 한다. 정확히 표현하면 자신이 원하는 미래의 모습이 자신의 Vision일 것이다. 그것이 세상이 원하는 모습이건 아니건 간에

'08. 7. 2

〈행복과 젊음과 희망〉

돌이켜 보면 좁고 낡은 집에 아이도 없이, 돈도 없이 살던 때가 가장 행복했던 기억으로 남아 있다. 지금은 그때보다 크고 좋은 집에 살고 모아 놓은 재산도 많고, 귀여운 아이도 있고 안정된 생활을 하고 있다. 행복에 대한 개념과 얻는 방법도 잘 알고 있다. 더 세월이 흐른 후 지

금과 그때를 회상하면 어떨지 모르지만 분명 그때는 행복으로 남아 있을 것이다. 그때는 더 젊었고 돈보다 희망이 많았기에…

'08. 7. 3

〈삶의 맛과 멋〉

우리는 주름진, 쭈글쭈글한 평탄하지 못한 고난의 삶을 두려워한다. 평평한, 편안한, 안정적인 삶을 원한다. 당연하다.

그러나 고난을 극복한 인생은 멋을 담고 있다. 그의 말은 오래 발효된 음식처럼 두텁고 깊이 있는 맛을 낸다. 단백하나 무미하지 않은 인격이다. 어렵고 고통이 따르는 삶도 떠밀려 사는 것이 아니라 자신이 선택한 삶이라면 즐거이 받아들일 수 있지 않을까.

언제까지나 현재의 안락함을 떨쳐버리지 못하고 살아가야 하는가. 현재의 안락함을 평안으로 잘못 생각하고 살고 있지는 않은가. 지금의 상태는 안락인가, 평안인가.

〈인생의 방패〉

과거의 자아는 나무토막이었다. 이리 채이고 저리 채이고, 채이면 채이는 대로 이리저리 처박혀 고통 속에 괴로워하는 삶이었다. 그러나 과거의 깊은 고난은 오늘의 깨달음을 있게 했고 깨달음은 자아를 겹겹이 둘러싼 방패가 되었다. 이제는 어떤 물리적인, 정신적인 충격이 가해져도 자아는 그 힘을 흡수할 것이다. 무한한 스펀지처럼. 시련이 준 선물이다.

향후 인생의 방패를 정의한다. **선량함을 내적 방패로, 꿋꿋함을 외적 방패로.**

〈백낙(伯樂)〉

자신의 내적 발전을 알아주고 평가해 주고 지도해 줄 수 있는 사람이 곁에 있다면 얼마나 좋을까. 곁에 그런 이가 없다면 그런 사람이 되어야 한다.

〈영웅〉

과거의 영웅은 얼마나 많은 사람들을 먹여 살릴 수 있느냐에 달려 있었다. 오늘의 기준도 크게 벗어나지는 않는다. 그렇지만 과거와는 또 다른 영웅을 기대한다. 오늘의 영웅은 누구인가. Vision을 주는 자인가. 안락함을 주는 자인가. 평안을 주는 자인가.

〈행복의 길〉

자신의 의지와 사고와 감각을 지배함으로써 행복할 뿐만 아니라 세상을 지배할 수 있다.

행복의 정체와 성격, 행복이 있는 방향을 알고 있고 그에 다가가는 방법도 알고 있다. 그 방향으로 가려고 하나 우리의 의지는 소유와 욕망이라는 쇠사슬에 묶여 있다. 쇠사슬을 하나하나 끊어 나가는 순간, 행복으로 조금씩 다가가는 것이다. 버리는 순간 그만큼 행복으로 전진하는 것이다. 당신의 행복은 결핍에서 오는 행복인가, 그와 상관없는 절대 행복인가.

'08. 7. 10

〈신의 선물〉

신은 인간에게 행복과 고통의 삶 가운데, 삶을 선택할 수 있는 두 가지 결정적인 능력을 주었다.

첫째는 **고통을 면할 수 있는 능력이다.** 인간은 자신의 삶을 정지시킬 수 있다. 그러므로 인생의 고통이 정말로 고통스러우면 자살을 선택할 수도 있다. 이러한 비상구가 있기에 오히려 인생의 고통을 견딜 수 있는 것인지도 모른다.

둘째는 **행복을 선택할 수 있는 능력이다.** 인간은 상황에 상관없이 행복할 수 있다. 그러나 현실(돈, 명예, 부귀영화…)에 눈 먼 사람들은 가질 수 없는 능력이다. 지혜를 통해 이 능력을 가진 사람도 선택이라는 실천을 해야 한다. 유한한 인생의 기간에서, 그 선택의 시기에 따라 행복한 삶을 사는 기간이 정해진다. 지혜로운 사람일수록 일찍 선택한다.

인생은 원래 無였다. 자신의 현재가 아무리 영화롭고 견고하다 해도 어느 순간 다시 無로 돌아가는 법. 이것이 당연한 진리임을 깨닫는 자는 현재의 인생이 덤이라는 것을 안다. 집착하지 않는다. 자신이 지금 살고 있는 인생은 즐거워도 고통스러워도 연극이며 장난이고 곧 無로 돌아간다.

고통과 행복은 빛과 그림자. 양자 중 하나가 없으면 나머지 하나도 존재하지 않는다.

───── **'08. 7. 15**

〈삶과 죽음의 선택〉

어떤 삶을 살 것인가. 아니 어떤 자세로 죽음을 맞이할 것인가.

안락한 삶을 살 것인가, 평안한 삶을 살 것인가.

망각(쾌락)의 길을 갈 것인가, 결단의 길을 갈 것인가.

원하는 삶을 실천하지 못하는 이유는 무엇인가.

신들과 행복을 다투다

'08. 7. 21

〈신념〉

자신을 지배함으로써 세상을 지배한다.

절대 행복에 도달함으로써 신들과 행복을 다툰다.

'08. 7. 23

〈인생이라는 연극에 대하여〉

인생은 연극이다. 범인은 연극 속의 역할이 인생의 전부이다. 그의 전 인생은 연극 안에 있다. 그는 인생이라는 연극 속에서 자신의 역을 연기할 뿐 참자아는 인생 밖에 있음을 인식하지 못한다. 그는 연극 밖으로 벗어나지 못한다. 연극 속의 자신의 배역이 자신의 참 인생이라고 생각하고 그 속에서 기뻐하고 슬퍼하며 분노하고 좌절한다. 자신의 연기를 관조하지 못한 채, 삶에서 깨어나지 못한 채 인생을 마감한다.

현자는 자신의 배역을 무대 밖에서 관조한다. 자신의 연기에 대한 평가를 하며 때로는 연극에서 벗어나 역할 속에서 이루지 못한 것들을 생각한다. 그는 주어진 배역을 충실히 수행한다. 연극이 끝날 때까지는 배역을 바꿀 수 없기 때문이다. 다만 그 역할을 받아들이는 자신의 자세와 감정을 조절할 뿐이다. 그의 참자아는 연극 밖에 있다.

'08. 7. 30

〈철학의 목적〉

철학은 세계에 대한 이해와 인생에 대한 통찰을 위한 학문이다.

개인은 철학을 통해 자신의 세계관을 확립하고 어떻게 살 것인가를 결정한다.

세계는 의지의 표상이다. 삶, 죽음, 관계, 욕망 등에 대한 사고의 정립과 자신의 행위 원칙을 견고히 해야 한다.

우리는 돈 버는 일, 사람 사귀는 일 등 인생의 지엽적인 일은 잘하기 위해 현재의 위치와 향후의 방향을 설정하는 등 최선을 다하고 있으나 인생 전체의 본질적인 문제인 세계관, 인생관의 정립에 대해서는 관심을 두지 않는다. 즉 인생의 앞을 보지 못하고, 어디로 가는지도 모르고 산다. 철학이 필요하다.

〈아파테이아(Apatheia)와 아타락시아(Ataraxia)〉

아파테이아는 외부의 욕망을 끊어버리고 어떤 것에 의해서도 마음이 움직이지 않는 부동심의 경지이며, 아타락시아는 고통으로부터 해방되어 마음이 동요되지 않고 편안한 상태이다.

둘 다 외부의 환경에 영향받지 않는 부동심의 상태이다. 그러나 아파테이아는 고통까지도 받아들인 상태인 반면 아타락시아는 고통이 없는 상태이다.

'08. 8. 4

〈일부일처제〉

최대 다수의 여자에게 자신의 유전자를 전달하려는 남자의 본능과 최고의 남자에게서 유전자를 받으려는 여성의 본능을 억압하는 제도.
- 사회 유지를 위한 본능의 억압.

'08. 8. 5

〈말의 내용〉

직장 등 먹고 사는 문제에 대해 묻지도 않은 말을 장황하게 늘어놓는 사람은 먹고 살기 힘든 사람이거나 아직도 채워지지 않은 욕망이 많은 사람이다. 자신이 말하는 내용은 자신의 관심사이고 그의 내면과 지적 수준을 가늠하는 척도이다.

〈음식〉

음식은 허기를 면하기 위한 것.

포만을 느낄 때까지 음식을 취할 때 그에 상응하는 자연의 벌을 받는다.

'08. 8. 6

〈행복의 차이〉

제왕의 삶과 나의 삶과 저 불쌍해 보이는 걸인의 삶과의 차이는 무엇인가. 결론은 "셋 중에 내 삶이 가장 낫다."

비교의 척도는 행복과 자유이다. 행복과 자유는 서로를 일부 포함하지만 하나가 다른 하나를 완전히 포함하지 못한다. 결국 서로에게는 차집합의 영역이 존재한다.

행복의 관점에서는 열 가지 넘침(제왕의 삶)보다는 하나라도 부족하지 않음(나의 삶)이 낫다. 부족한 하나가 넘치는 열이 가진 행복을 좌우하기 때문이다.

자유의 관점에서도 명예와 업무의 노예(제왕의 삶)보다는, 결핍으로 부자유함(걸인의 삶)보다는, 자신의 삶을 선택할 수 있음(나의 삶)이 우위에 있다고 생각된다. 제왕은 마음대로 자신의 왕위를 버릴 수 없으며, 걸인은 결핍을 벗어날 능력이 없으므로.

그러나 그 차이는 과연 얼마인가. 주관적인 자유와 행복을 비교하면 차이는 거의 없을 수도, 혹은 내 생각과 전혀 반대일 수도 있다.

'08. 8. 14

〈자유인의 조건〉

자유에는 하고 싶은 것을 할 자유, 하기 싫은 것을 하지 않을 자유가 있다. 자신의 의지대로 해도 무난할 정도의 경지에 도달한 사람만이 자유인이라고 할 수 있다. 자유인의 조건은 금전, 권력이 아니라 지성, 절제이다.

〈깨달음〉

남이 나를 알아주지 않아도 노여워하지 않는 군자의 도. 스스로 드러내지 않기 때문에 더욱 드러나는 성인의 도. 군자와 성인은 이미 무욕과 초월의 경지에 있는 자이기에, 앞서 언급한 것들은 그들에게 하찮은 것이기에 저절로 노여워하지 않게 되고, 드러나지 않게 되는 것이다. 의식적으로, 애써 하려고 한다고 되는 것은 아니다.

사물을 이해하고 성인, 현자의 가르침을 느끼고 마음속에 새길 수 있다는 것은 이미 그와 유사한 경지에 올랐음을 의미한다. 그들과 격이 크다면 결코 이해하거나 느낄 수 없다.

〈위대한 사상〉

진정 위대한 사상은 이해하기 쉽다. 그러나 실천하기는 어렵다. 고

신들과 행복을 다투다

대 그리스의 철학자나 쇼펜하우어, 노자, 장자는 세계와 인생 바탕(본질)에 대한 철학을 논했기에 위대하며, 그들의 사상은 밥이다. 마키아벨리, 라 로슈프코, 발타자르 그라시안 등의 글은 인간 관계와 처세(현상)를 논했기에 조미료에 불과하다.

〈선한 자〉
선한 자는 지상에서 천상을 사는 자이다.

〈깨달음과 자격〉
행운과 깨달음은 준비하고 기다릴 때에, 그것을 받아들일 수 있는 자격이 있는 자에게 어느 순간 다가오는 것이다. 결코 쫓아 가서 잡을 수는 없는 것이다. 씨앗은 적합한 토양에서만 싹튼다.

〈무위와 신의 영역〉
자신을 지배함으로써 세상을 지배하고 신들과 행복을 다툴지라도 세상 속에 존재하는 인간일 수밖에 없다. 오직 무위의 지경에 도달하는 것만이 신의 영역으로 들어가는 것이다.

'08. 8. 18

〈위선〉
생각, 말, 행동이 일치하지 않는 것

〈행운에 대한 통찰〉
현자라면 행운이 다가올 때 그것을 인지하는 순간, 그 행운의 외적인 크기와 무게, 내적인 정도와 밀도, 행운이 다가온 원인, 그로 인한 고통 및 전개될 상황, 마지막으로 '그 행운을 수용할 것인가 버릴 것인가.' 하는 행운에 대한 자세까지 단숨에 통찰한다. 개처럼 덥석 물지는 않는다.

'08. 8. 19

〈원인〉

희로애락뿐만 아니라 행복, 변화 등 모든 것의 원인이 외부에 있을지라도 그에 대한 반응은 내가 결정한다. 결국 모든 것은 나의 내부에 있다.

〈욕망〉

의식주 외에 삶에 중요한 것이 무엇이기에 욕망이 그리 많은가. 그 욕망들이 가져다 주는 행복이 얼마나 크기에 그토록 추구하는가. 욕망이 많다는 것은 그만큼 행복하지 않다는 것인데…

〈본전〉

신이 누구에게나 똑같이 부여한 행복할 자원과 권리, 그것의 사용은 개인에 달려 있다.

자의식이 자신을 찾아 나설 때 자신의 인생을 돌아보고 본전 생각이 난다면 어이하랴.

〈행복론〉

주관적인 자유와 행복은 결핍에 의한 욕망 속에만 존재한다. 상상 속에만 존재하는 것이다. 원하는 것을 성취하는 순간 그 전까지 기대했던 행복은 사라진다. 일요일 밤이면 하루만 더 휴일이었으면 하고 간절히 바라지만 막상 휴일이 되면 멍해진다. 반면, **객관적인(타인이 인정하는) 자유와 행복은 성취한 이후에도 존재한다. 단, 타인의 마음 속에.**

원하는 수준의 자유와 행복을 성취했다 해도 그 상태를 주관적으로 느끼려면 그것을 위한 행위를 해야 한다. 그 행위 자체는 더 높은 수준의 자유와 행복을 위한 욕망에서 나오는 것이다. 궁극적 자유와 행복은 어떤 수준에 도달함으로써 얻을 수 있는 것이 아니라 끝없이 추구해야 하는 것이다. 자유와 행복을 지속적으로 소유할 수 있는 절대적 수준은 없다. 지속적인 자유와 행복은 관념 속에만 존재하는 것이며 실재하지 않는다.

실재하지 않는 것을 추구한다는 것은 어리석은 것, 현 상태 이상의 자유와 행복은 없다고 믿고 더 이상 욕망하지 않는 것이 최선이다. 그 순간 진정한 자유와 행복이 밀려오는 것이다. 결국 자유와 행복은 추구할수록 멀어지며 포기할수록 다가온다.

그러면 자유와 행복을 위해 현실과 현 공간을 떠나 현실과 유리된 공간으로 가는 것 자체도 어리석은 일인가. 현실을 떠나 고행, 구도하는 이들이 추구하는 것은 무엇인가. 자유와 행복인가, 아니면 그것을 느끼는 주체인 자아의 소멸인가.

〈자아의 소멸〉

자아가 깨어 있는 한 자유와 행복에 대한 추구는 멈출 수 없다. 자아가 살아 있는 한 행복을 추구하려는 의지와 욕망을 다소 완화시킬 수는 있으나 완전히 없앨 수는 없다. 완전한 자유와 행복은 자아의 소멸과 함께 다가온다. 자아의 소멸, 의지의 소멸, 삶과 죽음의 초월.

현실과 유리된 다른 공간에서 생활하는 것은 완전한 자유와 행복을 위한 최선의 길은 아니다. 그저 고통의 완화제일 뿐. 결국은 에픽테토스의 말처럼 범인의 생과 철인의 생을 선택할 수밖에 없는 것이다. 범인의 생은 의지의 욕구를 충족시키기 위한 정신적 고통의 길이며 철인의 생은 자아를 소멸시키기 위한 육체적 고통의 길이다. 어느 길을 갈것인가.

현실의 생존 경쟁이 자신이 추구하는 행복을 침해하는가. 욕망이 부딪히는 현 공간을 떠나 한적한 자연으로 떠나면 그곳에는 행복이 존재하는가. 지속적인 행복은 없다. 무고통이 있을 뿐. 욕망의 실현인 자아실현이 아닌 자아 해체, 자아 소멸을 향해 정진해야 한다. 오늘 하루의 삶도 덤이다.

한적한 자연으로 떠나고자 함이 자아의 행복을 위해서라면 그것은 자아의 실현을 위해서이다. 그것은 욕망이다. 의식주가 해결된 상태에서 누리는 사치일 수 있다. 현 공간의 현실을 자아 소멸의 관점에서 인식할 수 없다면 다른 공간에 있더라도 마찬가지다.

모든 추구는 살아 있는 자아를 위한 것이다. 현 공간에서 생존 경쟁을 통한 부와 명예를 추구하든지, 한적한 무욕의 삶을 추구하든지 결국은 자아실현을 위한 범위 안에 있다. 자아가 소멸되지 않는 한 자아실현을 추구할 수밖에 없으며, 자아의 실현은 궁극적인 행복이 될 수

신들과 행복을 다투다

없다. 문제는 외부 즉 시공간, 현실이 아니다. 나의 자아이다.

자아가 소멸되면 행, 불행이 없다. 인식의 주체가 없으므로 인식의 대상은 무의미하다. 자아가 소멸되면 직장 생활을 하든, 전원 생활을 하든 마찬가지다. 행복을 추구하지 않기 때문이다. 그때는 덤으로 주어지는 하루하루가 감사할 뿐이다.

아! 자아를 어떻게 소멸시킬 것인가. 어떻게 소멸의 경지에 도달할 것인가. 자아 소멸이란 노력으로, 수련으로 이루어지는 것은 아니다. 그 행위 자체로서 자아가 살아 있기 때문이다. 그것은 한 순간의 깨달음일 수밖에 없다. 석가를 취한 삶에서 깨어나게 한 그 깨달음.

행복이 있다면 현실의 고통 속에 있고 그것을 느끼는 마음속에 있다. 행복을 찾기 위해서는 고통의 현실을 헤매야 한다. 행복은 고통과 분리할 수 없다. 언제나 함께 존재하며 함께 왔다 간다. 행복을 위해서는 고통의 현실을 떠날 수가 없는 것이다.

현실을 떠난다는 것은 행복을 포기하고 무의 평안을 추구한다는 것이다. 평안을 위한 현실과의 유리를 어떻게 정의할 것인가. 그곳에는 행복이 없다. 그리고 자아가 소멸되지 않는 한 평안도 없다. 자아가 소멸된다면 그곳이나 여기나 같다. 다만 그곳은 자아가 소멸되는데 수월할 것이다.

인간은 행복을 찾아 현실의 고통 속을 헤매는 삶을 선택하든지, 행복도 고통도 없는 무의 생을 선택할 수밖에 없는 것이다.

〈깨달음의 단계〉

1. 행복이 존재한다고 믿음
   - 어떤 것이 참행복인가를 생각하고 깨달음. 참행복을 추구함.

- 범인들이 현실에서 추구하는 행복은 참행복이 아님을 깨달음.

2. (지속되는) 행복은 없다고 믿음
   - 찰나의 행복이 존재할 뿐 단지 무고통이 최선임을 깨달음.
   - 현실의 고통 속에만 찰나의 행복이 있음을 깨달음(현실을 떠난 행복은 없음).
   - 깨달음 없는 인간의 마음에는 행복이 머물 공간이 없음을 깨달음.

3. 자아 소멸이 필요함을 인식
   - 1, 2의 행복 추구는 자아 실현의 추구임을 깨달음.
   - 자아 소멸, 무위, 무만이 최선임을 깨달음.

4. 자아 소멸
   - 무, 행복도 고통도 없음, 진정한 평안.

'08. 8. 26

〈정신적 토양〉

사유할수록 정신적 토양이 비옥해 간다. 독서와 사유를 통해 깨달음을 이전보다 많이 체험한다. 사유의 씨앗이 심어지면 깨달음의 꽃이 만발한다. 인생이 풍요로워진다. 정신적 토양이 비옥하지 못하면 아무리 좋은 씨앗도 싹트지 않는다. 불쌍한 삶이다.

〈덤〉

사람들은 자신의 인생이 행복해야 하고 즐거워야 한다고 생각하고 그렇지 못함을 한탄한다. 그러나 **인생이 행복해야 한다는 법은 없다.** 개인의 욕망일 뿐. 아이러니하게도 행복에 대한 욕망이 강할수록 행복은 잡히지 않는다.

신들과 행복을 다투다

인생은 덤이다. 본래 나는 소유한 것이 아무것도 없었다. 본래 나조차 없었다. 내가 없었는데 행복이 어찌 있을 수 있으며 빼앗김이 어찌 있을 수 있겠는가. 진정 인생이 고통스러우면 본래의 상태로 돌아가면 그뿐.

인생을 덤이라 생각하는 자에게 세상은 눈부시다. 기쁨이다. 그저 존재하는 것만으로도 행복이다. **고통마저도 행복이다. 존재의 증거이 므로.**

〈행복과 불행〉

사람들은 행복만 있는 인생을 바라지만 그런 인생은 없다. 행복만큼 불행도 다가온다. 그러나 행복이 주는 기쁨보다는 불행이 주는 고통이 더 크고 깊고 오래간다. **하나의 불행은 열 가지, 백 가지의 행복을 사라지게 한다.** 현자는 행복을 바라지 않는다. 불행이 오지 않도록. 생각할수록 현자가 바라는 최상의 상태는 불행이 아닌, 고통이 없는 상태이며 사실은 그 상태가 최상의 행복한 상태임을 깨닫는다.

'08. 9. 2

〈현자의 자세〉

현자는 부를 욕망하지 않으나 정당한 부를 마다하지는 않는다. 부가 있다고 더 행복하거나 결핍에 처한다고 불행을 느끼지 않는다. 단지 인내의 미덕보다는 절제의 미덕을 행하는 상황이 낫다고 생각할 뿐.

현자는 남들이 알아주는 것을 바라지 않고 몰라준다고 노하지 않는다. **현자는 강한 마음과 인내를 가지고 고통을 두려워하지 않는다. 고통이 오래가지 않거나 자신과 함께 고통이 끝날 것을 믿는다.**

현자의 삶은 환경에 영향받지 않는다. 자신에게 주어진 역할을 성실히 수행할 뿐이다. 자신을 운명에 맡기지 않으나 이미 닥친 운명이라면 피하지 않는다. 욕망하지 않는 관조의 삶이다.

현자는 죽음을 두려워하지 않는다. 죽음 너머의 다른 생을 꿈꾼다.

범인은 평안을 위해 현실을 피하려 한다. 한적한 곳에서의 정진을 원한다. 그러나 주어진 현실의 고통을 안고 현자로 향하는 길을 가는 것이 진정한 구도자의 자세이다. 주어진 인생 연극의 역할을, 현실의 몽둥이를 피하지 말아야 한다. 쉽지 않은 길이다.

'08. 9. 4

〈원하는 것〉

행복해지고 싶은 사람들에게 "(지속적) 행복은 없다."라는 진리를 아무리 외쳐 보아야 소용 없다. 사람들은 자신이 원하는 이야기만을 듣고 생각한다. 원치 않는 진리를 수용하는 사람은 흔하지 않다. Optimism은 잘 수용되어도 Pessimism은 거부당하는 경우가 많다.

"꿈꾸는 다락방" 등 성공 방법에 대한 책은 같은 이유에서 잘 팔릴 수밖에 없다. 그러나 경계해야 할 것은 헛된 꿈을 심어줄 수 있다는 것과 환멸 시의 좌절감에 대해서는 아무런 언급이 없다는 것이다. Pessimism의 미덕은 우리가 원하지 않는 현실을 적나라하게 펼쳐 보임으로서 우리의 좌절을 막는다는 것이다.

〈행복의 정의〉

욕망이든 희망이든 바라는 것의 실현이 행복이라 생각한다면 행복은 없다. 당신 의식 속의 욕망은 무의식의 바다에 감추어진 욕망의 일부이며 미지의 욕망의 한 점이다. 신들도 당신의 끝없는 행복을 향한

　　　　신들과 행복을 다투다

욕망을 채워 줄 수 없다.

행복은 무위의 평정, 고요함의 유지이다. 불안, 분노, 고통뿐만 아니라 기쁨, 즐거움조차도 평정을 흔들리게 한다면 행복의 요소는 아니다.

옛 희랍의 현자들도 향연을 즐겼으며 쾌락을 피하지는 않았다. 그러나 그들의 평정은 영향받지 않았다. 초심자로서 평정 속에서 쾌락을 받아들일 수 있는 시간은 아직 멀고 멀었지만 그때는 올 것이다. 오지 않아도 무관하다. 이미 쾌락은 마음의 평정과는 무관하니까.

'08. 9. 5

〈현자로 가는 길〉

격한 감정, 강한 맛, 짜릿한 기분, 진한 삶 등 이전에 추구하던 감각들(격한 사랑, 모험, 맛있는 음식, 음주)을 더 이상 추구하지 않는다. 단백해진다. 무심히 보이던 세상이 의미 있고 아름다워 보인다. 그저 경치만 보아도 즐겁다. 평안에 감사한다. 언제 그칠지 모르는 덤의 인생, 모든 것이 새롭고 감사하다.

오직 무위의 평정만을 향해 나아갈 뿐이다. 자신의 쾌락과 고통, 가족에 대한 사랑, 그 이상의 어떠한 것에도 영향받지 않는 평정에 이르기까지.

〈분노의 성립〉

분노가 성립하는 단계는 어디인가. 마음속에 솟는 분노가 있으면 분노가 성립하는가, 그 분노가 외부로 표출되어야 분노인가. 마음 속의 분노를 참고 있으면 자신이 그 분노를 허락하지 않았기에 분노로 성립하지 않는가.

분노는 자아가 살아 있다는 증거이다. 자존심의 상처, 무시당함에 대한 파르르 떠는 반응. 정진의 부족. 정신의 유약함. 우주와 인생에 대한 통찰 부족. 아, 언제나 극복할 것인가.

'08. 9. 12

〈남자〉

남자는 특수 관계에 있지 않은 경우의 아는 여자를 볼 때도 그러하지만, 특히 모르는 여자를 시각적으로 인식할 때는 성적 매력이 인식의 기준이다. 종족 유지 본능 이상도 이하도 아니다.

〈단상〉

훌륭한 문학 작품은 감성을 울리지만 철학자의 글은 이성을 울린다.

세상이 두려워 얼마나 많은 진실을 눈감아 왔던가.

전달한 사상의 내용이 중요하며 누가 전했는가, 잘난척하는가 등은 속물의 관심이다.

'08. 9. 16

〈성인의 자세〉

공자: 인부지이불온 불역군자호.

소크라테스: 나는 여러분으로부터 사형 선고를 받고 물러나려고 하지만, 여러분은 악과 부정의 선고를 받고 물러나는 것입니다.

예수: 저들의 죄를 용서하소서.

공통점은 세상과 다른 길을 가며 세상의 핵심에 위치함. 세상을 홀로 지탱하고 있음을 인식함.

신들과 행복을 다투다

'08. 9. 17

〈반성〉

소인이여, 소인이여, 소인이여, 소인이여. 하늘을 덮고자 했던 그대
의 덕은 자신 하나도 가리지 못하는구나. 그대의 철학과 지혜를 정녕
소인의 그것으로 남기려는가. 소인이여.

'08. 9. 18

〈하루〉

오늘 하루도 갔다. 인생의 대해에 끝없이 놓인 징검다리 하나를 건
넜다. 영혼의 낙원에 한 걸음 다가갔다.

'08. 9. 23

〈이루려는 것〉

당신의 인생에서 이루려는 것은 무엇인가. 당신의 인생을 무엇으로,
어떤 형태로 완성할 것인가. 나 안에서 이루려는 것이 행복이라 할 때,
행복을 이루면 내 인생은 완성되는가. 당신이 세상에서 이루려는 것은
무엇인가. 당신의 세계관은 무엇인가.

세상에서 이루려는 것이 사후의 명성이라고 할 수도 있다. 그러나
명성 자체를 이루려고 노력한다는 것은 타당하지 않다. 명성은 어떤
행위의 부산물일 뿐 그 자체가 목적일 수는 없다. 나와 내 주위 생명체
의 삶에 대한 지원으로서 내 인생이 완성될 수 있다.

'08. 9. 24

〈심어진 윤리〉

우리에게 심어져 있는 윤리, 가치관은 어디에 기초하고 있는가.

경쟁, 성공에 기초한 윤리가 우리를 지배하고 있는 것을 어떻게 부정하겠는가. 선과 정의보다 우선한 가치관이 우리를 지배하고 있다는 것은 무서운 일이다. 본인도 인식하지 못하는 사이에 프로그램된 가치관을 최선이라고 믿고 행동하기 때문이다.

'08. 9. 25

〈미선진〉

진선미인가 미선진인가.

참됨에서 착한 것이 나오고 참되고 착한 것이 아름다운가, 아름다움에서 착한 것이 나오고 아름다운 것이 참된 것인가. 분명 미는 진과 선의 부산물일진대, 요즘 사람은 거꾸로 생각한다.

'08. 9. 30

〈현자와 범인〉

현자와 범인의 차이 중 하나는 지위/명예/명성에 대한 자세이다. 범인은 자신에 대한 타인의 평가를 중시하지만 현자는 자신에 대한 스스로의 평가를 중시한다.

현자는 진과 선을 향한 자신이 해야 하는 행위에 관심을 가진다. 지위/명예/명성은 그 행위에 따른 부산물일 뿐임을 안다. 저절로 다가오는 부귀영화야 어쩔 수 없으나 부산물을 쫓지는 않는다. 범인은 지위/명예/명성이라는 부산물을 위한 자신의 행동에 초점을 맞춘다.

신들과 행복을 다투다

직장과 자신과의 관계는 계약을 기초로 한다. 계약의 기본은 자신이 회사에 노동을 팔고 그 대가로 급여를 받는 것이다. 직위는 부산물이다. 그러나 많은 사람은 노동 자체에 신경 쓰기보다는 부산물인 직위에 더 관심을 갖는다.

'08. 10. 1

〈인생의 낭비〉

인생의 낭비란 무엇인가. 협의로서는 유용하지 못한 것에 대한 추구로 보내는 시간일 것이다. 광의로서는 "자신이 원하는 행복"을 누릴 수 있음에도 누리지 못하고 누리기 위한 환경만을 구축하는 데 보낸 시간을 포함할 것이다.

범인은 더 큰 행복을 위해 현재의 행복을 연기시키는 반면, 현자는 "소박한 행복"을 즉시 취하여 오랜 기간 누리는 자이다.

〈남자의 마음〉

흔들리지 않는 가슴은 여자의 가슴이 아니며 흔들리지 않은 마음은 여자의 마음이 아니다.

'08. 10. 3

〈결핍의 행복〉

결핍에는 결핍을 채울 수 있는 행복이 있다. 충만이 가질 수 없는 잠재 행복.

'08. 10. 6

〈지혜의 길〉

지혜의 길은 관념 속에 존재하지만 객관적 실재에 근거한 것으로 믿는다. **관념은 존재에서 존재는 실재에서 나온다.** 우리가 원하는 관념은 존재하기에 언제인가는 실현되는 것이리라.

'08. 10. 8

〈의문과 존재〉

대상에 대한 지식은 완벽할 수 없다. 대상을 안다는 것은 그것에 대한 의문이 있다는 것이다. **의문이 있다는 것은 형식적이든 관념적이든 자신 안에 그 대상이 어느 정도 존재하고 있다는 것이다.**

역으로 어떤 대상에 대하여 의문이 없다는 것은 그 대상을 모른다는 것이고 그 대상이 자신 속에 존재하지 않는다는 것이다.

'08. 10. 11

〈상이한 행복〉

범인의 행복은 욕망(자아)의 실현이다. 현자의 행복은 평정(자아, 욕망의 포기)이다. 욕망의 실현에는 많은 대가를 치르고도 당연시 하지만 평정의 실현은 저절로 이루어지는 것으로 오해하는 경우가 많다. 어느 것도 대가 없이는 이루어지지 않는다.

평정은 행복의 갈증을 풀어주는 샘물이지만, 욕망의 실현은 더욱 갈증을 일으키는 바닷물이다. 평정이 더욱 완전한 상태라면 평정에 도달하기까지는 더 많은 대가를 지불해야 한다.

신들과 행복을 다투다

〈남은 삶〉

지금 내 앞에 남은 것은 삶인가, 죽음인가.

내가 사는 진정한 삶인가, 살아지는 죽음 같은 삶인가.

'08. 10. 16

〈진정한 철학자〉

운명을 수용하며, 운명을 비웃으며, 운명과 무관하게 생의 길을 가는, 자기 자신의 지배자가 되는, 절대의 행복을 가짐으로써 신들과 행복을 다투는 스토아 철학자들은 훌륭하다.

에픽테토스를 제외하면 스토아 학파의 거두들—제논, 세네카, 마르크스아우렐리우스 등—은 모두 최고의 부와 권세를 누렸던 이들이다. 이러한 그들이 스토이시즘을 제창, 계승했다는 사실도 이채로우나 그들의 부와 권세가 스토이시즘을 안정적으로 계승, 발전시킬 수 있는 기반이 되었다고도 생각된다. 눈앞에서 달려드는 현실의 몽둥이를 맞고 피해 가며 스토이시즘을 주창할 수는 없었을 테니까. 경제적 풍요로움이 문화를 낳듯이.

그들도 천사의 유혹은 뿌리치지 못했다. 다가오는 금전을 마음속까지는 아니라도 대문 안으로는 못이기는 척 들여놓았다. 행운을 수용했던 것이다. 지금까지의 유명 철학자 중에는 디오게네스를 제외하면 경제적으로 매우 어려웠던 철학자는 별로 없었던 것 같다.

그러나 한 사람, 스피노자가 있었다. 자신의 철학을 위해 부(유산)를 포기했으며 종교적 탄압마저 감수하며 숨어 살았다. 지행일치의 표상이다.

〈선물〉

철학 책을 보며 객관적으로 재미없고 어려운 내용임에도 불구하고 그것을 들여다보고 있는 자신을 발견할 때, 그럴 수 있는 상황과 의지가 고마운 선물이라고 생각된다. 또한 많은 행위 가운데 정진을 선택, 실행하는 것은 아무나 쉽게 할 수 없는 것이다.

'08. 10. 20

〈욕망과 관조의 자아〉

인간의 내면은 욕망과 관조의 자아가 뒤섞여 있다. 현실에서 격리되어 있으면 정진한 만큼 관조의 자아가 지배하나, 현실의 문제에 부딪히면 욕망의 자아가 상황에 몰입된다. 정진의 수준에 따라 차이는 있으나 현실에서 격리되지 않는 한 관조의 자아가 지배할 수는 없다. 결국 평정을 유지하려면 신에 가까운 도의 경지에 도달하든지, 욕망의 현실을 떠나 살아야 한다는 결론이 나온다. 욕망의 자아를 소멸시키지 않는 한.

'08. 10. 21

〈행복의 추구〉

현재를 행복을 담보하는 미래의 행복 추구 과정이 고통스럽지 않다면 할 만하다. 고통스러울 뿐이라면 멈추어야 한다. 미래의 행복은 불확실하고, 확실하다 해도 지속되지 않는 행복을 위해 긴 세월 동안의 현재의 행복을 포기하는 것은 어리석은 짓이다.

'08. 10. 22

〈진일보(進一步)〉

오늘 하루만 살아도 족하다. 남은 생의 기간이 1일이든, 10년이든, 100년이든 같다.

인생에서 마주치는 행복과 고통을 상쇄한 결과는 삶의 기간에 상관 없이 같다. 인생은 파노라마이지만 그것을 맛보기 위해 긴 인생을 원하지는 않는다. 굳이 경험하고 싶지는 않다. 이제는 이미 그 모든 것을 미루어 짐작할 수 있기에.

자기 자신을 지배하는 하루를 산다. 다만 육체의 생을 지속하려는 의지를 허락할 뿐, 이성은 관조한다. 이성은 죽음을 두려워하지 않는다. 원래 존재했던 자아가 어느 순간 현재의 육체로 존재한 것처럼 죽음은 자아의 끝이 아니다.

누군가 자기 없이 못 살 만큼 자신을 사랑하는 관계도, 자신이 차마두고 갈 수 없는 관계도 만들지 않는다. 오늘 하루도 가볍게 살고 내일의 죽음으로 표표히 떠날 수 있도록 마음을 매일 정리한다. 죽음을 연습한다.

'08. 10. 26

〈우파니샤드〉

우주의 창조자이며 우주 자체인 브라만(신)은 나의 자아 아트만이다. 나는 브라만의 일부이며 자연이다. 자신이 신이라는 것을 깨닫고 사는 자와 그저 현상계의 한 인간으로서 육체의 삶을 사는 자의 차이는 얼마나 클 것인가.

나의 자아는 이미 신이지만, 현상계에서는 육체에 얽매여 있는 상태로서 육체의 한계를 벗어날 수 없다. 자아가 고양되어 있을 때는 욕망을 관조하고 제어하지만 자아가 약해질 때는 욕망 속에 자아가 묻혀버린다.

그러나 신이거나 신성을 가진 나는, 육체를 좇아 욕망의 삶을 살기보다는 욕망의 충족은 육체의 유지 정도에서 만족하고 자아의 영적 삶을 살 것이다.

쇼펜하우어가 하고 싶었을 것이지만 못 했던 말을 덧붙인다. "나는 신이다. 나는 신처럼 살 것이다."

부귀영화는 현상계의 것일 뿐 자아(본질)의 세계와는 전혀 무관하다. 인간은 육체에 어쩔 수 없이 제한을 받으므로 육체의 유지를 위한 최소한을 바랄 뿐이다.

모든 욕망과 고민은 덧없는 현상계의 육체를 위한 것이었다. 우리가 추구하는 것 중 육체가 없어도 가치 있는 것은 과연 무엇인가.

〈삶의 고통과 환멸〉

소유하고 싶은 욕망, 고통을 피하려는 욕망 등, 욕망과 현실과의 차이에서 고통이 온다.

현상계의 인과율로 대표되는 세계와 인생에 대한 통찰의 부족, 지성의 부족에서 환멸(경이, 실망, 경악, 황당)이 온다. 현자는 어떤 일도 일어날 수 있는 일로 생각한다.

삶의 고통과 환멸의 원인은 욕망과 무지이다.

'08. 10. 29

〈삶의 방향〉

내 삶의 방향은 무소유의 길이다. 그러나 현재는 세속 수행자의 길에 있다. 앞으로 어느 길로 접어들지는 나도 모른다. 단지 의지만이 있을 뿐이다.

지금 이 길에 서서 아주 소박한 육체적 욕망—실현되지 않아도 그만인 소박한 의식주—만을 추구하는 삶, 우주와 인생에 대한 깊은 통찰을 추구하는 삶을 살고자 한다.

'08. 11. 5

〈신하와 백성〉

나는 신하인가 백성인가. 백성은 군주가 누구이든, 어떤 체제든 상관하지 않는다. 나의 삶에 이로운 것이 중요할 뿐이다. 신하는 군주에, 체제에 목숨을 건다. 각각의 삶은 다를 뿐 우열은 없다.

나는 리더인가 Follower인가. 나 개인에 앞서 조직을 생각하는가. 나를 먼저 생각하는가. 각각의 역할과 입장이 다를 뿐 선악은 없다.

〈버림〉

무엇부터 버릴 것인가. 삶에 꼭 필요하지 않은 생각, 지식, 관념부터…, 삶에 꼭 필요한 생각, 지식은 많지 않다. 대부분은 자신을 소모시킨다. 자신을 구속한다.

〈초자아〉

육체, 의지, 자아, 초자아… 삶의 의지는 육체의 보존과 번영을 위한 것이다.

인생의 무대에서 육체를 입은 나는 삶의 의지에 따라 행동한다. 내 행동을 반추하는 이성으로서의 자아도 무대 위에 있다. 그러나 무대 밖에는 내 연기를 관조하는 초자아가 있다. 초자아는 아무런 판단 없이 관조할 뿐이다. 시간과 공간을 초월한 영원한 초자아이다.

출생과 함께 자아는 육체를 빌려 탄생한다. 초자아는 출생하지 않는다. 이전부터 존재한다. 죽음과 함께 육체와 자아는 소멸된다. 초자아는 소멸하지 않는다. 이후까지 존재한다.

내 밖에 있는 것은 나의 소유가 아니다. 내 밖에 있는 것은 육체를 위한 것이다. 소유했다고 착각하는 것들은 육체를 위해 잠시 빌린 것일 뿐이다. 육체마저 빌린 것인데 빌린 것을 위해 빌린 것들이 진정한 나의 소유일 순 없다. 원래 내 것은 없었다.

'08. 11. 7

〈리더십〉

리더십은 리더 자신의 존재를 최소화하여 구성원의 자발적 행위를 유도하는 것이다.

전투 시에 진정한 리더는 가장 위험한 역할을 수행한다. 사회 생활에서 현실적으로 어렵다면 적어도 그러한 정신을 소유해야 한다.

〈현상과 본질 - 교육에 관하여〉

자식의 교육에 있어 부모는 많은 것을 가르치려고 한다. 국, 영, 수, 예능, 체육…. 그러나 이러한 것들은 현상을 쫓는 것이다. 가르쳐야 할 것은 끝이 없고 아이는 소화하지 못한다.

신들과 행복을 다투다

교육의 본질은 아이에게 배우고자 하는 의지와 그 이유를 가르치는 것이다. 그러한 깨우침을 주는 것이 모든 가르쳐야 할 것들의 본질이다. 고기 잡는 법을 가르치듯이.

〈인생의 주 요소〉

인생은 욕망, 결핍(고통), 충족(쾌락)이 연주하는 3중주이다. 욕망이 사라지면 결핍도 충족도 사라지며 평안(참행복)만이 존재한다.

'08. 11. 11

〈욕망을 벗어나려면〉

욕망의 충족 없이는 욕망에서 벗어날 수 없다. 현자는 욕망 충족의 경험에서 욕망의 끝을 보고, 그것의 덧없음을 깨닫고, 욕망을 최소한으로 줄인다. 범인은 욕망의 충족을 통해 충족된 현상에 몰입하여 더 큰 욕망을 갖는다.

"흐르는 물은 웅덩이를 채우고야 흐른다."

〈범인, 천재〉

범인은 현상에 몰입한다. 현상의 법칙(인과율과 동기의 법칙)이 전부라고 생각한다.

천재는 현상에는 무관심하다. 본질만을 본다.

〈나눌 수 있는 것, 없는 것〉

나눌 수 있는 것은 내 몸 밖에 있는 것뿐이다. 내 몸 안에 있는 것(정신적인 것, 깨달음 등)은 나눌 수 없다. 아무리 나누려 해도 타인은 받지 못한다. 나누는 자와 수준(지성, 깨달음 등)이 같아야 나눌 수 있다. 그 상태가 되면 나누어 받지 않아도 이미 스스로 가지게 되는 것이다.

'08. 11. 12

〈존재 이유〉

인생의 목적인 행복의 본질은 쾌락도 고통도 아닌 평안이다. 이것을 깨닫는 순간 행복의 반을 얻은 것이다. 이 깨달음의 길로 접어드는 행위의 순간 나머지 행복의 대부분을 이미 얻은 것이다. 평안에 도달했다면 이제는 평안을 유지하는 일만 남았다.

그러면 나의 존재 이유는 무엇인가.

자신의 평안을 구하러 세상에 존재하는 것이란 말인가.

이 세상에 내가 있는 것과 없는 것의 차이는 무엇인가.

'08. 11. 13

〈인생과 행복의 정리〉

인생은 결핍, 욕망, 충족의 변주곡이다. 인생은 자신의 입장에 따라 고통, 행복, 권태가 된다. 실현 전의 욕망은 행복을 가득 품고 있지만 욕망의 실현은 지속되는 행복을 주지 않는다. 당연한 것으로 여겨지며 나아가 권태로 전락한다.

행복과 고통은 내부에 존재한다는 말은 불충분하다. 행복과 고통은 자신의 내부에서 생산된 것이며 본인이 그것을 행복 또는 고통이라고 승인한 것이다.

행복의 본질은 행복과 직접 치환될 것 같은 외부의 부귀영화의 추구와 축적이 아니다. 내부에서 스스로 행복을 생산하는 방법에 대한 깨

달음이다. 외부에서 수 천 가지의 행복의 대용물을 구했어도 그것은
불완전하다. 단지 현상들일 뿐이다. 내부에서 만들어진 한가지 행복
이 더 완전하다.

욕망은 평안의 길을 막고 있는 수문장이며, 신이 인간을 조종하기
위해 인간의 마음속에 심어 놓은 조종장치이며, 궁극적으로 극복해야
만 할 강력한 업보이다. 욕망을 버리는 순간 결핍도 충족도 사라지며
세상은 평안으로 변한다. 그 순간, 진선미 가운데 진만이 존재한다. 지
상에서 천상의 삶을 산다.

〈관념과 행동〉

덕은 덕 있는 행동에서 나온다. 덕에서 덕 있는 행동이 나오는 것이
아니다.

행동이 관념에 우선한다(아리스토텔레스의 경험 VS 플라톤의 관념).

'08. 11. 14

〈『시지프스 신화』〉

까뮈의 『시지프스 신화』는 인생의 적절한 표상이다. 반복되는 무의
미한 노역의 형벌, 신이 인간에게 부여한 형벌이다. 삶은 힘들지만 삶
에 몰입해 있는 한, 삶이 힘든 이유와 전체의 삶이 어떤 구조와 의미를
갖는 것인가는 알 수 없다.

"의식"의 순간, 삶에서 깨어나는 순간, 삶을 관조하며 삶을 통찰한
다. 이러한 과정을 통해 자신의 운명을 직시하고, 멸시하고, 수용하게
된다.

다시 굴러 떨어질 바위를 밀어 올리는 시지프스에게서 헛된 욕망의

실현을 위해 살아가는 인간을 본다. 그 가운데, 올려진 바위가 굴러 떨어질 것을 인식하고 자신의 운명을 깨달은 사람은 불행하지만 행복할 수 있다. 절망의 극에서 버려진 희망을 줍는다.

〈부조리에 대하여〉

부조리는 이성적 판단과 현실과의 괴리이며 세계에 대한 인간의 근원적 태도에서 생겨난다.

부조리의 전제조건은 부조리를 인식하는 주체로서의 이성적 판단이 참이며 대상(현실)이 참이 아님이 증명되어야 한다. 그렇지 않으면 부조리가 성립하지 않는다. 부조리는 인지의 대상이지 해결의 대상은 아니다.

부조리의 원인은 인간에 관련된 것이다. 근본 원인은 인간 욕망의 충돌이다. 욕망과 욕망의 실현의 결과가 무의미한 것이기에 부조리는 무의미함을 뜻한다. 부조리는 인간의 관계, 문화, 제도 등 인간이 창조한 세계에 존재한다. 인간의 불완전성을 나타내고 있다.

〈실존적 자살에 대하여〉

○ 실존적 자살: 존재는 본질에 우선한다고 믿는 실존주의자들이, 자신의 행동으로서 자신의 본질(의미)를 만들어가지만, 세상의 부조리와 죽음의 불가피성(실존적 불안) 앞에서 삶의 무의미함을 깨닫고 선택하는 자살.

- 동의 측면

부조리한 세상에서의 인간의 행복 추구는 무의미하다. 실재하지 않

신들과 행복을 다투다

는 무지개를 잡으려는 것이다. 애써 밀어 올리지만 다시 굴러 떨어지는 시지프스의 바위인 것이다. 고통스러울 뿐 무의미한 인생이라면 자살을 하는 것이 자신의 행동으로서 의미를 만들어가는 실존적 존재의 선택일 수 있다.

- 비판 측면
1. 실존적 자살은 논리적으로 완벽한 인간만이 할 수 있으나 인간은 완벽할 수 없다.
   자살에 이르는 과정에서 인지한 부조리의 근본이 되는 자신의 판단이 과연 참임을 증명할 수 있는가. 그것은 과연 보편적 진리에 근거한 판단이었는가. 주관적 판단이거나 개인의 특수한 환경에 따른 판단은 아니었는가.
2. 실존적 자살은 세계의 일부만으로 세계의 전체를 판단한 판단 오류에 따른 행동이다. 부조리는 인간의 부조리이다. 자연의 부조리가 아니다. 인간은 인간과의 관계 속에 살고 있고, 동시에 자연과의 관계 속에 살고 있다. 부조리는 전자의 관계에만 존재한다. 자살은 인간 세계가 부조리하다고 하여 자연까지 버리는 것이다.
3. 실존적 자살은 환경에 지배된 행위이다. 만일 부조리한 세상이기 때문에 실존적 자살을 한다면 세상이 부조리하지 않다면 실존적 자살을 하지 않았을 것이다. 환경에 지배된 행동으로서의 실존적 자살은 실존적 행동일 수 없다. 실존적 행동은 환경에 지배된 행동이 아닌 자신이 지배한 행동으로 존재의 본질을 구축해 나가는 것이다.
4. 실존적 자살은 자신의 운명을 비웃지 못하고 운명 속에 매몰되는 것이다. 세상에는 부조리만 존재하는가, 인생은 무의미만 존재하

는가, 세상에 선한 사람과 선한 의지는 없는가. 소돔을 멸하지 않으려는 야훼의 마음처럼 우리도 소수의 의인과, 작지만 소중한 인생의 의미, 소수의 부조리하지 않은 것이라도 끝까지 찾아야 하는 것이 아닌가.

5. 실존적 자살은 인간의 존재 이유를 간과한 행동이다. 인간의 존재 이유는 무엇인가. 자신만 행복하면 살고 고통스러우면 죽는 것이 존재 이유의 전부인가. 인간 존재는 세상과의 관계가 전혀 없는 격리된 존재인가. 인간은 인간과의 관계와 세상과의 관계를 선천적으로 맺고 존재한다. 따라서 인간의 존재 이유는 자신의 합리적 생존과 더불어 인간과 자연에 대한 사랑이다. 이의 실천을 위해 삶을 포기하지 않고 끌고 가야 한다.

6. 실존적 자살을 통해 내 존재를 소멸시킴으로써 해결되는 부조리는 없다. 도피일 뿐. 결국 나의 주인이 나 자신이 아닌 환경이었음을 고백하는 행위이다.

'08. 11. 17

〈철학〉

절박한 요구에서 얻어진 철학만이 삶의 좌표이고 구원이다. 그렇지 않은 철학은 교양일 뿐이다. 체화된 철학을 말하는 것과 철학적 지식을 말하는 것은 울림이 다르다. 전자는 지혜이고 후자는 앵무새의 소리일 뿐.

〈삶의 위안〉

삶의 위안은 무엇인가. "행복이 강렬하게 손짓할 때 내면에서 고개

드는 슬픔"을 무엇으로 달랠 것인가. 금전, 지위, 명예뿐만 아니라 사랑하는 가족조차도 진정한 위안은 되지 않는다. 자신 밖에 있는 것들이기 때문이다.

삶의 위안은 결국 자신 안의 신앙이거나 자신 안의 철학이리라. 인간은 혼자이기에.

'08. 11. 18

〈시련〉

젊은 시기의 시련은 축복이다. 극복하면 용기를, 극복하지 못하면 지혜를 얻는다.

극복할 수 있는 시련은 운명의 배려이고 개인의 보약이다.

〈인생〉

인생은 비극인가. 인생을 통찰하지 못한 사람에게는 비극이고 통찰한 사람에게는 비극이 아니다. 나는 인생을 희극으로 생각하겠다. 슬픈 일도 세상의 인과율 속에 일어날 수 있는 것이기에 웃으면서 맞아야 한다.

'08. 11. 19

〈공감〉

삶에 취해 있거나 현실의 문제에 몰입된 사람에게는 철학과 인생의 지혜가 무의미하고 비현실적으로 생각된다. 결국 지혜는 "가장 소중한 것" 아니면 "무의미한 것"이다.

〈인생이라는 포커 게임〉

인생은 남의 돈으로 하는 포커 게임이다. 돈을 가지고 태어난 자는 없다. 돈을 따거나 잃을 때 그다지 기뻐하거나 슬퍼할 것 없다. 돈을 따도 잃어도 그것은 나의 돈이 아니기 때문이다.

내 몸 안에 있는 것과 내 머리 속에 있는 것을 제외하면 나의 소유물은 있을 수 없다. 이 깨달음이 인생 통찰의 반이며 타인 속에 있는 자신을 보는 깨달음이 나머지 반이다.

〈현실의 분노〉

불필요한 일, 무의미한 일이기에 하기 싫은 일이지만, 때로는 할 수밖에 없다. 그런 일은, 할 때는 물론이고 하기 전부터, 하고 나서도 오랫동안 분노가 나를 휘감는다.

어찌할 것인가. 극복해야 할 현실의 벽은 아직도 높고 또 많다. 그러나 하나씩 극복해가는 길밖에 없음을 안다. 땅을 메우는 작업에서 한 삼태기의 흙을 부으면 최소한 그 만큼은 메워짐을 믿는다.

—————— '08. 12. 03

〈행복 만들기〉

일상에서 행복을 느끼기 위한 쉬운 방법은 식사의 조절이다. 한 끼를 가볍게 먹고(또는 굶고) 다음 끼니 때 배고픔을 서서히 해소하는 것이다. 결핍의 충족 과정에서 행복을 느낀다. 에피쿠로스적 행복이다. 일단 시장기를 면하면 행복감은 급격히 낮아지므로 식사를 멈춘다. 시장기도 없는데 식사를 하는 것은 행복 측면에서 이중의 우행이다. 과

도한 영양 섭취를 유발하며, 결핍 상태가 가질 수 있는 잠재적 행복의
기회를 박탈하기 때문이다.

인생도 마찬가지다. 가능하면 결핍의 상태를 유지하는 것이 잠재적
행복을 소유하는 것이다. 행복을 원할 때면 자신의 어떤 결핍을 해소
하면 되기 때문이다. 물론 해소할 수 있는 상황과 능력이 전제 조건이
며 또한 충족시의 행복이 결핍상태의 고통보다 커야 한다.

결핍이 해소된 상태의 유지는 권태를 초래하며, 과잉 상태의 유지는
불행으로 뛰어드는 것이다. 결핍된 상태에서도 고통이 덜하고 충족시
의 행복이 큰 생활 요소를 찾아 즐기면서 결핍과 충족을 실행하는 것
은 현자의 삶이라 하겠다.

'08. 12. 26

〈감정의 전파〉

좋은 기분이든 나쁜 기분이든 특정한 부분에서 발생한 감정은 보통
다른 부분으로 전파된다. 그러나 그 감정은 발생한 것에만 머물러야
한다. 이러한 감정의 전파를 막을 수 있는 수련과 인격이 필요하다.

〈비교〉

자신을 가장 비참하게 만드는 것은 타인과의 비교이다. 우리는 자신
의 절대적인 가치보다 상대적인 가치를 더 중요하게 생각하는 경향이
짙다. 스스로를 불행하게 만드는 행위다.

〈인생의 관점〉

인생의 관점을 어디에 두느냐에 따라 인생관이 달라진다.

대부분의 사람들처럼 문명적, 문화적 관점으로 인생을 바라보면 부, 명예 등이 우선시되고 그것의 부족에서 곧 불행을 느낀다. 그러나 자연에 관점을 두고 인생을 보면 인간은 자연 속에서 태어나 살고 자식을 낳고 죽는 것이다. 거기에는 문명적 관점에서 중요했던 것들은 단지 수단일 뿐 그다지 중요하지 않다.

　어느 관점으로 인생을 볼 것인가. 어떤 인생관을 우리 아이에게 전해줄 것인가.

　　　신들과 행복을 다투다

2. 2009 ————

'09. 1. 6

〈일〉

일을 잘 파악하고 일의 가치를 스스로 부여하는 행위를 통해 일을 사랑하게 되고 일을 잘 할 수 있게 된다. 직장인으로서 선택의 여지는 없다. 일을 사랑하는 것밖에. 이것만이 내가 직장인으로 존재할 수 있는 방편이다. 보수, 환경, 평가 등은 그 다음이다. 그러나… 일은 저절로 사랑하게 되지는 않는다.

〈일의 목적〉

일하는 가장 큰 목적은 생계유지.

일의 내적 가치는 인격 수련. 외적 가치는 세상에 대한 기여.

〈넓이와 깊이〉

철학적 지식은 폭넓음보다는 깊이가 중요하다. 즉 체화가 중요하다.

〈허탈함〉

오랜 기간 존경한 사람이나 복수의 칼을 갈던 대상의 실체가, 존경하거나 복수할 정도의 **견고한 인물이 아니라 하찮은, 비루한 인간임을 알았을 때 느끼는 허탈함**.

존경할 만한 사람도, 미워할 만한 사람도 점점 적어진다.

'09. 1. 7

〈여자〉

남자에게, 여자는 미의 대상인가, 선의 대상인가.

신 들 과 행 복 을 다 투 다

미의 대상으로 인식하는 것은 욕망의 대상, 나아가 성적 욕망의 대상으로 인식하는 것이다. 선의 대상으로 인식하는 것은 생명의 전달자로서 인식하는 것이다. 특히 젊은 시절에는 전자로서의 여자를 인식하는 면이 강하다. 젊은 시절부터 후자의 인식 능력을 가질 수 있다면 인생에 큰 도움이 되겠지만 깨달음 없이는 어렵다.

40대 중반에나마 후자의 인식을 서서히 하게 됨을 다행으로 생각한다. 죽을 때까지도 많은 남자에게 있어, 여자는 미의 대상으로 인식되는 법이기에.

〈식사〉

아침 식사는 생존을 위해 조금 먹고 점심식사는 수련과 건강을 위해 하지 않는다. 저녁에는 상당한 쾌락이 동반된 식사를 한다. 허기를 충족시키는, 허기의 고통을 해소하는 에피쿠로스의 쾌락.

—— '09. 1. 9

〈인격〉

존경할 정도의 고귀하고 숭고한 인격을 가진 자는 매우 적다. 있다고 해도 대부분 자신을 위해 연극을 하는 것이다.

—— '09. 1. 14

〈행복〉

당신의 현재에 만족하는가. 그렇다면 당신은 행복한 것이다.

〈종교〉

일반적으로 폐쇄적, 배타적이라는 것은 경쟁력이 낮다는 것이다.

한국 기독교 교회는 배타적이다. 타 종교나 교리에 접촉하거나, 교회에 대한 비판을 신경질적으로 받아들인다. 약하다. 마치 건드리면 무너질 듯 자신 없는 모습이다. 그토록 유약한 교리와 체계로 어떻게 선교할 것인가.

어떤 종교와도, 어떤 교리와도, 어떤 철학과도 공개적으로 토론해야 한다. 자신의 신앙과 종교가 확실하다면 문제될 것이 없다. 신앙은 논리가 아니므로. 그러나 토론과 접촉마저 금기시한다면야 어찌 고등 종교라고 할 수 있으리요.

'09. 1. 15

〈후회〉

이성적 행위든 감성적 행위든 그 때의 진실한 표현이었다면 후회할 필요는 없다. 그 이상은 인간의 능력 밖이므로.

'09. 1. 19

〈이성적 판단〉

나의 이성적 판단은 과연 (보편적) 정의, 진리인가. "나의 경험과 지식"라는 부분적 존재의 한계를 벗어나지 못한 편견일 뿐인가.

〈기독교인〉

기독교인이 된다는 것은 선을 향한 희생을 자발적으로 감수한다는 것이다.

신들과 행복을 다투다

복을 구하기 위함이 아니다.

〈어리석음〉

상황이 닥쳐야 그 영향을 깨닫는 자는 얼마나 어리석은가.

'09. 1. 21

〈행위의 목적〉

행위의 목적, 가치는 무엇인가.

육체적, 물질적 욕망을 충족시키기 위함이라면 그 행위의 지속은 고통스러울 것이다.

평안 등 정신적 행복을 얻기 위함이라면 그 행위의 지속은 고통스럽지 않을 것이지만 그 목적이 자신의 한계 속에 머무르는 한 완전한 기쁨이 되기에는 부족하다.

행위의 진정한 목적은—타자와 세계를 위한—선을 이루는 것이다. 선을 목표로 나아갈 때 정신적 행복 등은 부산물로 따라온다. 즉 정신적 행복조차도 행위의 목적일 수는 없다.

진의 역할은 무엇인가. 진은 행위의 목적은 아니다. 진은 선이라는 가치를 향해 나아가는 자의 갑옷이요 칼이고 방패이다.

선을 위해 나아갈 때는 희생이 수반됨을 알고 각오해야 한다. 최고의 가치를 위해 죽음까지도 두려워하지 않는 자세가 필요하다. 그러기 위해서는 가장 낮은 수준의 목적에 맞추어져 있는 가치관과 여러 개념을 모두 다시 확립해야 한다.

〈연애적 사랑의 한계〉

연애적 사랑의 태생적 한계는 미에서 출발한다는 데에 있다. 즉 자신이 생각하는 미의 기준이 충족되지 못할 때 사랑은 시작되지 않는다. 사랑은 충족된 미를 기반으로 시작하여 상대의 선을 확인함으로써 이루어진다. 여기서 미는 쾌락이며 욕망의 충족이다. 다만 에피쿠로스적 쾌락을 추구하는가, 바커스적 쾌락을 추구하는가에 따라 미의 관문을 뛰어넘을 수도, 미의 관문을 통과해야만 할 수도 있는 것이다.

'09. 1. 29

〈내가 아는 것〉

내가 아는 것은 무엇인가. 사소한 사물이라도 그것의 실체를 알고 있는가. 아니면 외적인 감각의 다발만을, 몇 가지 인과율만을 알고 있는 것인가. 하물며 자유, 정의, 신 등 형이상학적인 것에 대해서 알고 있는 것은 무엇인가. 단지 실체의 일부분일지언정 제대로 알고나 있는 것인가.

〈참명예〉

참명예란 자신이 존경하는 이에게 존경받는 것이다. 세상의 명예 중에 현자가 존경할 만한 것이 얼마나 될까. 부, 지위, 능력… 이런 것들은 일반 대중에게서나 존경을 받을 수 있는 가치 없는 명예다. 결국 참명예란 거의 없다. 현자는 세상의 명예를 받아들일 뿐 어떤 것도 존경하지는 않는다.

신들과 행복을 다투다

〈돈의 가치〉

진정한 돈의 가치는 액수에 따르지 않는다. 그것이 쓰이는 질에 따라 결정된다.

'09. 1. 30

〈행복의 척도〉

행복의 척도는 무엇인가. 알기 쉬운 척도 중의 하나는 자신이 해야 하는 일을 하는 것과 하고 싶은(가능한) 일을 하는 것의 차이다.

〈인생의 무게〉

인생에 대한 깨달음이 깊어갈수록 인생의 무게는 가벼워진다. 깨닫는다는 것은 자유로워지는 것이다.

'09. 1. 31

〈문화〉

인간은 선하게 태어나지만 성장하며, 문화에 접하며 악해진다. 그것은 문화의 이면 즉, 인과율, 합리성, 효율성이 인간의 내면에서 커가는 욕망과 결합하기 때문이다. 오히려 욕망만이 홀로 존재한다면 인간의 악함이 덜하리라. 문화가 순진한 욕망에 악의 지혜와 도구를 제공하는 것이니.

가야 할 길은 하나. 욕망과, 성장하면서 익혔던 문화의 모든 이면들을 다시 버리는 것. 버리는 것은 습득하는 것보다 더욱 어렵다.

〈양심〉

성경은 하나님의 계시를 인간이 기록한 것이지만 인간의 양심은 하나님이 직접 만드신 것이다. 양심은 성경의 선을 이미 다 포함하고 있을 수도 있다.

〈두 가지 진리〉

하나, 모든 원인과 결과는 내 안에 있다. 둘, 자아 관조

〈진과 선〉

진의 선물은 자유이고 선의 선물은 정신적 행복이다. 그러나 진리는 깨달을 때에만 자유를 주고 선은 행할 때에만 행복을 준다.

'09. 2. 9

〈신〉

기독교의 신과 타종교의 신은 다르지 않다. 만일 다르다고 주장한다면 그 각각의 신들은 인간이 만들어낸 신이라는 것을 반증할 뿐이다.

'09. 2. 10

〈금전〉

대부분의 사람들은 **불행하다고 생각할수록 금전에 대한 의존도가 높다.** 금전이 자신을 행복하게 해 주리라 생각한다. 하지만 그것은 마약 중독자가 마약을 찾는 것과 같다.

신들과 행복을 다투다

〈부귀의 행태〉

부자나 권력자는 끊임없이 외부의 세계를 헤맨다. 외부와의 접촉과 변화에서 기쁨을 느낀다. 그 이유는, 주위의 사람들이 자신의 의지에 따르는 것처럼 행동하고 주위의 사물들은 자신의 의지대로 할 수 있다고 생각하기 때문이다. 외부의 세계에 자기의 의지를 주장하고 실현할 수 있기에 즐거운 것이다. **삶의 외연은 넓어지는 반면 삶의 내면은 황폐해진다.**

'09. 2. 11

〈기쁨〉

참기쁨은 진리의 깨달음에 있다. 완전한 기쁨은 깨달음의 체험에 있다. 구도자들은 새로운 진리를 깨닫기보다는 **깨달음을 체화하기 위해, 연습하기 위해 고통스러운 구도의 길**을 간다. 그리하여 내가 나의 주인이 되는 순간, 현실의 몽둥이는 더 이상 나를 아프게 하지 못한다.

신, 관조, 자유, 행복에 대한 진리를 깨달았다면 "날마다 연습"하는 일만 남았다.

無… 세계도 없고 자아도 없고 완전한 평화마저 없는 경지는 언제나…

'09. 2. 17

〈낙원의 회복〉

실낙원의 원인은 최초의 인간이 선악과라는 욕망의 덩어리를 삼켰기 때문이다. 낙원의 회복을 위해서는 어떠한 고통을 감수하더라도 인간에 체화되어 내재하는 욕망을 토해 내야 한다. 짜내야 한다.

〈신〉

신은 우리를 구속하지 않는다. 자유롭게 한다. 우리의 마음에 내재하는 신은 선한 길로 인도함으로써 우리를 자유롭게 하는 길잡이이다.

〈인생이라는 꿈〉

우리는 인생이라는 긴 꿈을 꾸고 있다. 그 꿈은 태어날 때 시작되어 죽음 무렵에 깨어난다. **대부분은 죽음에 이르러 인생이 꿈이었음을 인정할 것이다.** 우리는 꿈속에서 또 욕망이라는 꿈을 꾼다. 돌아보면 모두가 꿈인데 그 꿈속에서 무얼 그리 원하는가.

〈루소와 노자〉

루소는 이성의 망망대해에서 결코 수몰하지 않았던 감성의 부표였다. 노자는 카오스의 세계를 홀로 비추던 코스모스의 빛이었다.

〈버스와 전철〉

버스를 타면 내 자신을 주변에 잃어버린다. 전철을 타면 나를 잃어버리지 않는다.

〈포교〉

인도 철학을 접한 자에게 유일신교를 믿으라는 것은 바다를 알고 있는 자에게 강을 바다라고 우기는 것이 아닐까.

〈변화〉

현상계에서 시간과 공간, 인과율과 더불어 중요한 원리는 변화이다. 현상계에서 모든 것은 끊임없이 변화한다. 그 변화는 자연의 법칙을 따르는 한 진리이며 옳고 그름이나 좋고 나쁨을 초월한 변화이다. 그러나 인간은 무심한 변화를 좋은 변화와 나쁜 변화로 구분하여 기뻐하거나 슬퍼한다.

〈인생의 과정과 결과〉

인생의 성공이란 무엇인가. 세상이 인정하는 것은 금전, 지위, 명예, 권력 등의 결과일 것이다. 그러나 그것에 이르기까지의 과정에서 자신과 주위의 희생이 따랐다면 진정한 성공이라고 할 수 있을까.

진정한 인생의 성공은 결과의 성공이 아니라 과정의 성공이다. 인생이라는 긴 여행에서는, 길고 지루한 이동 후에 잠깐 맛만 보고 사진 찍고 또 다음 장소로 이동하는 "여행사 주관"의 Package 여행처럼 끝없이 세속적 성공을 좇는 여행보다, 차라리 고생스럽고 세속적인 광은 나지 않더라도 천천히 느끼며 즐기며 걷는 "자기 주관"의 도보 여행이 백배 낫다

〈소중한 것〉

1. 소유한 것과 2. 소유하고 싶지만 소유하지 못한 것, 3. 소유하였다가 빼앗겼거나 잃어버린 것 중에, 가장 소중하게 생각되는 것은 무엇일까. 3, 2, 1의 순서일 것이다.

관념의 오류이다. 우리는 소유한 것은 소중하게 생각하지 않는다.

그러나 소유하고 있는 것이 가장 소중한 것이다. 내 소유를 떠나는 순간 그것의 소중함을 깨닫는다. 한 발 늦는다.

〈시공간상에서의 만남과 이별〉

만나고 있는 사람, 가까이 있는 사람, 만나지 못할 먼 거리에 있는 사람의 공간상에서의 차이는 무엇인가. 나와 각각의 거리이다. 관념 속의 거리에 따라 그리워하는 정도가 다르다. 우주라는 공간에서 보면 점으로도 표현하지 못할 정도의 거리인데도.

가족과의 출근 시의 이별, 외국 이민 시의 이별, 죽음에 의한 이별의 시간상의 차이는 무엇인가. 나와 각각의 재회 가능한 시간상의 차이이다. 관념 속의 시간 간격에 따라 슬퍼하는 정도가 다르다. 영겁의 시간에서 보면 존재하지도 않을 정도의 미미한 시간인데도.

〈관념과 존재〉

내 앞에 보이는 것은 존재한다고 생각한다. 보이지는 않아도 실제로 존재하지 않을지라도 어제 보았던 시청은 존재한다고 생각한다. 존재는 내 관념 속에 있는가, 관념 밖에 있는가.

'09. 2. 28

〈소크라테스가 말한 어리석음〉

자신이 모르고 있는 것을, 알고 있다고 생각하는 경우는 고의적인 어리석음이다. 그러나 자신이 알고 있다고 진정 믿고 있는 것이 참이 아닌 경우는 재앙적 미망이다. 전자의 어리석음보다는 후자의 경우가 더 심각한 어리석음이다.

신들과 행복을 다투다

〈회의〉

의심스러운 말은 믿지 않는 것이 최선이다. 고의적인 거짓이거나 본인의 미망, 착각에서 연유한 거짓일 확률이 높기 때문이다. 회의주의자는 진리에 가까운 사람이다.

'09. 3. 7

〈진리의 동심원〉

진리가 동심원이라면 대부분 사람들은 경계 주변을 넘나들고 있다. 그들은 진리를 알고 있으나 그저 지식으로서, 교양으로서 알고 있을 뿐이다. 그 진리는 그들에게 아무런 영향도 주지 못한다. 동심원의 중앙으로, 진리의 핵심으로 나아가야 한다. 체화해야 한다.

〈사고의 방법〉

나와 세계, 사물과 사건을 인식할 때 시간, 공간, 사고를 확장시켜 전체의 틀에서 보아야 한다. 영겁의 과거와 미래 속의 시간, 우주 가운데의 공간, 무한한 변화, 인과율 혹은 인과율의 초월을 생각해야 한다.

〈행복〉

행복을 좌우하는 것은 백 가지 잉여가 아니라 한가지 결핍이다.

〈잠〉

잠들어 깨어나지 않는다면 행복한 것이고 깨어난다면 더 행복한 것이다. 깨어나지 않은 것은 새로운 생명으로의 탄생이며, 깨어난 것은 현 생명을 좀 더 깨달을 시간을 가진 것이기 때문이다.

〈언어〉

언어는 사물과 사상을 표현하지만 그 안에 사물과 사상을 가둔다.
따라서 언어를 접할 때 언어에 포함되지 않은 여백의 사상을 읽어야
한다.

〈깨달음의 한 모습〉

세상과 타인의 의지에 맞서지 않는 지혜와 사려

'09. 3. 12

〈시간과 공간과 존재〉

우리는 현재에 살고 있고, 살고 있는 이 시간을 현재라 부른다. 현재
를 기준으로 지나간 시간을 과거라 하고 앞으로 올 시간을 미래라 한다.

인간은 현재에만 살아 존재하는가. 자신의 기준으로 생각할 때만
현재에 존재하는 것일 뿐이 아닐까. 지금도 과거라는 시간에 살아 존
재하는 사람이 있고 미래라는 시간에 살아 존재하는 사람이 있지 않
을까.

현상에서 현재, 과거, 미래는 동시에 존재하지 않는다. 그러나 우리
관념 속에서만 동시 존재하지 않을 뿐, 실제로는 동시 존재하는 것이
아닐까. 긴 시간 축에서 다만 우리가 어떤 한 시점만을 살 수밖에 없기
때문에 그 시점을 기준하여 현재라고 인식하는 것이 아닐까. 지금도
과거와 미래에 존재하는 사람들은 자신이 사는 시점을 현재라고 생각
하며 살고 있지 않을까. 다만 존재하는 시간이 다르기 때문에 서로 겹
치지 않은 뿐인지도 모른다.

하나의 공간에 여러 시간이 동시에 존재할 수 없다. 하나의 시간에

신들과 행복을 다투다

여러 공간이 존재할 수도 없다. 그러나 다른 시간에는 다른 공간이 존재할 수 있다.

내가 과거라고 부르는 시간 속에서 과거에 존재했고 지금은 존재하지 않는 역사 속의 사람들은 나와 동기된 시간 축상의 공간 안에서 존재했던 사람들일 수도 있다. 즉 나와 다른 시간 축에도 현재와 과거와 미래가 존재하는 공간이 있을 수도 있다.

시간은 무한히 나눌 수 있기 때문에 시간의 축은 무수히 많다. 공간은 하나의 시간 축상에 존재한다. 다른 시간 축상에는 다른 공간이 존재한다.

나와 다른 시간 축상의 다른 공간 상에 존재가 있고 그 존재와의 접촉이 이루어질 수 있다면 세계의 재창조이다. 아니, 접촉은 불가능해도 존재만이라도 있다면 그것만으로도 재창조이다. 증명할 수 있을까, 혹은 반증할 수 있을까. 아니면… 망상인가…

〈거북이와 물고기〉

나는 물속에 사는 거북이다. 내 주변에서 많은 물고기를 본다. 물속만이 나의 세계다. 나에게 육지는 없다. 육지를 생각한 적도 본 적도 없기 때문이다. 나는 육지에 올라갈 수 있다는 생각도 물론 못 한다. 올라갈 수 있는 능력이 있음에도 불구하고.

어쩌다 주위에서 육지의 이야기를 들어도 나와는 상관없다고 생각한다. 물속에서 먹이 잡기에 여념이 없이 괴로워하고, 먹이를 잡으면 순간의 행복에 만족해 한다. 긴 고통과 짧은 행복 속에 사는 것이 나의 생의 전부라고 생각한다. 육지에는 먹을 것이 많지만 나는 그 사실을 모른다. 나는 거북이가 아니라 물고기가 된다.

〈인생의 목적〉

내 인생의 목적은 무엇인가. 육체적, 정신적 행복인가. 내 인생의 정신적 목적은 진리의 추구이다. 내 인생의 육체적 목적은 선의 실행이다. 육체적, 정신적 행복은 진리 추구와 선의 실행 과정의 부산물일 뿐이다.

〈철학과 명상〉

철학과 명상의 차이는 무엇인가. 철학은 일반 현상을 기반으로 보편적 진리를 추구한다. 명상은 제한된 현상을 기반으로 특수한 진리를 추구한다. 보편성이 결여되어 있다. 철학을 통한 깨달음의 과정은 보다 논리적이다. 일반 사람들도 단계를 밟아 따라올 수 있다. 명상은 비약이다. 일반 사람들은 쉽게 접근할 수 없기에 거부하고 이상한 시각으로 보게 된다.

〈불만, 확신〉

세상에 대한 불만은 나에 대한 불만이다. 자신에 만족하는 자는 세상을 탓하지 않는다.

남이 알아주기를 바라는 것은 자신에 대한 확신이 없기 때문이다. 자신에 대한 확신이 있는 자는 남이 알아주기를 바라지 않는다("인부지이불온 불역군자호").

'09. 3. 15

〈침묵해야 하는 것〉

"말할 수 있는 것을 명료하게 말하고, 말할 수 없는 것에 대하여 침

　　　　　　　신들과 행복을 다투다

묵해야 한다"(비트겐슈타인). 말할 수 없는 것(형이상학, 가치)에 대해 말하고 싶지만 (명제로서, 사실로서) 말할 수 없으며 말할 수 없는 것에 대해서는 침묵해야 한다. 말로 표현해도 그 말은 무의미할 수밖에 없다. 사적 언어일 수밖에 없다(언어의 한계).

〈한계와 수용〉

내재하는 하나님(양심)의 뜻대로 살지 못하는 이기적인 삶.
본래의 목적과 상관없는 성욕의 추구.
세상과 자신의 부조리를 인식하고 그것마저도 수용하는 겸허함.
종교를 통한 현실 문제 해결을 원하는 인간의 나약함을 이해.

〈단상〉

내가 할 수 있는 것은 얼마나 될까.
자신의 지배자가 되어 갈수록 자신의 약함을 더욱 깨닫는다.
성인(천재)은 당대에는 인정받지 못한다. 성인은 당대의 신념과 정반대의 신념으로 당대의 사상을 개혁하기 때문이다.
진리를 모르는 사람에게 진리를 말해서는 안 된다. 그의 수준을 넘어서는 이야기는 거부감만을 일으킨다. 의미의 전달의 주체는 듣는 사람이기 때문이다.
내가 정지해 있는 상황에서 발생하는 사건에 대해서 관조하기보다, 내가 움직여야 하는 상황에서 발생하는 사건에 대해 관조하기가 더 어렵다.

〈밖으로 나가는 지혜〉

세계 안에 있으면 세계 전체를 볼 수 없다.

대상을 묘사하려면 대상 바깥에 서 있어야 한다.

숲을 보려면 숲 밖으로 나가야 한다. 자신을 보려면 자신 밖으로 나가야 한다.

〈뚜벅이〉

뚜벅이의 목적은 건강 유지이지만 뚜벅이의 기쁨은 사유의 바다에서 지혜를 낚는 것.

〈철학〉

철학은 인간의 본질적 의문을 파헤치고 그에 대한 답을 구하는 학문이다. 세계, 나, 인생의 가치는 철학의 주요 축이다.

세계는 무엇인가에 대한 논의가 인식론, 나는 누구인가에 대한 논의가 존재론, 세상에서 나라는 존재는 어떻게 살아가야 하는가에 대한 논의가 가치론이다.

〈감사〉

눈앞에 펼쳐진 아름다운 자연, 그 자연을 보며, 자연 속을 걸으며 그러한 환경에 감사한다. 그러나 환경의 아름다움을 즐길 수 있는 지혜와 습관을 가지게 된 것에 더 감사한다.

〈지혜의 도구〉

○ **할 수 있는 것과 할 수 없는 것을 구별하는 지혜.**

- 할 수 있는 것이면 하면 되고 할 수 없는 것이면 받아들여야 한다.

○ **소유물의 상실에 대한 결과를 생각하는 지혜.**

- 소유물이 자신에게 영향을 줄 때 소유물의 상실의 결과를 생각하면 그것이 얼마나 필요한/불필요한 것인가를 알 수 있다.

○ **욕망이 충족되지 않았을 때의 고통 여부를 생각하는 지혜.**

- 충족되지 않아도 고통스럽지 않은 욕망은 필연적이지 않은 욕망이다. 버려야 한다.

○ **대상, 관념의 바깥에 서는(밖으로 나가는) 지혜.**

- 대상을 보려면 대상 밖으로 나가야 한다. 대상 바깥에 서야 한다.

〈세계〉

세계의 사실은 이미 놀이공원의 시설처럼 고정되어 있다. 의지는 세계의 사실을 바꿀 수 없다. 그러나 의지는 세계의 색깔(관념)을 바꿀 수 있다. 행복한 세계와 불행한 세계 등으로.

—— **'09. 3. 24**

〈죽음을 보며〉

지인의 죽음을 보며, 슬퍼할 유가족에 연민의 마음을 갖는다.

지인의 죽음을 보며, 나를 향한 기쁨을 느낀다. 하나는 아직 내가 살아 있다는 기쁨이고 또 하나는 나도 곧 죽을 수 있으리라는 기쁨이다.

나의 죽음에 따라 남겨지는 가족의 삶을 걱정하는 것은 인지상정이나 그 걱정에 대한 해결은 내 능력 밖의 일이다.

〈선과 악〉

선과 악의 개념의 발원은 어디인가. 존재 자체에는 선과 악이 없다. 처음에는 동물의 세계처럼 선악이 존재하지 않았다. 도가 있었을 뿐, 덕도 인의예지도 없었다.

인간이 홀로 산다면 선과 악이 존재하지 않을 것이다. 선악은 인간이 공동체 생활을 하면서 타인과의 관계에서 생겨났다. 타인에 대한 행위에 따라 생기는 개념이다.

선이란 무엇인가. 인간은 왜 선과 악의 개념을 분리해 놓고 선의 개념을 중시할까. 우리가 선이라고 알고 있는 것이 과연 자연의 선인가. 영원한 선인가. 우리의 본능과는 일치하는가. 아니다. 우리의 선은 인간의 선이고 체재 유지를 위한 선이며, 욕망의 제재를 위한 선이다.

선만이 존재한다면 선과 악의 분리가 무의미할 것이다. 인간은 이기적 욕망의 화신이다. 인간에게 본능상 악의 행위는 자연스럽지만 선행은 힘들게 노력해야 비로소 할 수 있다. 인간은 동물의 본성을 넘어서는 욕망의 노예일 수밖에 없다.

선, 정의, 우의, 애정 등은 세상을 얇게 감싸고 있다. 그래서 세상은 선의에 의해 움직이고 있고 모든 관계도 선의로서 이루어지는 것처럼 보인다. 그러나 아무리 견고해 보이는 좋은 관계(부모자식 간, 형제 간, 친구 간)도 사소한 이권이나 욕망 앞에 유리창처럼 깨진다. 거의 기다렸다는 듯 무너지기에 그렇게 행동하지 않는 경우는 당연시해야 함에도 불구하고 미덕이 된다.

선의의 포장 속을 들여다보면, 인간의 욕망과 그에 따른 준비된 악의가 부글부글 끓고 있으며 빈틈만 있으면 뚫고 나올 팽팽한 압력 속에 있다. 인간의 선의는 얇은 얼음처럼 불안하고 인간의 욕망과 악의

신들과 행복을 다투다

는 쉽게 파괴되지 않을 만큼 충분히 두텁고 견고하다.

어찌할 것인가. 이 세상을 어찌할 것인가. 무엇으로 구원할 것인가.
종교로, 정치로, 사회 체제로, 힘으로 구원하려 했지만 되지 않았다.
그것 또한 인간의 행위이기 때문이었다. 남은 것은 신의 친정이다.

내가 할 수 있는 것은 인생을 자연의 순리에 맞게 사는 것뿐이다. 그
것이 세상에 영향을 줄지 어떨지는 모른다. 다만 한걸음을 나아가도
그것은 나아간 것이다.

'09. 3. 27

〈본래 목적〉

음식을 먹는 것은 즐기기 위함이 아니다. 생존하기 위함이다.

성교는 쾌락을 위함이 아니다. 생명을 창조하기 위함이다.

일하는 것은 조직의 권력을 위함도 자아실현도 아니다. 돈을 벌기
위함이다.

진리 탐구는 명예를 얻기 위함이 아니다. 자신이 자유로워지기 위함
이다.

'09. 3. 30

〈내 안의 신〉

"네 안에 내가 거하면 구하는 모든 것이 이루어지리라."

"먼저 하나님의 나라와 그의 의를 구하라."

이상의 성경 구절은 같은 의미라고 생각된다.

신을 내 마음속에 받아들이고 또 내 안에 있는 신을 의식하는 것이다.

이런 경지가 되면 이미 더 이상 구하는 바가 없을 것이다. 그 경지에

이르는 과정에서 구하기 이전에 이미 모든 것이 이루어 질 것이기 때문에.

〈선과 악 2〉

인간은 태어날 때는 선악에 물들지 않았다. 세상에는 인간이 사는 데 필요한 것들이 있다. 인간이 자신이 사는 데 필요한 것만을 취한다면 선악이 없을 것이다. 더 많은 것을 취하기 위한 타자와의 갈등 속에 선악이 생겨난다. 선악은 인간의 지능과 불필요한 욕망 때문에 생겨난다.

선과 악은 상대적인 개념이기에 선이 있으면 악도 있을 수밖에 없다. 선이 없어지면 악도 없어지는 것처럼.

'09. 4. 8

〈철학자〉

"시인은 꽃을 가져오는 자이나 철학자는 꽃의 정수를 가져오는 자이다."(쇼펜하우어) 시인은 현상계의 아름다움을 표현하지만 철학자는 아름다움의 본질을 표현한다.

〈도덕〉

도덕은 어떻게 하면 행복해질 수 있는가를 가르치는 것이 아니라 행복에 알맞은 자가 될 수 있는가를 가르친다. 남을 위해서는 행복을, 자신을 위해서는 완전성을 추구하라. 그것이 우리에게 행복을 가져다 주든 고통을 초래하든.

신들과 행복을 다투다

〈관념론〉

관념론은 지각하는 주관 이외에는 아무것도 존재하지 않는다는 뜻이 아니다. 모든 대상의 많은 부분이 지각과 오성의 형식에 의해 만들어진다는 뜻이다.

〈사고의 확장〉

현상계의 대상에 대한 본질을 깨닫는 한가지 방법은 대상에 관계하는 시간, 공간, 인과율에 대한 사고의 확장이다. 한 예로, 사랑은 생명의 전달을 위한 행위이다. 남녀 간의 사랑이든 부모자식 간의 사랑이든.

〈세계관〉

범인의 세계와 철인의 세계는 다르다. 같은 세계이나 다른 모습으로 관념 속에 자리 잡고 있다. 개인의 경험과 오성의 능력에 따라 각각 다른 세계를, 다른 성격의 존재를 관념 속에 창조한다.

'09. 4. 10

〈소크라테스의 죽음〉

소크라테스의 사형 죄목은 소위 혹세무민이다. 그의 정의, 선, 진리에 대한 가르침은 옳았으나 사람들은 듣고 싶지 않았다. 그의 죽음은 이성의 죽음이었다.

인간(대중)의 감정은 이성을 지배한다. 정의, 선, 윤리, 복잡 정교한 이론보다는 악, 불륜, 단순함에 마음이 끌린다. 자신이 올바름에 대해서는 충분한 이성을 가지고 있다고 생각하기에 자신의 이성 보다 높은 수준의 정의, 윤리에 대해서는 거부감을 갖거나 증오한다. 높은 수준의 형이상학, 깨달음의 가르침에 대해서도 같은 반응을 한다.

"지상의 양식은 골고루 분배되어 있는 것 같다."는 데카르트의 말은 생각할수록 명언이다.

〈천천히 가기〉

빨리 걸으면 불편하고 불안해진다. 제쳐야 할 사람이 많으면 더욱 심하다. 느리게 걸으면 제쳐야 할 사람이 없어 마음 편하다. 느리게 걸으면 동일 시간에 더 많이 가지는 못 하겠지만, 의무적으로 가야 하는 거리가 없는 인생에서는 느리게 편안히 가는 것도 좋은 삶의 방식이다.

〈책〉

마음에 드는 책을 발견했을 때의 느낌과 설렘은 마음에 드는 여자를 처음 보았을 때와 같다. 그 여자의 말의 내용, 어투, 억양, 외모, 표정, 행위, 향기, 촉감 등이 나를 즐겁게 하고 긴장하게 한다. 책은 그 내용에 대한 이해와 뇌를 때리는 깨달음이 나를 전율케 한다. 여자가 주는 현상적 기쁨은 성행위를 고점으로 저하되지만 책이 주는 깨달음의 기쁨은 두고두고 재생된다.

〈죽음의 기쁨〉

보고 싶은 애인을 만나러 가듯 설렘과 기쁨으로 죽음을 맞이할 수 있다면 얼마나 좋을까.

죽음은 새로운 미지의 세계로의 진입이다. 어찌 궁금하고 설레지 않을 수가 있는가. 나의 죽음이 그러하기를 바라며 정진한다.

〈드러내지 않음〉

『도덕경』에 리더는 자신을 앞에 놓지 않고, 드러내지도 않는다는 구절이 있다. 내적 정진에 따른 깨달음에 대해서도 마찬가지다. 드러내려 하는 마음은 원숙하지 못함의 증거이다.

'09. 4. 15

〈삶에 대한 판단〉

신념대로 살고 있는가를 판단함에 있어, 그 신념에 위배된 행위가 있다고 해서 신념대로 살고 있지 않다고 함은 지나친 엄격함이다. 신념에 위배된 행위의 유무가 아니라 전체적인 삶의 흐름이 신념 안에 중심을 두고 있는가 아닌가에 따라 판단해야 한다. 즉 각 건을 가지고 전체를 판단함은 오류이다. 종교 또는 개인의 생활에서도 이와 같은 잣대가 적용되어야 마땅하다. 인간은 때때로 불완전하고 비이성적인 존재이기 때문이다.

〈의지와 인연〉

인간은 자신의 의지를 표출하기를 원한다. 한 예로, 지하철에서 내 앞에 서 있는 사람에게 비어 있는 자리를 알려 준다. 그 자리는 건너편에 서 있는 사람이 앉을 수도 있는 자리임에도 불구하고. 단지 내 앞에 서있기에, 건너편에 서 있는 사람보다는 나와 관계가 깊다고 착각한다. 우리는 자연의 인연에 자신의 인연을 더 보태서 자연 본래의 연기를 변화시키려고 한다. 우리 의지의 인연이 작용하기에 오히려 바람직하지 않은 현상으로 연기한다.

자식과의 관계도 마찬가지다. 자신의 불필요한 의지의 발현이 인연

으로 작용하여 자연스러운 자식의 길이 왜곡될 수 있음을 깨달아야
한다.

결국 인간의 의지의 발현이 최소화될수록 자연의 연기는 합목적성
에 가까울 것이다.

〈현실의 비중〉

현실의 비중은 점점 줄어든다. 과거에는 현실만이 희로애락의 원천
이었다. 현실이 주는 기쁨과 슬픔은 전적으로 나를 지배했다. 현실만
이 나의 세계였다.

점차, 현실 세계는 내 세계의 일부로 축소되어 간다. 그 비중이 작아
지는 만큼 현실이 내게 주는 희로애락도 줄어든다. 평온해진다. 앞으
로는 현실의 영향이 점점 줄어들 것이고, 미래의 어느 시점에는 현실
이 단지 감각의 세계로서만 존재할 것이다.

〈인생의 목적〉

이제 인생의 목적은 더 이상 행복이 아니다. 진리(섭리)의 탐구이다.
세계와 나에 대한 진리 탐구.

'09. 4. 16

〈진정한 행복〉

진정한 행복은 현재의 행복과 더불어 미래의 행복에 대한 불안이 없
어야 한다. 그러나 미래의 행복을 확신하는 사람은 없을 것이다. 따라
서 행복을 원하는 자에게 순간적인 행복은 있을지라도 진정한 행복은
없다.

자신의 행복과 고통을 자신이 조정할 수 있는 자에게 행복은 이미 가치가 없다. 원한다면 행복을 영원히 소유할 수 있기 때문이다. 그 경지의 사람은 굳이 행복을 원하지 않는다. 그저 평안을 원할 뿐이다.

〈이데아〉

다른 어떤 것보다도 참으로 있는 것.

시간적 공간적으로 존재하는 것이 아니다.

구체적 사물이 아니다. 오히려 구체적 사물을 존재케 하는 원인이다.

감각으로 파악될 수 없으며 오지 순수 사유에 의해서만 파악될 수 있다.

〈에로스(사랑)〉

사랑은 대상이 있으며 그 대상은 보통 **자신이 소유하고 있지 않은 것**이다.

좋은 것과 행복에 대한 온갖 욕구가 사랑이다.

사랑은 아름다운 것 속에서 생식하고 자식을 낳기 위해 있는 것이다. 즉 불사를 위해 있는 것이다.

〈수용과 거부〉

자신에게 미치는 힘이 자연의 의지라면 수용할 수밖에 없다. 인간의 의지라면 철저한 회의를 통해 수용, 혹은 거부해야 한다.

〈소유〉

소유한다는 것은 대상이 마음속에 들어와 있다는 것이다. 우리는 소유함으로써 그 대상에 의해 영향받는다. 따라서 정말 소중한 것이 아니라면 소유하기보다는 곁에 두는 것이 낫다. 그 대상이 곁에서 떠나가도 영향받지 않을 정도로 생각해야 한다.

〈인생의 짐〉

누구나 인생의 짐의 양은 같다. 어떤 이는 그 짐을 종교에 맡기고 어떤 이는 철학적 깨달음으로 짐을 벗는다. 이러한 사람들은 '자신의 짐이 무엇인가.'를 알기에 그래도 낫다. 다른 이들은 자신의 짐이 무엇인지도 모르며 그 짐에 치이면서 살아간다.

짐을 종교에 의탁하는 사람들은 두 가지를 깊이 생각해야 한다. 첫째, 자신이 믿는 종교가 자신의 짐을 해결할 수 있을 만큼 선하고 신뢰할 만한 종교인가, 둘째 자신이 종교에 짐을 맡길 수 있을 정도로 신앙심이 깊은 가이다. 두 가지 중 하나라도 확실하지 않다면 죽음을 앞두었을 때 공황을 겪을 것이다.

'09. 4. 23

〈약자의 변〉

약자는 보호받을 권리를 주장하며 그러한 주장을 법과 관습으로 체계화시키려 한다. 그러나 그러한 주장은 강자의 양보에 의하여만, 허락에 의하여서만 성취된다. 특히 현재의 기득권을 가진 강자는 자신의 현재를 부동의 결과로 인식한다. 양자의 입장은 사고의 차이, 관점의 차이일 뿐 옳고 그름을 판정할 수는 없다.

신들과 행복을 다투다

<수행>

수행을 통해 자아가 무아의 상태에 도달하는 것이 아니다. 본래 무아임을 깨달을 뿐이다.

깨달음은 존재의 변화가 아니라 인식이다.

'09. 4. 29

<애인과 배우자의 조건>

애인은 나에게 쾌락을 주는 사람이면 된다. 난 애인에게서 기쁨과 즐거움을 얻기를 바란다. 그 조건이 충족되면 애인으로서의 관계가 이어지지만 충족되지 않으면 관계는 끝난다. 애인은 쾌락의 대상으로서 성립한다. 애인으로서는 쾌락의 조건(외모, 돈, 매너…)을 갖추고 있는 사람이 좋다.

배우자는 나의 기쁨과 슬픔과 고통을 함께 나눌 수 있는 사람이어야 한다. 배우자는 삶의 조력자이다. 배우자에게서 쾌락을 얻으려는 자는 무지개를 잡으려는 자이다. 배우자는 지성과 희생 정신을 갖추고 있어야 한다.

'09. 5. 4

<여행>

공간(특정 장소나 대상)를 즐기는 것을 목적으로 하는 여행은 즐거운 여행이 되지 않을 확률이 많다. 그 목적 자체가 여행의 의무가 된다. 일이 되어 버린다.

여행은 자유로운 시간을 즐기는 것이다. 여행의 자유로움 앞에 어떤 목적도 사소한 것이 되어야 한다. **공간에 관계없이 자유로운 시간 자**

체를 즐기는 것, 그것이 여행이다.

〈1차선과 2차선〉

편도 1차선 도로는 다정하다. 마을들이 가까이 있다. 마을의 풍경들이 저절로 기억된다.

2차선 도로는 형식적이다. 그저 도로일 뿐이다. 주변의 마을들은 멀리 느껴진다. 빨리 달림으로써 기억에 남는 것은 그저 쭉 뻗은 도로뿐이다.

여행의 추억은 이동 속도와 반비례한다.

'09. 5. 6

〈나와 세계〉

내가 세상에 연기 존재함으로 나에게 세상이 주어지고, 죽음은 이 세상이 나에게서 떠나가는 것이며, 동시에 또 다른 세계가 주어지는 것. 육체는 이 세상의 현상 형식으로 주어지는 것일 뿐 다른 세계가 주어지면 또 다른 현상 형식이 주어질 것이다.

생명이 유지되는 한, 세계는 나에게 자신의 모든 것을 드러내며 호소한다. 나는 세계의 주인이다. 나는 세계에 머무를 수도 있고 떠나보낼 수도 있다. 나는 세계에 종속된 삶을 살지 않는다.

세계는 놀이동산이다. 그 곳에는 나를 즐겁게 하는 것들로 가득 차 있다. 수많은 놀이기구, 동물원, 식물원, 꽃밭… 현상으로서의 그곳은 '하루'가 지나면 나에게서 떠나간다. 나에게 영원히 주어지지는 않는다.

사람들은 많은 이들이 몰려 있는(재미있다고 평판 있는) 놀이기구를

신 들 과 행 복 을 다 투 다

타려고 긴 줄에 서서 기다린다. 시간은 간다. 그는 그 놀이기구를 탈수도 있고, 기다리다 타지도 못 하고 하루가 끝나 버릴 수도 있다. 그놀이기구가 나에게 필수적인 행복이든 반드시 극복해야 하는 고통이든, 그것에 집착하여 인생을 소비한 결과, 놀이동산의 많은 즐거움을 맛볼 시간이 없는 것이다. 인생의 유한함을 깨달았을 때는 이미 늦다.

나는 놀이동산의 손님이다. 내 마음대로 놀이기구나 다른 즐거움을 선택할 수 있다. 그러다가 만약 놀이동산이 싫어지면 놀이동산을 나올수도 있다.

놀이동산에서 나는 즐겁게 놀면 된다. 인생은 결국 즐거운 것이며 무겁지 않은 것이다. 주어진 인생, 결과를 알 수 없는 한 두 가지 놀이기구에 집착하여 살 필요는 없다.

그리고 인생의 즐거운 하루가 가면 미지의 세계가 다가올 것이다.

〈꽃과 향기〉

사랑은 미에서 시작된다. 아름다운 꽃에 관심이 간다. 멀리서 향기를 맡을 수는 없다. 향기가 좋아도 아름답지 않은 꽃에는 관심이 가지 않는다. 향기를 쫓는 사랑, 아름다움을 뛰어넘는 사랑을 하는 사람는 얼마나 될까. 연애는 아름다운 꽃과, 결혼은 향기로운 꽃과.

'09. 5. 14

〈사랑〉

사랑은 사랑하는 대상을 소유하려는 욕망인가, 대상에게 자유를 주려는 배려인가. 연애적 사랑은 전자이다. 그것은 본능적 사랑이며 절대적 사랑이다. 정상적인 경우 일단 소유하면 욕망이 해소되지만 소유한 후에도 소유에 대한 욕망이 강하면 집착으로 변질된다. 더욱이 대상이 사람인 경우, 소유한 후에도 자유를 주지 않는다면 고통을 낳는다.

〈본능〉

인간이 존재를 유지하기 위한 본능은 식욕과 성욕이다. 오늘날 식욕은 대부분 해소되지만 성욕은 제한적으로 해소된다. 사회가 발달함에 따라 오히려 후퇴하는 것이 성욕 해소에 대한 배려이다. 윤리와 관습은 성욕의 충족을 불건전한 행위로 간주하여 어둠 속으로 밀어 넣어 버렸다.

정당한 성욕의 충족이 필요하다. 그 방법을 찾는 것이 현대 사회의 중요한 숙제다. 결혼이 그에 대한 정답은 아니다. 충족되지 않는 본능을 죄악시할 근거는 없다. 그 본능은 인간이 사회를 이루기 이전에 원초적으로 내재된 것이기 때문이다.

'09. 5. 15

〈담백한 삶〉

이제는 소유한 재화 이내에서 살아가도록 삶을 조절할 수 있다. 결국 재화의 다소에 무관하게 내가 원하는 삶을 살 수 있다. 달성할 수 있는 욕망과 없는 욕망을 구분할 수 있다.

세상은 보다 큰 성공을 향해 치열하게 살아가는 것이 미덕이라고 부추기지만, 자신에게 그 이상의 성공이 필요치 않다면 담백한—욕심 없고 깨끗한—삶을 사는 것이 지혜라고 생각한다. 여생은 담백한 삶이었으면 한다. 난 나의 길을 간다.

〈생의 동력〉

생의 동력은 어디에 있는가. 부귀영화에 있는가, 형이상학적 가치를 추구하는 의지에 있는가. 생은 한 공기 밥에 있을 뿐이다. **한 공기 밥으로 생은 유지된다.** 그 외에는 우리가 추구하는 어떠한 것도 덤이다. 넓은 의미의 사치. 덤이란 있으면 좋고 없으면 그만인 것, 생의 동력이 될 수 없다. 모든 것을 잃어도 그저 오늘을 유지할 수 있는 한 공기 밥이 있다면 생은 이어지고 또 행복할 수 있는 것이다.

'09. 5. 18

〈75세 인생의 목적〉

인생의 목표는 양적 달성의 개념이고, 인생의 목적은 질적 추구 방향의 개념이다.

75세의 노년(아버지의 나이)에 인생의 목적은 무엇일까. 부귀영화도 명예도 덧없을 나이. 행복이라고 하기에는 이미 희로애락의 감정을 넘어서 있고, 평안한 여생이라고 하기에는 목적의 개념을 충족시키지 못하는 것 같고. 인생의 마무리를 잘하는 것이라고 하기에는 너무 수동적이고.

45세의 중년인 나의 인생의 목적은 무엇일까. 이미 더 이상의 부와 명예는 원하지 않는 상태, 이미 행복의 실체를 알고 있는 상태라면 내 인생의 목적은 세계와 인생의 진리 탐구일 수밖에 없다.

나와 75세의 일반인과의 다른 점은 '여생의 기간'과 '추구하는 것'이다. 여생의 기간은 현상적인 것이어서 결정적 요인일 수는 없다. **결국 추구하는 것이 무엇인가에 따라 인생이 풍요롭거나 권태로울 것이다. 중년과 노년에 관계없이.**

그렇다고 해도 75세의 일반인에게 어떻게 삶의 의욕을 불어넣을 것인가.

'09. 5. 19

〈소크라테스의 위대성〉

사유의 결과나 경험의 결과를 타인에게 말할 때 청자가 선 경험이 없거나 지적 수준이 낮다면 화자의 말의 의미를 깨닫기가 어렵다. 그러려니 하고 머리로만 생각할 뿐, 마음으로 느끼지는 못한다. 화자와 청자 사이에는 철학적 심연이 가로놓여 있는 것이다. 그 심연이 존재하는 한 대화는 이루어지지 않는다. 이것이 사실 대부분의 우리 대화의 실상이다.

이해하려면 깊은 사유가 필요한 말은, 심연을 메우지 않고 단지 그 말만을 전달할 때, 청자에게는 신비주의자의 말로밖에 들리지 않는다.

청자와의 심연을 효과적으로 메워가며 대화했다는 것에 소크라테스의 위대성이 있다. 그 반대편에는 니체가 있다.

〈소유와 자유〉

인간은 나이를 먹어갈수록 소유하려는가, 자유로워지려는가. 어리석은 자와 현명한 자의 차이다. 소유의 감옥, 마음의 감옥을 탈출하는 것이 현자들의 바람이었다. 자유를 위해 소유를 기꺼이 버리는 삶을 살기를.

신들과 행복을 다투다

〈사상의 제국〉

현실의 물리적, 육체적인 것들은 그저 달기만 할 뿐이다. 그것들의 효용의 한계를 느낀다. 관념의 세계에 사상의 제국을 건설할 수밖에 없다.

〈두려움〉

두렵다는 것은 알지 못한다는 것이다. 삶이 두렵다는 것은 죽음이 두렵다는 것이며, 그것은 삶에 대한 무지 때문이다. 무지할수록 삶의 필요조건이 많다.

〈평가〉

소유나 지위나 명예로서 인간을 평가할 수 없다. 그것과 무관한 행위와 태도로서 평가해야 한다. 풍요로움이나 편리함, (거짓)존경 등은 필수적인 것이 아니다.

'09. 5. 26

〈인생은 선물〉

인생은 의무인가 - 인생은 행복하든 고통스럽든 살아야 하는 의무인가.

인생은 기회이고 선물이다. 행복하든 고통스럽든 그 자체가 인생의 즐거운 맛을 보고 있는 것이다. 우리는 본래 이 세상에 없었다. 어느 순간 우리는 태어났고 이 세상에서 여러 가지 맛을 경험하고 있다. 그러나 그 맛을 보며 사는 삶도 반드시 살아야 하는 의무라면 그 맛은 즐거운 맛이 아닐 수 있다. 그러나 인간은 삶의 연극을 언제라도 끝낼 수 있다. 진정으로 인생의 맛이 쓰다면 인생의 막을 내리고 원래의 상태로 돌아가면 그뿐. 따라서 아무리 고통스러워도 태어난 것은 행운이다. 인생은 보너스다. 기쁜 행복, 기쁜 고통이다.

〈죽음에 대하여〉

죽음은 자연이며 오히려 삶보다도 자연스럽고 쉽다. 우리는 죽음의 문턱을 어렵고 고통스럽게 인식하지만 그것은 본능적 오류다. 인간은 고통 없이 오듯, 고통 없이 간다.

인간은 죽음에 앞서 주변인을 걱정하지만 그것은 사치이다. 왜냐하면 인간은 자신을 책임지기에도 모자라는 존재이며, 자신의 유무와 상관없이 그 주변인은 보너스를 즐기고 있기 때문이다.

자연을 따르는 자는 아침에 깨어나는 한 후회는 없다.

'09. 5. 27

〈존재와 죽음〉

존재는 순간 연기의 연속. 삶은 영화 필름처럼 조금씩 다른 16분의 1초짜리 정지 영상이 순간을 점유하며 연속되는 것일 수도 있다. 그러다 어느 순간 한 장의 정지 영상이 빠지는 것이 죽음이며 잠깐 끊기었다가 이어지는 영화처럼 그 이후 다른 어떤 것으로 변화하는 것이 삶과 죽음의 실체일 수도 있다. 죽음은 우리의 자아(혹은 생명, 존재)가 새로운 어떤 것으로 다시 이어지기 위한 과정일 수도 있다.

신들과 행복을 다투다

'09. 6. 1

〈믿음(신뢰)〉

대상을 믿는다는 것은 그 대상을 무조건 수용하는 것이며, 그 대상에 이성과 자아를 맡기는 것이다. 믿음은 합리성에 기반한 것이 아니다. 믿음은 선악, 호오, 충성과 배신, 합리와 비합리를 초월하는 것이다.

'09. 6. 3

〈행복의 필요조건〉

행복의 필요조건은 물리적으로는 "한 공기의 밥"과 관념적으로는 "오늘이 생의 마지막이라는 생각"이다. 이것을 연습하고 연습한다. 그동안 평안하고 행복했다. 실제로 오늘이 마지막이라 해도 내가 할 수 있는 최선은 오늘 한 일일 것이다.

'09. 6. 4

〈식욕〉

배는 고프지만 특별히 먹고 싶은 음식은 없다. 그저 허기를 면하기를 바랄 뿐이다. 이런 마음은, 허기지면 특정한 음식을 떠올리는 것보다 진보한 것이다.

'09. 6. 5

〈미래의 행복〉

미래의 행복을 위해 현재를 담보함은 어느 선까지가 적당한 것일까. 미래의 행복이라고 상상하는 것은 미래의 자신이 느낄 것이 아니라 현재의 자신이 느끼는 것이다. 미래의 자신은 현재의 자신이 아니며, 미래의 자신도, 미래의 환경도 현재는 알 수 없다.

어쩌면 미래의 행복을 위해서가 아니라 미래의 불행을 면하기 위해 현재를 담보해야 하는지도 모른다. 행복에 대한 예측보다는 불행에 대한 예측이 더 정확하기 때문이다.

〈인지와 행복〉

알수록 행복한가. 그것은 모자이크를 멀리서 보는 것과 가까이서 보는 것의 차이일 것이다. 대상을, 사건을 명확히 보는 것은 더 행복할 수도 아닐 수도 있는 것.

그러나 **불행은 무지에서 온다.**

〈깨달음과 행복〉

불완전한 깨달음을 얻은 자는 생을 불행하게 본다. 깨달은 자는 생을 행복하게 본다. 완전한 깨달음을 얻은 자는 행복을 버림으로써 행복과 불행을 초월한다.

〈행복한 자〉

머리 속이 해야 할 일들로 차 있는 자와 비어 있는 자, 누가 더 행복한가.

〈자연〉

어떠한 사건도 네 탓이 아니다. 다른 이의 탓도 아니다. 인연은 자연이다. 모든 사건은 자연일 뿐이다. 발생했으니까.

신들과 행복을 다투다

'09. 6. 8

〈철학의 끝〉

사유의 끝, 철학의 끝은 무엇으로 귀결되는가. 누구나 알고 있는 선한 삶이 아닐까. 어쩌면 너무나 당연한 진리를 향해 먼 길을 돌아가고 있고 또 그렇게 돌아갈 수밖에 없는 것 아닌가. 선한 삶을 사는데 무슨 난해한 철학이 필요할 것인가. 그저 착한 마음으로 이웃을 동정하며 사는 것인데. 결국 누구나 최고의 철학적 사유의 결과를, 태어나면서 양심으로서 가지고 살고 있는 것이다.

〈지식의 뗏목〉

지식의 탑을 쌓아간다. 지식의 뗏목을 하나하나 엮어 간다. 그 과정은 지식의 향연일 수도 있고 고행일 수도 있다. 지식의 뗏목은 인생의 바다를, 사유의 바다를 건너기 위한 수단이다. 깨달음의 언덕에 오를 때 미련 없이 던져 버려야 하는.

'09. 6. 13

〈현재〉

과거는 현재와 미래의 결과에 따라 평가된다. 특히 현재는 과거의 평가와 미래의 결과에 결정적 요인이 된다.

〈즐거움〉

즐거움을 느끼려면 사람 속에 살아야 한다. 미움, 질시 등의 부작용이 따를지라도.

〈따뜻한 마음〉

영혼이 따뜻한 마음이라면 인간은 영혼이 있는 자와 없는 자로 나뉜다. 나는 영혼이 있는 자인가.

〈슬픔의 정도〉

인간에게는 일정량의 정이 있고, 그 정을 준 대상에게 준 양(전체의 %)만큼 의지하게 된다. 그리고 그 대상이 자신에게서 분리될 때 의지한 만큼 슬퍼한다.

〈감정의 호들갑〉

자연의 한 부분으로 왔다가 자연과 함께 살다 가는 인간의 운명. "인생은 한 줄기 바람"임을 깨달을 때, 모든 감정들은 깨달음 없는 호들갑일 수밖에 없다.

〈사고의 배경〉

삶이 확보되었기에 죽음을 생각하고, 스스로 인생의 막을 내릴 수 있기에 인생의 고통이 두렵지 않으며, 문명의 이기 속에서 안락하기에 자연 속의 삶을 꿈꾸는지도 모른다.

〈사고의 대상〉

현대인은 이전 사람들에 비해 세계와 인생에 대한 통찰이 부족한 것 같다. 그 이유의 중심에는 사고의 대상에 대한 차이가 있다. 본래 사고의 대상은 '내 밖의 세계'인 자연, 또는 '내 안의 세계'인 자신이었다. 즉 자연의 생동함과 변천 속에서 저절로 세계의 진리를 깨닫고 또한 그

신들과 행복을 다투다

속에서 살아가는 나를 돌아보며 인생의 도를 터득했던 것이다.

그러나 현대는 나 자신과 자연 사이에 엄청난 문명의 가공물이 존재하며 현대인은 자연과 자신에 대해 사고하기보다는, 온갖 문명의 도구, 오락의 도구와 그것이 주는 쾌락에 대해 사고하며 추구하며 정신을 빼앗긴다. 그 결과 불혹이 되어도 문명의 이기, 편리함만을 쫓을 뿐, 자신이 살고 있는 세계를 알지 못함은 물론, 언젠가 자신 안으로 들어와야 할 그때가 되면 자신 속에서 길을 잃고 헤매는 것이다.

〈상황과 윤리〉

윤리적 판단은 상황(현실)에 종속적이어야 한다. 고정적 윤리의 잣대로 현실을 무시한 채 모든 상황을 판단하는 것은 옳지 않다.

〈인간이 만든 것〉

"벌레 한 마리도 못 만드는 인간이 신은 열 개도 넘게 만들었다"(몽테뉴).

'09. 6. 15

〈부드러움〉

강해야 부드러울 수 있다. 약함은 경직으로 나타난다. 부드러움은 여유다. 자신을 채우고도 넘치는 것이 여유다.

'09. 6. 18

〈인생관〉

원래 나의 인생은 없었다. 이 세상에 태어난 것은 행운이며 보너스다. 인생은 행복할 수도, 고통스러울 수도 있지만 행복과 고통 그 모두가 내가 존재하기에 느낄 수 있는 맛이다. 인생이 반드시 살아야 하는 의무는 아니다. 이 세상에 들어온 것은 나의 의지가 아니었으나 이 세상을 나가는 것은 나의 의지이기 때문이다.

나는 고통과 불행이 참을 수 없다고 생각되면, 언제라도 내 인생의 막을 내릴 수 있다. 마지막 결정권이 나에게 있기에 오히려 인생 자체를 즐길 수 있는 것이다. **인생이 반드시 살아야 하는 의무라면, 행복만이 있는 인생이라도 나는 달갑지 않다. 내가 인생을 사는 이유는 행복을 위해서가 아니다. 내 자유의지대로 삶과 죽음을 선택할 수 있음으로 해서 인생의 맛을 자유롭게 느끼고 받아들일 수 있기 때문이다.**

인생은 열심히, 진지하게, 최선을 다해서 살아야만 하는 것이 아니다. 자신이 원하는 방식대로 원하는 정도로 살면 된다. 그 결과가 행복해도, 고통스러워도 나름대로의 인생의 맛을 경험하는 것이기 때문이다. 우리 대부분은 단맛을 좋아하기에 단맛을 맛보기를 원한다. 그러나 다양한 맛을 맛보는 것이 현명한 인생살이가 아닐까. 마치 어렵게 얻은 외국 여행 기회에서 다양한 경험을 원하듯. 부침 많은 인생이 바람직하지 않다고 할 수는 없다.

나에게 주어진 인생은 로또 당첨금과 같은 것이다. 운 좋게 이 세상을 살 수 있는 기회를 잡은 것이다. 그 당첨금을 버리는 것도 사용하는 것도 전적으로 나의 의지이다. 사용한다면 그 돈을 '어떻게 사용할 것인가.' 하는 숙제가 주어진다. '잘 사용'하려면 철학이 필요하다.

내 인생의 시간이라는 한정된 자원을 세상이 추구하는 가치를 얻기 위해 사용할 것인가, 나의 가치, 나의 만족을 위해 사용할 것인가는 나의 철학에 따른 나의 선택이다.

신들과 행복을 다투다

인생! 가볍게, 즐겁게 살면 된다. 결국 인생은 가볍고 즐거울 수밖에 없는 보너스이기에.

'09. 6. 19

〈선, 악, 행복, 진리, 자유〉

인간이 추구하는 형이상학의 핵심 주제이다.

나 홀로 산다면 선, 악의 개념은 없다. 선과 악은 사회적인 관념이다. 행복은 대부분 타인과의 관계 속에서 존재한다. 행복도 사회적 관념이다.

자유는 진리라는 나무를 통해서 수확할 수 있는 열매이며, 진리와 자유는 사회적 관념이고 동시에 독립적 관념이기도 하다.

결국 선, 악, 행복은 타인과의 관계에서 성립하며 진리와 자유는 행복하기 위한 전제이다.

'09. 6. 21

〈상대 평가〉

대상에 대해 주관적으로 절대 평가 할 수 있는 자는 많지만, 객관적으로 상대 평가 할 수 있는 능력을 가진 자는 드물다. 상대 평가를 하려면 다양한 상대에 대한 이해와 통찰이 필요하기 때문이다(음식, 양서 등에 대한 평가).

'09. 6. 23

〈두 종류 행복〉

행복에는 욕망의 구현(자아실현)에 의한 행복과 선한 행위에 따른 행복이 있다. 그 차이는 무엇일까. 전자는 지속되지 못하는 행복이다. 습관이 행복을 버리거나, 행복 자신이 떠나간다. 후자는 영원히 쌓아둘 수 있는, 사라지지 않는 행복이다. 자신 밖의 신 또는 자신 안의 신(양심)의 공증을 받은 행복이기 때문이다. 참 행복은 선행의 부산물이다.

'09. 6. 24

〈거닐다 VS 헤매다〉

인생의 숲을 거닐고 있는가, 헤매고 있는가. 그 차이는 무엇인가.

그 차이는 '즐긴다.'라는 개념의 유무이다. 목적과 수단의 일치 여부이다.

인생을 거닐 것인가, 헤맬 것인가. 헤맨다면 무엇을 찾아 헤매는가. 그 무엇은 찾아 헤맬 만큼 가치가 있는 것인가. 인생에 헤맬 가치가 있는 것은 무엇인가. 단 하나밖에 없다.

'09. 6. 27

〈자본〉

모든 생명체가 자기 존속과 발전을 위해서는 어떠한 것도 파괴할 수 있듯, 자본도 자기 팽창을 위해서는 인간의 멸망까지도 불사할 것이다.

'09. 6. 29

〈소유〉

불안한(긴장된) 행복으로의 이정표는 "무소유"이며, 안정된 불행으로의 이정표는 "소유"다.

'09. 6. 30

〈나〉

나를 어떻게 소개할까. 어떻게 생각되어지기를 바라는가.

나는 누구의 아버지, 누구의 남편, 무슨 회사의 무슨 직위를 가진 자, 어떤 명예와 명성을 가진 자 등등 나와 관련된 대상에 대한 역할 자, 또는 나의 소유물로서 내가 소개되기를 바라는가.

나는 무엇에 관심 있고 내적 성숙도는 어느 정도 이고, 내가 바라는 것은 무엇이고 성향은 어떻고 등등, 내가 관계한 모든 것과 내가 소유한 모든 것에 상관없이 나라는 인간 존재로서 소개되기를 바라는가.

'09. 7. 2

〈『논어』 학이〉

1. 학이시습지 불역열호

공자의 속마음은 모르겠으나 이 문구는 논어의 백미요, 인생에서 누릴 수 있는 최고, 최후, 그리고 유일한, 참기쁨과 즐거움을 표현했다고 생각한다. 누구나 인생의 목적을 행복이라 여기고 행복을 쫓지만, 지속되는 행복, 참행복은 없음을 아는 자가 얼마나 되리.

인생의 진정한 즐거움은 배우는 것, 진리를 깨닫는 것, 그 외에 무엇이 있으리요. 나아가 모든 지식을 버리고 깨달음의 세계로 들어가는 것이 소원이라면…

2. 유붕자원방래 불역낙호

벗이 있어 멀리서 찾아오다… 가슴 뛰는 일이다. 벗이란 그저 그렇게 만났다가 헤어지는 그런 부류가 아니다. 그를 위해 나의 목숨을 내놓을 수 있는 존재다. 설사 그가 악의 편에 서 있을지라도 끝까지 신뢰할 수 있는 존재다. 요즘 말로, 최소한 자신의 재산의 10분의 1 정도는 흔쾌히 줄 수 있는 벗이 있는 이가 과연 몇이나 될까.

3. 인부지이불온 불역군자호

사람들(세상)이 나를 알아주지 않아도 성내지 않는다. 깨달은 자에게는 너무나 당연한 말이다. 사랑하거나 존경하지 않는 사람의 인정을 받고 못 받고는 아무런 상관없다. 오히려 비루한 인간의 인정은 받지 않느니만 못하다. 나를 알아주지 않았을 때 마음이 불편할 만한 대상은 그리 많지 않다. 가족, 벗, 존경하는 분… 정도일 것이다.

〈미래를 위한 삶〉

미래를 위한 삶 = 행복의 연기 = 임시로 사는 삶 = 자신에 대한 기만

'09. 7. 6

〈운명과 자유〉

자신의 운명에 대해 생각해 보았는가. 우리는 규정지어진 생활을 당연시하고 그 테두리를 벗어나는 것을 두려워한다. 운명 지어진, 어쩌면 가축처럼 사육되는, 그런 생활을 편안하게 생각하고 자유롭게 느낀다. 진정한 자유에 대한 무지의 결과다.

자유는 일탈이다. 선, 악, 정의와는 다른 차원의 개념이다. 자유는 운명에 대한 저항이다. 운명과의 끝없는 싸움이다. 자유란 기존 체제로부터 주어진 길을 가는 것이 아니라 나의 길을 내가 개척해 나가는 것이다.

신들과 행복을 다투다

〈교조적 미신〉

시대마다 그 시대의 교조적 미신이 있다. 대다수의 사람들이 그것이 옳지 않음을 알면서도 따르지 않을 수 없는 미신. 중세의 마녀사냥이 한 예이며 현대 자본주의 사회에서의 배금사상이 그것이다.

우리는 금전을 위해 자신(자유, 여가, 양심 등)을 팔 만큼 돈이 중요하지는 않다는 것을 알면서도, 또한 그 정도로 궁핍하지도 않으면서도 끝없이 금전을 추구한다. 현 사회의 제도와 분위기에 휩싸여 그 미신의 영향을 벗어나지 못하는 것이다.

우리가 마녀사냥을 돌이켜보며 정말 인간의 이성이 저렇게까지 한심할 수가 있는가 하고 한탄하는 것처럼, 미래의 사람들은 지금의 자본주의 사회구조와 우리의 가치관에 대해, 금전 추구를 위한 끝없는 노력의 멍청함과 아이러니에 혀를 찰 것이다.

—— '09. 7. 9

〈인생의 낭비〉

어떤 삶을 인생의 낭비라 할까? 낭비되는 삶은? 낭비되는 시간은?

헛된 것을 추구한 시간. 미래의 행복을 위해 열심히 노력하며 희생한 현재의 시간. 미래만이 자신의 참 인생으로 여기고 살다가 결국은 죽음의 품으로 뛰어드는 삶. 현재를 즐기지 못하는 시간, 삶.

—— '09. 7. 15

〈판단〉

두려움은 무지에서 오고 평안은 깨달음에서 온다.

어떤 사람은 만나면 반갑고 어떤 사람은 만나면 피하고 싶다. 두 마음은 무엇으로부터 연유하는가. 그 사람 앞에서 내 자유 의지를 펼 수 있는가, 구속받는가의 차이일 것이다.

아직도 무의식 중에 사람을 지위와 금전으로 투사해 보며 그것으로 평가한다. 소유물로 소유자의 가치를 평가할 수는 없는 것임에도 불구하고, 소유물과 소유자의 가치를 동일시하는 무의식적 판단 본능을 어이하면 좋으리.

'09. 7. 17

〈삶과 죽음〉

삶과 죽음의 차이가 무엇인가. 존재의 다른 형태일 뿐 아닌가. 자연은 생사의 변화와 진리를 잘 가르쳐 주고 있으나 우리는 인지하지 못한다. 자연의 입장에서 각 개체의 생과 사가 무슨 차이가 있겠는가. 단지 개체의 입장에서 인간은 자신의 삶이 영원 전부터 있었고 영원 후까지 지속되어야 할 것처럼 생각한다.

아쉬워할 것도 집착할 것도 없다. 그저 자연의 한 개체로서 지나가는 삶을 살 뿐이다. 소유할 것도 없다. 어떤 것을 내 소유라고 생각하지만 내 소유라는 것은 없다. 나의 소유라고 생각하는 모든 것은 나를 지나갈 뿐이다. 순간순간 나와 스쳐갈 뿐 그것은 내 것이 아니다.

〈깨달음의 순간〉

그 순간, 세상은 그대로였다. 다만 내 안에 있던 자아가 사라졌다. 신앙심이 깊었다면 신이 그 자리를 채웠을 것이다. 의지의 소멸, 자아의 소멸.

존재의 숙제를 풀었다. 살아야겠다는 욕망이 사라졌다. 이제 내 존재의 유무는 중요하지 않다. 그렇기에 이제야 진정으로 내가 이 세상에 존재할 이유를 찾는다.

'09. 7. 27

〈행복, 진리 그 너머〉

칠정(七情)의 "인(因)"은 내 안에, "연(然)"은 내 밖에 있다. 지속되는 행복이 없듯이, 지속되는 평안도 없다.

인생의 고통과 두려움은 세계를 알고 나를 앎으로서 벗어날 수 있다. 진리는 우리를 자유롭게 한다. 그러나 최종적으로 우리를 구속하는 것은 우리를 자유롭게 한 그 진리다.

구도자는 진리의 강에 머무르지 말고 그 강을 건너 무의 세계, 벽, 청, 허의 세계, 피안의 언덕에 올라야 한다. 진리의 사다리를 올라가 그 사다리를 떠나야 한다.

인생의 목적은 당초 행복에서 진리탐구로, 진리탐구에서 도(무아)로 변화해 간다. 진리는 해탈의 도구이기에 진리를 깨달아야 그 진리를 밟고 도의 세계로 들어갈 수 있으련만, 진리로 가는 길도 아직 요원하니 앞으로 얼마나 더 정진해야 할 것인가.

- 행복하세요 → 진리를 찾으세요 → 진리를 넘으세요.

'09. 7. 28

〈리더십〉

리더십을 리더십이라 말할 수 있으면 그 리더십은 리더십이 아니다.

우리가 말하는 리더십은 그 행위에 다른 목적이 있기 때문이다. 즉 그 리더십은 수단일 뿐이기에 진정한 리더십일 수 없는 것이다. 행위

자체가 목적이 아니라면 그 행위는 리더십이 아닐뿐더러 진정성 없는 가식이다. 빼앗기 위해서는 먼저 주어야 한다는 노자의 말처럼.

〈소음〉

건강함, 평안함, 지혜로움, 완전함에는 소음이 없다. 구도의 길은 고요하다.

어딘가 몸이 안 좋은 사람, 고장 난 기계에서는 소음이 난다. 신발도 결함이 있으면 걸을 때 소음이 난다. 무언가 비어 있는(여물지 않은, 욕망이 많은) 사람은 쓸데없는 말이 많다.

〈행복의 길〉

대다수는 행복할 것이라고 생각하는 길을 찾아 간다. 범인은 범인의 삶을, 구도자는 구도의 길을. 범인은 구도자의 고행을 생각하며 '왜 저런 힘든 삶을 살까.' 하고 생각하지만 구도자는 자신의 삶이 행복하기 때문에 그 길을 가는 것이다. 깨달음의 기쁨은 세상의 어떤 쾌락보다 크기 때문이다. 그러나 불행하다고 생각하면서도 그 길을 가는 사람도 많다. 나는 걷는다.

'09. 7. 29

〈구속〉

당신을 자유롭게 하는 것이 무엇이든 결국은 그것이 당신을 구속할 것이다.

물질적 자유를 주는 금전, 정신적 자유를 주는 진리, 행복을 주는 선, 그리고 당신의 신념, 신앙, 신마저도 당신을 구속할 것이다. 당신이 원하는 모든 것, 물질적인 것이든 정신적인 것이든 당신의 마음이 머무르는 것은 당신을 구속할 것이다.

마음속의 모든 것을 비우고 그 마음마저 버리는 것, 이것이 비움이다. 무아.

〈욕망의 삶을 살아가는 이유는〉

대다수의 사람은 욕망의 실현을 위해 살아간다. 그 욕망의 실현이 자신을 행복하게 할 것이라고 믿고서. 욕망의 실현의 결과가 행복이든 불행이든 차치하고 왜 인간은 그런 삶을 추구할 수밖에 없는 것일까. 창조주의 의도이든 자연의 의도이든 그런 삶이 대다수가 가야 하는 길이라면, 욕망을 벗어난 삶을 추구하는 것은 과연 옳은 길인가.

자연의 순리는 무엇인가. 욕망을 추구하는 삶인가, 욕망을 벗어나는 삶인가. 전자라면 자연은 영원한 아비규환일 것이며, 후자라면 자연이 스스로 인간이라는 잘못된 생명을 창조한 것이다.

'09. 7. 30

〈죽음의 연습〉

날마다 죽음을 연습함은 삶과 죽음이 하나라는 자연의 섭리를 깨달음으로서 평안을 얻기 위함이다. 그러나 그 **부작용(?)으로서 오늘의 삶이 행복해진다.**

〈소중함〉

소중함의 원인 중의 하나는 희소성이다. 젊음이 아름답고 인생이 소중한 것은 오래가지 않기 때문이다. 역설적이지만 덧없기에 소중한 것이다. 덧없지만 유일하게 존재하는 현재를 위해 살아야 하는 것처럼.

〈물질적 삶의 수준〉

내가 물질적 삶에 초연하다면 그 이유는 이미 자연이 원하는 물질적 수준의 삶을 살고 있고, 앞으로도 그 정도의 삶을 살 수 있다고 생각되기 때문이다. 인간이 만든, 인간이 원하는 물질적 삶의 수준을 원한다면 아직도 돈을 더 벌기 위해 헤매야 한다. 그 수준이 끝없는 것임은 누구나 알고 있다. 자신의 삶의 목표수준을 정해야 한다. 누구나 평생지고 갈 자신의 짐은 자신이 꾸린다.

〈연극 속의 연극〉

우리는 인생이라는 연극 속에서 자신의 역을 연기한다. 그 연극 속에서 또 우리는 이런 저런 이유로 연극을 한다. 연극 속의 연극. 인생의 아이러니.

〈도박을 하지 않는 이유〉

도박을 하지 않는 이유는 동일한 금액을 땄을 때의 행복보다 동일한 금액을 잃었을 때의 고통이 훨씬 더 크기 때문. 즉, 득의 기쁨보다는 실의 슬픔이 더 크기 때문. 열 가지 행복 보다는 하나의 고통의 영향이 더 크다.

'09. 8. 6

〈로또의 행복〉

로또가 주는 행복은 당첨을 상상하는 데 있다. 당첨되면 행복은 사

신들과 행복을 다투다

라지며 불행의 원인이 될 수도 있다. 따라서 로또를 1구좌 이상 살 필요는 없다.

행복은 행복한 결과를 꿈꾸는 것에 있지 행복한 결과에 있는 것이 아니다. 행복은 행복을 꿈꾸는 데 있는 것이며 행복한 현실에 있지 않다.

〈존재의 구속〉

우리의 존재는 우리를 구속한다. 존재함을 포기하지 않는 한 존재하기 위한 의무에서 벗어날 수 없다. 생명 유지, 타자와의 관계, 옳은 사고… 존재의 구속.

〈전문가〉

어느 한 분야에 오래 공을 드리면 그 분야에 전문가가 된다. 철학자는 인생의 전문가이다. 우리는 살아보지 않은 남은 인생에 대해서는 전문가가 될 수 없다. 철학자는 경험해 보지 않은 남은 인생에 대한 전문가가 되고자 노력하는 사람이다. 산에 갈 때는 산의 전문가가 되어야 한다. 짧지 않은 인생을 살면서 인생의 전문가가 되려는 이는 많지 않은 것 같다. 지상의 양식이 골고루 나뉘어 있기 때문인가.

도보 여행을 해 본 사람은 짐을 최소로 꾸린다. 그 경험이 없는 사람은 필요한 것이 많을 거라 생각하고 많은 짐을 꾸린다. 인생 여행도 마찬가지다. 무지한 사람은 많은 것이 필요하다고 여기고, 그것을 얻고자 고통을 감수하며 또 그렇게 얻은 것을 다 지고 간다. 철학자의 짐은 가볍다. 그의 인생은 가볍다.

'09. 8. 7

〈내면 없는 삶〉

사람들이 외부의 쾌락을 쫓고 세상의 사건에 필요 이상 관심을 갖는 이유는 자신의 내부에 즐길 것(내용, Contents)이 없기 때문이다. 즉 내면이 공허하기 때문이다. 내면이 풍부한 사람은 고독을 즐긴다. 불필요한 관계를 만들지 않는다.

〈자신 내외의 평정〉

원한 바가 없으므로 무엇이 이루어지든 이루어지지 않든 행, 불행이 있을 수 없다.

내 의지와 상관없이 다가오는 불행도 자연의 이치라는 깨달음 안에서는 하나의 현상일 뿐.

〈존재의 기쁨〉

일반적으로 사유되는 바, 희로애락을 포함한 기쁨의 전제는 살아 있음으로 표현되는 존재함이다. 살아 있다는 관점에서는 희로애락 전체가 기쁨이다.

한편 나는 항상 존재해 왔다. 지금은 살아 있는 형태로 존재하지만 삶 이후 죽음에서는 또 다른 형태로 존재할 것이다. 이러한 사유를 확장하면, 필연적 기쁨은 존재함으로 연유하며, 삶과 죽음과는 관계없이 영원한 것이다.

〈행복의 소유〉

행복을 소유한다는 것은 불가능하다. 행복은 소유할 수 있는 것이

신들과 행복을 다투다

아니라 잠시 머물 수 있는 그늘인 것이다.

〈내일〉

"내일이 온다는 것", 그리고 "내일 살아 있을 것"을 확신하지 마라. 지구상에서 사라진 모든 사람들도 내일이 오고, 내일 살아 있을 것이라고 확신했다.

'09. 8. 12

〈불안과 해소〉

불안은 존재의 필요악이며 존재 유지를 위한 필수 감정이다. 우리는 우리 존재가 육체적 정신적으로 양호한 상태를 유지하기를 바라고 보다 나은 미래를 욕망한다. 그러나 욕망과 현실과의 괴리에서 불안이 싹튼다.

돈, 명예, 행복한 관계 등 다양한 존재의 요구가 있으나 이러한 것들을 절대적으로 충족시켜 주는 상황은 오지 않는다. 비록 황제라고 해도. 즉 외적인 조건으로 불안이 해소될 수는 없다.

이러한 불안 해소의 첫 단계로서는 불안을 일으키는 원인과 해결 방법을 깨닫는 것이다. 자신이 너무 잘 살려고 한다는 것, 불안 해소의 수단을 외적인 것에서 찾는다는 것 등을 깨닫는 것이다. 그리하여 진정으로 존재에 필요한 외적 수준은 매우 소박하며 대부분은 자신의 외적 욕망을 버림으로써 해결된다는 것을 깨닫는 것이다.

예를 들어 돈을 더 벌어도 덜 벌어도 내 존재의 유지에는 차이가 없다는 것을 깨닫는다면 존재의 경제적인 불안은 사라질 것이다. 나아가 내 존재가 있어도 좋고 없어도 좋다는 경지에 이른다면 경제적 불안뿐만 아니라 모든 불안이 사라질 것이다.

두 번째 해소 단계는 종교적 체험(누미노제, 신비 체험)을 통한 종교에의 귀의이다. 이 상태에서는 종교만이 존재의 이유이며 기존 불안의 원인들은 모두 사라진다. 그러나 종교에 의지한 불안의 해소라는 점에서 그야말로 "불안한" 불안의 해소이다.

마지막 단계는 자신의 존재는 없음을 깨닫는 것이다. 존재가 없는데 무슨 존재의 불안이 있을 것이냐. 색즉시공. 진정한 평화의 단계다.

우리는 첫 단계도 깨닫지 못하고 인생을 힘들게 살아간다. 잘 살려는 욕망을 버리지 못하기 때문이다. 이들에게 욕망이 곧 존재의 힘이다. 가엾은 인생.

〈칠정(七情)〉

희로애락애욕오. 칠정은 호들갑이다. 세상에 일어나는 것들 중에 일어나서는 안 되는 것은 없음을 깨닫지 못한 무지의 호들갑이다. "당연한 것에 칠정의 감정을 갖는다."는 것은 논리적으로는 참이 아니다. 자신의 의지에 어긋남에 대한 표현일 뿐이다.

〈『신약』의 2가지 구절〉

"진리가 너희를 자유케 하리라.", "네가 오늘 나와 함께 천국에 있으리라." 이 두 가지가 『신약』의 핵심이라고 생각한다. 전자는 이생을 위한 삶의 지침을, 후자는 내생을 위한 삶의 지침을 압축한 것이라고 생각된다. 대부분 후자를 믿고 있지만 전자를 깨닫는 사람은 얼마나 될까. 전자 없이 후자만으로 인생을 산다는 것은 사는 것이 아니고 꿈을 꾸는 것이다.

〈꿈과 연극〉

우리는 인생이라는 꿈을 꾸면서 그 속에서 또 다른 꿈을 꾼다.

우리는 인생이라는 연극을 하며 그 속에서 또 다른 연극을 한다.

'09. 8. 21

〈인생의 장애〉

복잡한 길을 걷다 보면 어느 땐가 이유 없이 사람들이 나타나 내 앞을 가로막는다. 그들은 내 의지와 상관없이 자신들의 의지로 움직인다. 이런 방해가 계속될 것 같지만 어느 순간 그들은 이유 없이 사라진다.

〈자식의 인생〉

내 아이가 상류층이 되어 부유하고 세련된 삶만을 살기를 바라진 않는다. 어떤 삶을 살든 **자신의 삶을 사랑하되 집착하지 않는 자세**를 갖기를 바랄 뿐이다. 삶에 집착하지 않아야 삶이 아름답게 보이고, 또 그래서 삶을 사랑하게 된다.

따라서 공부를 잘하기보다는 인생의 여러 모습을 배우고, 세상을 사는 기술보다는 자연의 진리를 깨우칠 수 있는 교육이 필요하다. 어떤 삶도 우열은 없음을 깨달을 수 있도록.

〈행복과 고통의 가치〉

행복과 고통의 맛은 다르다. 그러나 그 가치는 같다. 행복은 인간을 즐겁게 하지만 나약하게 만들고, 고통은 인간을 고통스럽게 하지만 강하게 만든다. 계속되는 행복은 권태일 뿐이다.

〈철학과 예술〉

각 개체의 특성을 보고 그 종의 보편적 본질을 파악하는 것이 철학의 역할이라면 하나의 개체를 통해 그 종의 보편적 본질을 묘사하는 것은 예술의 역할이다.

〈현상의 근원〉

사회적 현상의 시원과 역사를 파악할 수 없다면 그것을 당연하게, 진실로서 받아들이게 된다. 그것이 거짓과 악의에서 비롯된 것일지라도.

〈지구의 종말〉

지구의 종말이 온다면 그것은 자연의 징벌일 것이며 그 원인은 인간의 욕망일 것이다. 인간은 결국 자멸할 것이다. 노아 시대의 징벌, 소돔의 징벌, 바벨탑의 징벌에 이어지는 징벌은 이미 가까이 와 있지만, 인간은 징벌을 향해 가는 수레바퀴를 멈추기에는 욕망에 너무 익숙해 있다. 욕망을 버리지 않는 한 구멍 속의 먹이를 움켜잡은 원숭이처럼 손을 펴지 못하고 다가오는 징벌을 보면서 서서히 죽어갈 것이다.

〈본향〉

나그네 되어 온 이 세상살이 끝나면
내 영혼, 본향으로 돌아가리.

영겁의 시간과 우주의 공간 너머
고요한 평안으로.

초례를 기다리는 마음으로

본향을 그리며

하루를

또 하루를 산다.

〈삶과 죽음〉

삶과 죽음은 별개의 것으로 구분되어 있는 것이 아니다. 삶은 죽음의 다른 형태이고 죽음은 삶의 다른 형태이다. 죽음을 두려워하는 것은 삶을 두려워하는 것이고 자신의 존재를 두려워하는 것이다.

'09. 8. 30

〈깨달음의 주체〉

'역경은 약처럼 맛이 쓴 인생의 필수 조건이라는 깨달음'의 주체는 자아이지만, 종교인들은 신의 도우심이라고 말한다. 종교인이든 비종교인이든 깊은 성찰을 통해 같은 깨달음을 얻게 된다. 그러나 종교인들은 자연의 섭리를 신의 섭리라고 주장하며 자연의 권능을 그들의 신에게 부여한다.

역경에 처했을 때 그것을 면하게 해달라고 신에게 기도하라고 설교하는 것이 옳은가, 신은 역경도 주시고 행복도 주시며, 인생의 역경은 너무도 당연한, 피할 수 없는 것임을 깨닫고 의연하게 그 역경을 맞도록 설교하는 것이 옳은가. 후자가 옳다. 역경조차도 즐겁게 관조하며 기꺼이 받아들여야 하는 것이다.

인간은 본능적으로 역경을 두려워한다. 그러한 인간의 연약함을 이용하여 포교한다면 그것은 어쩐지 사교의 느낌이 든다. 진정한 종교라면 인간의 연약함 자체를 강함으로 바꾸어 주어야 한다. 타자에 의존하지 않고 강해질 수 있도록. 그러나 신을 믿는 종교는 의지를 단련하라고 하기보다는 신에 의지하라고 한다(그렇지 않으면 신이 필요 없어지므로). 인격적 신은 자연의 섭리로 대체되어야 한다.

〈인식〉

세상을 따뜻하게 보기보다는 있는 그대로 보는 것이 중요하다.

〈자연 속의 인간〉

인간은 자연을 자신들이 개발해야 할 대상으로 생각한다. 그러나 자연은 카오스가 아니라 코스모스이다. 인간의 지혜는 자연의 섭리의 극히 일부분이다. 손오공과 부처님 손바닥처럼. 자연의 인위적 개발은 개발이 아니라 훼손이다. 코스모스를 카오스로 만드는 짓이다.

'09. 9. 6

〈관계〉

우리는 타인을 만나면 즐거운 척 떠들지만 내 밖의 이야기만 한다. 타인을 내 안으로 초대하지 않는다. 만나면 만날수록 자신을 둘러싼 벽은 높아가고 관계는 멀어져 간다. 우정의 관계 맺기를 원하지는 않는다. 멀리서 보면 오히려 피한다. 처음 만난 사람이 더 친밀하게 느껴진다. 서로의 주변인일 뿐이다.

신들과 행복을 다투다

〈내가 허락한 삶〉

자의와 상관없이 이 시공간상에 던져졌다고 해서 우리의 삶은 신 혹은 자연이라는 타의에 의해 주어진 삶인가. 우리는 **누군가에 의해 주어진 삶을 살아야 하고 누군가에 의해 삶이 거두어질 때 죽어야 하는 존재인가**. 이런 삶에서 행복 추구, 진리 추구가 무슨 의미가 있는가. 어쩔 수 없이 살아지는 삶에서 타자에 의해 주어진 의미 외에 삶의 의미는 무엇인가.

아니다. 나의 삶은 내가 허락한 삶이다. 매일 아침 눈 뜰 때 자연이 내게 부여한 또 하루에 감사하지만, 그 하루는 나의 허락 없이는 살지 못한다. 즉 자연이 허락한 삶이라고 해서 나는 무조건 살 필요도 없고 억지로 살지도 않는다. 나의 하루는 내가 허락한다. **내가 허락하지 않은 삶은 죽음이다.**

내가 허락한 하루이기에 그 하루는 살아지는 삶이 아니라 내가 사는 삶이다. 내가 허락한 삶이기에 생생하고 즐거운 삶이다. 나는 오늘 내 삶을 허락한다.

〈철학적 삶과 죽음〉

우리가 살아간다고 할 때 그 의미는 두 가지 측면에서 볼 수 있다. 육체적 삶과 철학적 삶이다. 삶을 관조하지 못하고 삶에 취해 산다면 그 삶은 철학적 죽음이다. 자유 의지에 따라 살고 그 결과에 따라 희로애락을 느끼는 것이 철학적 삶이라고 생각할지도 모른다. 그러나 그 자유의지는 사회와 환경의 인과율에 따른 것일 뿐, 착각일 수도 있다. 결국 철학적 삶은 자신의 삶에 대해 관조하는 삶이다. 삶에서 느끼는 희로애락에 묻혀 사는 삶이라면 그것은 동물적 삶이다.

〈인간의 악함〉

악은 사회적 개념이다. 인간이 사회를 이루고 살게 되면서 등장하는 개념이다. 자신의 이익과 소유를 침해하는 존재에 대해 악의를 품는 것이 그것이다. 그러나 자신의 손익, 위협과 관계없이 타 존재에 악의를 갖는다면 사회적 삶과 상관없이 인간에게 선천적, 선험적 악이 존재하는 것이다.

사회적 약자에 대한 이유 없는 공격 등은 분명히 선천적 악의 증거이다. 자신의 재미, 나아가 쾌락을 위해 그런 행동을 했다면 미성숙의 탓인가 선천적 악의 탓인가.

'09. 9. 7

〈성찰의 삶〉

인생을 성찰하여 자신의 삶을 관조할 수 있다면 어떤 삶을 살든지 큰 차이가 없다. 성자로 살든지, 구멍가게 주인으로 살든지, 노동자로 살든지 차이는 없다. 이미 깨달음을 통해 삶과 죽음이 다르지 않음과 인생에 귀천이 없음을 인식하기 때문이다.

'09. 9. 9

〈존재의 행복〉

존재하는 한 불행한 인생은 없다. 동정해야 할 인생은 없다. 불행하다고 말하지 말라. 우리가 말하는 불행과 고통조차도 존재의 선물, 곧 행복이다. 본래 우리는 없었다. 우리에게는 행복도 불행도 없었다. 존재함으로 행복과 불행을 맛보는 것이다. 이성은 우리에게 "행복하라."고 명령한다. 깊게 성찰한 결과, 그래도 불행하거든 인생의 막을 내려라.

신들과 행복을 다투다

<선행>

어렵게 사는 사람에게 도움을 주는 것이 필요한가, 모든 존재는 처지에 상관없이 행복할 수밖에 없는 존재라는 깨달음을 주는 것이 필요한가. 둘 다.

<자유 의지의 한계>

자유 의지란 무의식적인 사회의 행위 법칙이며, 원인에 따른 결과로서의 행위일 뿐 아닐까?

<죽음과 삶을 생각하며>

죽을 때 후회하지 않으려면 꼭 해야 할 일은 무엇일까?

여행 - 더 이상 나의 필수적인 쾌락은 아니다.

부귀영화의 삶 - 덧없음과 불필요함을 알기에 꼭 하고 싶지는 않다.

진리 탐구와 인생 통찰 - 지금도 하고 있으니 충분하다.

죽을 때 두려움, 아쉬움은 무엇일까?

죽음 - 죽음은 삶의 다른 형태이기 때문에 두려워할 대상이 아니다.

가족, 주변인의 불행과 슬픔 - 행/불행도 결국은 존재의 선물이기에 감사해야 한다.

생각해 보면 죽음을 앞두고 그다지 하고 싶은 일도, 그다지 두려운 것도 없다. 내 인생에 七情의 감정이 일 것도 없다. 그야말로 인생은 연극이다. 기쁜 척, 슬픈 척하고 호들갑 떨면서 살아가는 연극이다. 신이 나에게 배역은 지정했지만 그 배역의 수행 방법은 내가 결정한다.

살아도 좋고 죽어도 좋다면 내가 살고 있는 이유는 무엇인가. 인생의 목적은 무엇인가. 이제는 행복도 진리 탐구도 아니다. 결국은 불교의 해탈이겠으나 **해탈은 자신이 어떤 경지에 이르면 저절로 닿는 것, 해탈 자체가 인생의 목적일 수는 없다.** 한가지, 내 가족을 포함해서 가능한 한 많은 사람이 나와 같은 깨달음을 얻게 하는 것이 인생의 목적일 수 있다. 나의 존재 유무와 상관없이 그들 자신이 존재하는 한 인생은 기쁜 선물이라는 것. 관조하며 살아가는 삶이라면 어떤 삶도 귀천은 없다는 깨달음.

'09. 9. 12

〈가까워지지 않는 타자〉

직장 동료로 만난 사람들의 관계는 왜 좀처럼 가까워지지 않은가. 직장인들은 같이 지낼수록 자신의 벽을 쌓아 간다. 회사를 벗어나면 대부분 서로를 회피한다. 오히려 처음 만나는 사람이 편하다고 느낀다. 구조적인 이유는 직장이라는 계급 조직이기 때문이기도 하겠으나 다른 이유도 있다.

"그들은 단숨에 술잔을 들이키며 밝게 떠들지만 그것은 서로 깊은 관계를 맺고 싶지 않다는 것을 의미한다." 그들의 대화 속에는—자신들을 제외한—대상만이 존재한다. 자기가 없다. 자기뿐만 아니라 대상에 대한, 타자에 대한 자신의 생각도 없다. 오직 제 3의 대상에 대한 사실들의 언급, 제 3자의 평가, 제 3자의 의견만이 떠돈다. 결국 자신을 표현하지 않고, 드러내지 않는 것이다. 영원한 타자로서의 관계를 원하는 것이다.

〈비운다는 것〉

마음을 비운다는 것, 욕망을 버린다는 것은 자아를 버리는 것이기도

신들과 행복을 다투다

하다. 자아는 곧 욕망이다. 욕망을 버린다는 것은 자신이 이제껏 쌓아 온 자신의 사고 체계, 가치 체계를 버린다는 것이다. 욕망은 자신의 가치 체계와 분리할 수 없는 것이기 때문이다.

그러나 버려진 욕망은 없다. 모든 것을 포기함으로써 비로소 포기된 욕망만이 존재한다.

〈실존과 구조〉

인간은 자신의 행위로써 자기 존재의 본질을 만들어 가는가, 이미 만들어진 구조 속에서 자신의 역할을 할 뿐인가. 전자이어야 한다. "자유로워지라."는 정언적 명령처럼, 설사 구조 속의 존재일지라도 그 당위의 자유로움으로 자신의 본질을 만들어가야 한다.

구조적 사회에서 개인의 자유는 구조적 역할 뒤에 숨는다. 구조는 인간을 강제한다.

'09. 9. 14

〈지식의 감옥〉

도의 세계가 우주라면, 지식(현상의 가치)의 세계는 작은 반지름을 가진 구다. 그 구는 지식으로 뭉쳐진 문화의 감옥이다. 그 구를 뚫지 않는 한, 깨달음으로의 전진은 없다. 지식은 우리를 중력처럼 잡아당긴다. 우리는 먼저 지식의 중력을 끊어버리는 지혜를 축적해야 한다. 그 지혜의 축적을 통해 지식의 구를 뚫고 나가야 한다.

〈책임과 자유〉

책임은 행위의 결과이다. 행위는 의지의 결과다. 의지는 자유의 결

과다. 자유는 내가 허락한 자유만이 자유다. 어쩔 수 없는 상황에서의
의지는 내가 허락한 자유의 결과가 아니다.

'09. 9. 26

〈존재의 감사〉

칠정은 자연을 통찰하지 못한 인간의 호들갑인 동시에, 자신이 존재
함에 대한 감사의 표시이다. 생로병사는 인간이 받을 수 있는 최대의
선물이다. 내가 무엇이기에 이런 과분한 선물을 받는가. 이 선물은 내
가 나에게 준 것이 아니기에, 선물을 준 누군가에게 깊이 감사할 수밖
에 없다. 그 누군가는 무엇일까. 보이지 않는 의지.

인생은 고통이라 했지만 고통은 우리가 존재함으로써 맛볼 수 있는
쓴 맛이다. 즐겁게, 고맙게 고통을 맛보아야 한다. 단맛이 즐겁듯 쓴맛
도 즐거운 것이다.

이 감당하기 어려운 기쁨을 숨기고, 괴로운 척 인생의 연극을 하는
우리는 얼마나 행복한 자인가. 마치 최상의 카드를 숨기고 엄살 피우
며 배팅하는 격이 아닌가.

행복할 수밖에 없는 인생이다.

〈존재의 의미〉

존재의 의미란 자신의 존재 자체가, 가늠하기조차 어려운 엄청난 은
혜임을 깨닫고, 이러한 은혜를 베푼 보이지 않는 의지를 찾아나서는 것.

〈세상〉

세상은 나를 비치는 거울이다. 나는 웃지 않은 채 거울 속에서 웃는

모습을 찾으려 하지만 웃지 않는 모습만이 비칠 뿐이다. 내가 웃어야 비로소 거울 속의 나도 웃는다. 세상 속에서 행복을 찾지만, 얻을 수 있는 행복은 없다. 세상이 나에게 만들어주는 행복은 없다. 행복은 내가 만들어 세상에 내어놓는 것이다. 세상에서는 결국 내 모습밖에 볼 수 없다.

'09. 10. 8

〈인간의 종류〉

인간은 두 종류로 구분된다. 세상의 북소리에 따라 행진하는 자와 자기 영혼의 북소리에 따라 행진하는 자이다. 전자는 그림자를 잡으려는 자이고 후자는 그림자를 따라오게 하는 자이다. 세상에 지배당할 것인가 자신을 지배할 것인가.

'09. 10. 9

〈생신 글〉

삼촌!

생신 축하 드립니다.

덧없기에 오히려 소중한 인생이라고 합니다.

불현듯 다가오는 가속된 시간이야 어쩔 수 없지만

이후의 세월, 남겨진 삶이 아니라

삼촌이 직접 허락하신 하루하루를 사시기를 기원합니다.

또, 진정 기쁘고 즐거울 수밖에 없는 매 순간을 누리시구요.

이 자리를 빌려, 오랫동안 저와 저희 가족을 보살펴 주심에

뜨거운 마음을 드립니다.

건강하세요!

'09. 10. 13

〈행복의 인식〉

범부의 행복: 행복이 있다. 현상의 행복 추구이다. 부귀영화, 편안함 등 환경에 의존하는 행복이다. 환경이 좋으면 행복하다고, 나쁘면 불행하다고 생각한다.

구도자의 행복: 행복은 없다. 현상의 행복은 무지개일 뿐 가까이 가면 실재하지 않으며 지속적으로 느낄 수 없다. 멀리서만 보일 뿐이다. 행복은 무욕에 따른 평안 이상일 수 없다.

깨달은 자의 행복: 모든 것이 행복이다. 불행은 없다. 행복하지 않은 상태는 없다. 내 존재가 사라진다 해도 나쁠 것 없으나 존재함 자체가 행복이다. 존재함으로 겪게 되는 모든 것은 보너스이므로 감사할 뿐이다. 존재함이 고통스럽다고 생각되면 현 존재를 스스로 벗어날 수 있는 자유가 있기에 고통조차도 행복인 것이다.

〈구도 - 산은 산이요 물은 물이다〉

구도 전: 당연히 산은 산이고 물은 물이다. 보아라! 그렇지 않다고 반증해 보라.

구도 중: 산은 산이 아니고 물은 물이 아니다. 단지 연기에 의한 것일 뿐. 무상하다.

구도 후: 산은 산이고 물은 물이다. 연기에 의한 무상한 것이지만 그 자체가 화엄이다. 덧없기에 더욱 소중하고 장엄한 산과 물 그 자체이다.

174

〈판단의 기준〉

현대에서 거짓과 참을 구별하는 과학이라는 기준이, 과거 중세 마녀 사냥 시대에 마녀를 구분하던 기준과 다른 점은 무엇일까. 양자 모두 인간들의 신념이었다는 공통점 외에 확실히 다르다고 주장할 수 있는 것은 무얼까.

〈기쁨에 필요한 돈〉

존재의 기쁨을 깨달은 자에게 필요한 돈은 매우 적다. 돈에 인생의 기쁨을 저당 잡힌 자에게는 많은 돈이 필요하다. 그러나 많은 돈이 있어도 행복해질 수 없다.

〈공허함, 외로움〉

문득 밀려오는 공허함이나 외로움의 원인은 무엇인가. 좋아하는 사람과 같이 있을 때나 재미있는 영화나 TV를 볼 때, 즉 자아나 영혼을 타자나 외부의 환경에 맡기고 있을 때는 공허함이나 외로움을 느끼지 않는다.

인간은 실존적일 수 있는 존재이나 실존적이고 싶어 하지 않는다. 쾌락도 고통도 없는 자유의 시간을 맞으면 외롭고 공허하게 생각한다. 외부의 환경에 따라 살기를 원한다. 환경에 지배받는 것에 대해 투덜거리면서도 그 지배를 벗어나기를 두려워한다. 가족, 종교, 쾌락 등 자신을 편하게 해 주는 것들의 영향을 벗어나 자신의 본질을 생성해가는 것을 어렵고 두렵게 생각한다.

〈Cogito, ergo sum(생각한다, 고로 나는 존재한다)〉

생각하는 것이 존재하는 것이라고 할 때, 우리는 과연 존재하는 것일까. 생존을 위한 생각(돈 벌기, 위험 피하기 등), 영화를 보듯 외부에서 자극하는 것에 대한 생각, 욕망을 실현하기 위한 생각 등은 육체의 안락한 보존을 위한 생각이며 동물적 생각에 지나지 않으므로 논외로 하자. 이를 제외한 인생과 세계의 진리에 대한 깨달음을 위한 생각을 하는 이는 얼마나 되며 그것에 할애하는 시간은 얼마나 될 것인가. 진정 존재하는 이는 몇이나 되며 존재한다 해도 존재하는 시간은 얼마나 될 것인가.

〈무지와 깨달음〉

인간은 나약한 존재가 아니라 무지한 존재다. 무지는 인간을 나약한 존재로 만든다. 인간의 창조자는 인간에게 자유와 신성을 부여하였으면서도 그것을 깨닫지 못하게 하였다. 그럼으로써 자신을 숭배하도록. 그에 따라 인간은 자신(의 능력)을 깨닫지 못하고 나약한 존재로서 타자에 의존하는 것이다. 내 안의 신, 내 안의 부처, 내 안의 아트만을 깨닫지 못하고 수동적 존재로서 살아가는 것이다.

일 없는 도인 - 나의 꿈.

〈즐김과 배움〉

삶을 즐기려는가, 삶을 배우려는가. 삶을 즐기려는 자는 자신의 모든 Resource를 탕진하고 슬픈 쾌락을 맛볼 것이요, 삶을 배우려는 자는 Resource의 축적과 더불어 삶의 본질을 깨달을 것이다. 삶을 깨달으면 인생은 저절로 즐거울 것이다. 즐기기에 앞서 배우라.

〈화엄과 무상〉

세계의 본질은 무상이요, 현상은 화엄이다.

인생은 무상이나, 오늘 하루는 화엄이다.

화엄의 하루를 산다 해도, 인생의 무상을 아는 자와, 모르는 자의 하루는 다르다.

전자에게는 다시 올 수 없는, 눈물겹게 소중한 하루이나, 후자의 하루는 주어진 일상이다.

〈존재의 이유〉

나의 존재의 이유는 무엇인가. 나의 존재함과 존재하지 않음의 차이는 무엇인가. - 부재 시의 가족과 지인의 슬픔… 그 이상은 없다. 곧 사라질 슬픔.

빙하기 공룡의 멸종처럼 지구상의 모든 생물이 사라진다 해도 우주의 입장에서는 어떤 의미일 것인가. - 무의미.

존재의 무상함과 존재의 화엄. - 무상하기에 화엄이며, 화엄이나 그 또한 무상하다.

〈과학과 철학〉

과학은 기존 업적 위에서 시작할 수 있으나 철학은 무에서 시작해야 한다.

〈나의 존재와 신〉

나의 존재가 신의 의지인가, 우연인가. 전자라면 신의 존재를 인정해야 하고 후자라면 신은 없다.

'09. 10. 29

〈자연과 인간〉

자연은 인간의 삶을 위한 자원인가.

자연이 인간을 위해 존재해야 하는가, 인간이 자연을 위해 존재해야 하는가.

무위자연을 떠나 유위 문화 속에 사는 한 인간은 태생적 욕망으로 인해 불행히도 멸망의 길로 갈 수밖에 없다.

〈훔침〉

물건을 훔치는 자는 좀도둑이다. 사람의 마음을 훔치는 자는 큰 도둑이지만 도둑이라 말하지 않는다. 유혹은 훔침이다.

〈현상의 씨앗〉

태어남은 죽음의 씨앗을 품고 있다.

고통은 행복의 씨앗을 품고, 슬픔은 기쁨의 씨앗을 품고 있듯,

죽음은 또 다른 생의 씨앗을 품고 있을 것이다.

'09. 11. 03

〈학문〉

학문의 목적은 지식을 쌓고자 함이 아니다.

지혜 너머 어리석음에 다시 닿고자 함이다.

세상이 떠든다고 떠드는 모든 것을 없애 버리랴.

내 귀하나 막으면 그만인 것을.

〈화엄과 무상〉

대상을 화엄과 무상의 눈으로 동시에 보다.

대상의 표면은 화엄이나 대상의 이면은 무상이다.

대상을 사랑하되 집착하지 마라. 내 것이 아닌 채로 사랑하라.

무상 속에 순간 연기된 화엄, 어찌 아름답지 않으랴. 어찌 사랑스럽
지 않으랴.

〈직장 생활과 철학〉

직장 생활을 하면서 철학을 공부한다는 것은 공자의 문하에서 장자
의 도 닦기.

정진한다는 것은 공자(인위)를 넘어 장자(자연)로 향하는 것.

물질의 세계에서는 아는 것이 힘이다. 마음의 세계에서는 모르는 것
이 약일 수 있다.

'09. 11. 09

〈수면과 심연〉

수면의 파도는 끊임없이 일렁거린다. 수면에 떠있는 배는 쉴 새 없
이 뒤뚱거린다.

마음을 수면에 둔 채 평화롭기를 바란다면 불 속에서 시원하기를 바
라는 것과 같다.

평화롭기를 바란다면 마음의 중심을 심연에 두라. 움직임 없고 고요
한 심연.

심연에 마음을 둔 자의 수면에서의 뒤뚱거리는 삶은 하나의 재미에 불과할 뿐, 결코 불안하거나 두렵지 않다. 불안한 것처럼 연극할지는 몰라도 그 자체가 즐거움이다.

'09. 11. 24

〈소유물과 자아〉

우리는 소유물(돈, 지위, 명예 등)을 자기 자신으로 착각한다. 타인을 볼 때도 그와 그의 소유물을 분리하지 않는다. 누구든지 자신과 자신의 소유물을 분리해서 생각해 본다면 자신과 소유물은 별개임을 알 것이다.

성인이 되어서의 **대부분의 인간 관계(직장 내 관계 등)는 소유물 간의 관계일 뿐이다. 인간 관계에서 소유물을 걷어 내지 못하는 한 그것은 연극일 뿐이다.**

우리가 한 인간을 그 자체로서 보기보다는 그의 소유물을 통해서 보려는 이유는 무엇일까. 사회적인 관습의 결과인가, 자기 보호 본능 때문인가.

참다운 관계 회복 방법은 무엇일까. 인간 자체만을 보려면 어떤 수양을 해야 하는가.

'09. 12. 3

〈기독교에 대한 시각〉

현대 기독교를 비판하며 흔히 회자하는 것은 교회의 대형화, 목사의 욕망, 배타적 태도 등이다. 그것은 현상에 대한 비판일 뿐이다. 그들의 생활, 그들의 일일 뿐이다. 그에 대한 비판은 기독교에 대한 비판이 될

신들과 행복을 다투다

수 없다. 일부 무지한 기독교인에 대한 비판이 될 뿐.

본질은 신의 유무, 신이 있다면 나와 신과의 관계이다.

'09. 12. 10

〈황제〉

황제는 스스로 황제이고, 나는 나 스스로 황제이다.

황제는 현상의 제국의 황제이고, 나는 내 안에 내가 구축한 관념의 제국의 황제이다.

현상의 제국의 국경은 유한하지만 관념의 제국의 국경은 없다.

현상의 제국은 무상한 운명의 변천에 따라 사라지지만 내 안의 관념의 제국은 영원하다.

황제는 자신의 제국의 구조 내에 존재하지만 나는 나의 제국의 구조 자체를 결정한다.

'09. 12. 12

〈운명의 변천〉

운명의 무상한 변천… 상황이 변하든지 내가 변한다는 것. 시공간의 확장, 연기, 화엄과 무상, 무아를 생각할 때, 운명의 무상한 변천은 오히려 비본질적이 문제가 된다.

〈고통의 극복〉

내적 불만이나 고통은 욕망의 제어를 통해 극복되며 외적 불만이나 고통은 세계, 현상에 대한 깨달음을 통해 극복된다.

〈행복과 고통〉

행복은 지속되지 않는다.

행복이 나를 떠나든지 내가 행복을 떠난다. - 행복한 상황이 끝나거나 권태로 인해 행복을 느끼지 못한다.

고통은 얼마간 지속될지라도 영원하지는 않다.

고통이 사라지든 고통이 나를 사라지게 할 것이다. - 고통이 해소되거나, 고통에 의해 또는 고통을 피하기 위해 죽다.

그러나 육체가 살아 있는 한 내 정신이 먼저 굴복하지는 않을 것이다.

〈자유〉

나는 순수한 자유를 원한다. 권력을 원하지 않는다. 권력에 부수되는 자유를 원하지 않는다. **그러한 자유는 대상의 비자발적 복종이라는 면에서 기쁘지 않다.**

—————— **'09. 12. 15**

〈행복〉

"파리채에 앉아 있는 파리가 가장 안전"하듯, 매일 죽음을 연습하는 사람이 가장 행복하다.

—————— **'09. 12. 17**

〈욕망 버리기〉

욕망을 버리고 싶다구요?

그러나 욕망이 버려지던가요? 욕망은 혹처럼 잘라낼 수는 없습니다.

　　　　　신들과　행복을　다투다

욕망은 나의 사고 체계와 가치 체계의 근간입니다. 욕망은 나의 살과 뼈를 이루고 있고 내 피의 일부분입니다. 즉 나 자신입니다.

욕망을 버리고 싶다구요?

욕망을 버린다는 것은 죽는다는 것입니다. 욕망은 그대로 두고 그냥 사세요. 욕망을 버리기 위해 죽을 수야 없잖습니까.

현재의 욕망의 자아를 그대로 둔 상태에서, 욕망에서 벗어나기 위해 우리가 할 수 있는 일은 무엇일까요? 그것은 무의식의 저 구석에 처박혀 있던 관조의 자아를 의식하는 것입니다. 욕망의 자아—인생의 연극 속에서 자신의 역할이 자신의 생의 실체라고 믿고 그 역할에 몰입하는 욕망의 자아—와 무대 밖에서 바라보는 관조의 자아를 의식하는 것입니다.

욕망은 버릴 수 없습니다. 다만 욕망의 비율을 작게 할 수는 있습니다. 그것은 관조의 자아를 키우고 성숙시킴으로써 욕망의 자아의 비중이 서서히 작아지게 하는 것, 이것이 우리를 욕망에서 벗어나게 할 것입니다. 구체적인 방법이 궁금하신 분을 위해 그 방법을 알려드리죠…

도 닦는 길밖에 없습니다. 정진해야죠.

'09. 12. 21

〈삶의 외연〉

삶의 외연을 넓히려 하지 말라. 삶의 외면이 확장될수록 행복하리라 생각하지만 사실은 그 반대다. 외연이 확장될수록 즐거움도 늘어나지만 의무와 고통도 늘어난다. 백 가지 즐거움이 하나의 고통을 상쇄하지 못함을 깨달을 때, 넓지 않은 외연 속에 안온한 인생을 사는 것이 현명하다. 쇼펜하우어의 말처럼 장님의 표정에는 평화가 깃들어 있음을 알아야 한다.

〈복수의 한계〉

어떤 행위에 대한 복수는 그 당시가 아닌, 시간이 흐른 뒤라면 무의미하다. 상황이 변하고 내가 변하고 복수의 대상이 변하기 때문이다.

〈자본주의의 도덕〉

자본주의적 도덕, 실용/합리주의는 슬픈 가정을 토대로 하고 있다. 그것은 인간이 악하고 이기적이라는 것이다.

인간의 바닥을 정확히 아는 것은 인간을 이해하는 기반이기에 중요하다. 인간의 이기주의적 본성을 말하면, 비관주의, 염세주의라고 매도하는 것은 무지의 소산이며, 그것은 인간과 세상을 미화하려는 기득권자들의 의도이다.

〈지식과 지혜〉

지식은 대상을 보는 눈이며 지혜는 대상 간의 관계, 필연성, 본질을 보는 눈이다.

신들과 행복을 다투다

〈깨달음의 선후〉

욕망은 지혜의 눈을 가리는 안개다. 지혜를 깨달아 욕망을 버릴 수는 없다. 욕망을 버려야 지혜를 깨닫게 된다.

'09. 12. 31

〈인생이라는 연극에 대하여〉

우리는 인생이라는 연극 속의 배우입니다.

우리는 감독이 아니기에, 배역을 수행할 뿐 배역을 변경할 수는 없습니다.

우리가 선택할 수 있는 것은 나의 배역에 대한 태도와 자세입니다.

연극은 연극일 뿐입니다.

우리는 연극 속의 배역이 자신의 전부인 줄로 착각하고 너무 열심히 연기에 몰입합니다.

삶에 취해 버립니다. 자신 속에서 길을 잃습니다.

내가 보지 않는 나의 연기는 의미 없습니다.

숲을 보려면 숲속에서 나와야 하듯 '나'를 보려면 '나' 밖으로 나와야 합니다.

무대 위에서 기뻐하고 슬퍼하는 나를, 무대 밖에서 조용히 응시해야 합니다.

연극에는 내가 출현해야 합니다.

여러분은 자신의 연기를 하고 있습니까? 아니면 연기하고 있지 않습니까?

어쩌면 자신이 출현하지 않는 연극을 보아야 할 수도 있습니다.

연극 무대의 막은 올라가고 또 내려가기 마련,
막이 내려감을 미래가 아닌 현재 시제로 가져와야 합니다.
늘 생각하고 같이해야 합니다.

그리고 연극은 계속되어야 합니다.
"죽은 아들을 묻고 돌아온 날, 구둣방 문을 여는 구두장이"의 마음일
지라도
연극은 계속되어야 합니다.

신들과 행복을 다투다

3. 2010 ——————

'10. 1. 3

〈자연과 나의 관계〉

자연은 나의 뜻을 따르지 않는다. 스스로의 뜻에 따른다.

자연은 나를 위해 있는 것이 아니다. 내가 자연을 위해 있는 것이다.

자연은 나의 행복에는 관심 없다. 자연은 자체의 조화에 관심이 있다.

내 뜻에 반하는 불행이 오는 것은 당연하다. 자연의 뜻이므로.

자연 전체는 이성에 따라 질서를 이루고 있지만, 자연 안의 모든 것이 이성적이지는 않다.

〈시간〉

시한부 인생을 사는 자의 1년이 일반인의 10년보다 길 수도 있다. 시간은 내적 직관의 형식이다. 시간은 느낌이다. 절대량이 아니다. 새로운 장소를 여행한 일주일이 일상생활의 1년보다 길 수도 있다.

〈나의 평정〉

지금 내가 해야 할 일, 할 수 있는 일을 함으로써 평정을 얻는다. 그 외는 나의 능력 밖이므로 받아들일 수밖에 없다.

〈불행과 고통〉

세상에 있어서는 안 될 말은 '불행'과 '고통'이다. 불행과 고통은 실재하지 않기 때문이다. 세상에는 행복만이 존재한다. 우리가 겪는 칠정도 존재함으로써 맛볼 수 있는 행복이다. 불행하고 고통스럽다고 생각하는 것은 무지의 소치다. 그 자체가 바로 행복임을 깨닫지 못하고.

신들과 행복을 다투다

〈지하철〉

우리는 을지로입구역에서 지하철이라는 인생을 타고 을지로3가역에서 내리는 것이다. 단지 한 정거장, 1분도 지속되지 않는다. 서서 가든 앉아서 가든, 좋은 자리에 앉든 나쁜 자리에 앉든 중요하지 않다. 큰 차이 없다. 그 짧은 인생 동안 무슨 욕망이 그리 많은가. 무엇을 그리 두려워하는가.

〈현재와 존재〉

우리는 모든 것을 현재를 기준으로 판단한다. 그러나…

나는 본래 존재하지 않았다. 다행히도 현재 나는 잠시 존재한다. 고마울 따름이다.

내 소유는 본래 없었다. 존재가 없었는데 무슨 소유가 있겠는가. 다행히도 잠시 내가 맡아 놓은 것들이 현재 곁에 있다. 곧 사라질 것들이다.

나는 행복과는 관계없다. 본래 없었으므로. 그런데 잠시 존재하는 동안 나는 행복을 느낄 수 있다. 내가 느끼는 것은 모두 행복이다. 불행이란 없다. 존재하기에 느낄 수 있는 맛이기 때문이다.

〈두 세계〉

세계는 둘로 나뉜다. 내 밖의 세계와 내 안의 세계. 외면의 세계에 대한 지식이 많고 외적인 행복이 많아도 내면의 세계를 모르고 내적인 고통이 있다면 아무 소용 없다. 외면의 세계는 내면의 세계의 지배를 받을 수밖에 없기 때문이다.

〈자신을 안다는 것〉

자신을 안다는 의미는 무엇일까요? 간단히 평가(명예)의 측면만을 생각해 봅니다.

자신의 외모, 재산 등 외면에 대한 평가도 중요하지만,

성격, 능력, 지성 등 내면에 대한 스스로의 평가가 더 중요합니다.

외면은 다소 객관적일 수 있기에, 타인의 평가에 대해 너그러울 수 있으나,

내면에 대한 평가에 대해서는 날카로워지고 상처를 받기도 합니다.

자신의 내면에 대해서는 자신도 잘 모르기 때문입니다.

내면에 대해 스스로를 평가할 수 있어야 합니다. 자신을 알아야 합니다.

자신을 모른다면 삶은 수면의 파도처럼 언제나 흔들릴 것입니다.

〈권력과 자유〉

인간의 본능 가운데 권력과 자유를 추구하는 본능은 강력합니다.

막연히 자유가 가장 중요한 가치라고 생각되지만

현실에서는 자신의 자유를 저당 잡히면서도 권력을 추구합니다.

권력을 얻으면 자유가 확대된다고 착각합니다.

자유가 남을 부리는 것을 의미한다면 권력은 자유를 낳습니다.

그러나 자유는 남을 구속할 수 있는 힘이 아닙니다.

자유의 주체와 대상은 자신이지 타인이 아닙니다.

자유는 나에 대한 권력이지 타인에 대한 권력이 아닙니다.

진정한 자유는 "나"를 "내 맘"대로 할 수 있는 것입니다.

타인에 대한 권력을 얻고자 자신에 대한 권력을 포기하는 것은 현명한가요?

'10. 1. 12

〈행복과 고통의 인식 과정〉

1. 인생에는 행복도 있고 고통도 있다. - 행복을 욕망하며 고통을 피한다.
2. 인생에는 행복은 없다. 고통은 있다. - 행복하리라고 생각하는 욕망을 달성하면 행복은 사라진다. 내가 행복을 버리든지 행복이 나를 떠난다.
3. 인생에는 행복밖에 없다. 존재하는 한 모든 것은 행복이다. 존재와 소멸을 선택할 수 있는 한 존재 자체가 행복이다. 존재의 행복.

〈화엄과 무상의 시각〉

화엄의 시각으로 볼 때, 모든 대상은 무상으로 사라진다.
무상의 시각으로 볼 때, 모든 대상은 화엄으로 다가온다.

〈해탈과 존재함의 모순〉

해탈한 존재는 있는가. 해탈 이후에는 어떤 형태로 존재하는가. 해탈한 존재는 존재하는가, 존재하지 않는가. "존재하는 한 해탈할 수 없다."는 명제는 옳은가.

'10. 1. 13

〈연극 혹은 무상의 세계〉

비록 인생이 연극이고 무상의 세계라 해도 그 세계의 룰을 무시할 수는 없다. 연극을 잘하려면 연극에서 통용되는 법칙을 알고 이용해야 한다. 게임 등 가상의 세계에서는 마음껏 하고 싶은 대로 할 수 있는 것처럼, 무상의 세계이므로 오히려 마음 편하게 연극할 수 있는지도 모른다.

'10. 1. 16

〈행복〉

행복은 행복에 도달하기까지의 과정 속에 있습니다.
가속되는 물체가 빛보다 빠른 속도에 이르면 시야에서 사라지듯,
행복에 도달하는 순간 행복은 사라집니다.
행복이 나에게서 떠나거나 내가 행복을 떠나게 됩니다.

완전한 사랑을 위해 상대의 모든 것을 알려고 하지만,
모든 것을 알아 버리는 순간 사랑이 사라지고 맙니다.
진정 원하는 대상을 소유하는 순간 그 대상을 원하지 않게 됩니다.

마음속에 평안의 행복을 채우려면
먼저, 마음속에 채워져 있는 욕망과 번뇌를 비워야 합니다.
그것들을 그대로 둔 채로 평안의 행복을 원하는 것은
물이 가득 찬 물병에 물을 더 담으려고 물을 붓는 겁니다.
채우려면 먼저 비워야 합니다.

신들과 행복을 다투다

결핍이 있는 한 행복도 남아 있습니다.

추구하는 이념이 완전함에 이르는 순간 그 이념은 사라집니다.
모든 이념의 정점은 무입니다.
무에서 유가 생겨 완성되듯 완성된 유는 무로 돌아갑니다.
수도의 완성은 진정한 자아를 깨닫는 것이며,
그 순간 자아는 사라질 것입니다.

존재하는 한 해탈할 수 없습니다.

'10. 1. 26

〈나와 세계〉

나와 세계에 대한 이해가 중요한 것은, 나와 세계를 어떻게 이해하느냐에 따라 가치관이 달라지기 때문이다. 심신일원론인가 심신이원론인가에 따라 죽음과 삶에 대한 가치관이 결정되고, 나와 세계가 하나인가 분리되어 있는가에 따라 정의, 윤리, 도덕 등의 가치 체계가 달라진다.

인간을 포함한 모든 것은 영겁의 시간과 무한한 우주의 덩어리 속에 녹아 緣起하고 있으며 삶과 죽음은 형태의 사소한 변화일 뿐.

〈권력〉

타인에 대한 권력은 다른 타인에게서 나오지만, 자신에 대한 권력은 자신에게서 나올 수밖에 없다.

〈무지〉

중생의 공통점은 "모른다."라는 것이다. 예수도 "저들은 저들이 하는 일을 모르고 있다."고 했고 석가도 "자신 안에 있는 불성을 모르는" 중생이라며 세인에 대한 연민을 가졌다.

정작 중요한 것은 세상의 학문, 세상 사는 방법이 아니라 세계와 나에 대한 깨달음이다.

'10. 1. 28

〈"인생은 연극"의 의미〉

첫째, 대상에 대한 연극이다. 연극 속의 자아는 배우로서 주어진 역할을 수행할 뿐이다. 대상 또한 연극하는 자일 뿐이다. 무대라는 사회와 조직 속에서 맡은 바 역할을 할 뿐, 그 이상도 그 이하도 아니다. 배우는 역할 속의 배우일 뿐 진정한 자아는 아니다.

둘째, 자신에 대한 연극이다. 연극 속의 자아는 대본에 따라 사고하고 행동한다. 진정한 자아는 객석에서 연기하는 자아를 관조하고 있다. **객석의 자아는 연극 속의 자아에 영향받지 않는다.** 관조할 뿐이다.

〈미래에 대한 착각〉

사람들은 불확실한 미래의 불확실한 행복을 위해, 확실한 현재의 확실한 행복을 담보한다. 그러나 그 미래의 시간이 반드시 주어진다는 것조차도 착각이다.

신들과 행복을 다투다

〈삶의 수준〉

여러분은 자신이나 타인의 삶의 수준을 무엇으로 평가하나요?

재산, 소득 수준, 씀씀이, 지위, 학벌 등이 평가의 척도로

사용되기도 합니다.

예를 들어 돈 많은 부자의 삶의 수준은 높고

그렇지 못한 자신의 삶의 수준은 부자보다 낮다는 말에

동의할 수 있습니까?

열거한 나머지 기준 중 어느 것이라도 삶의 수준의 척도로서

흔쾌히 사용할 수 있습니까?

아마도 대부분 동의하지 않을 것입니다.

비록 자신이 돈을 향해 달려가지만 그것이 자신의 삶의

전부라고는 생각하지 않죠.

더구나 자신의 삶의 수준을 돈으로 평가받기는 더욱 싫어할 것입니다.

왜일까요?

위에서 열거한 것들이 중요하기는 하지만

그 중 어느 것도 내 삶을 대표할 수는 없기 때문이라고 생각됩니다.

즉 그것들은 자신이 삶의 수준의 척도로서 사용하기를

거부하면 그뿐인

수많은 "외적 조건"의 하나이기 때문입니다.

그러면 삶의 수준의 척도는 무엇일까요?

거두절미하고 결론을 말씀드리면 그것은 평정(평안)입니다.

얼마나 평안한 삶을 유지하고 있느냐가

그의 삶의 수준이라고 생각됩니다.

극단적인 예이지만 원하는 것이 많아 안달하는 부자보다는

더 이상 원하는 것이 없어 평안하다면

거지의 삶의 수준은 더 높습니다.

평안한 삶의 지름길은 잘 아시는 대로

타인과의 비교를 하지 않는 삶, 소박한 삶,

자신만의 삶을 지향하는 것입니다.

가만히 생각해 보면 우리의 생존에 필요한 것은 그다지 많지 않습니다.

많은 것을 원하는 것은 너무 잘 살려고 하기 때문입니다.

우리는 원하는 것을 소유하지 못하면 불행할 거라 생각하지만

실제로 소유하지 못해서 불행한 것은 거의 없습니다.

"내가 할 수 없는 것을 받아들일 수 있는 평정과,

내가 할 수 있는 것을 할 수 있는 용기와

할 수 있는 것과 할 수 없는 것을 볼 수 있는 지혜를 주소서." - 에픽
테토스

'10. 2. 6

〈일상의 권태에 대하여〉

권태는 잉여에서 옵니다.

어떤 대상에 대하여 권태롭다는 것은 그 대상이 나에게 넘치고 있기

신들과 행복을 다투다

때문입니다.

그 대상은 물건일 수도, 사람일 수도, 시간일 수도 있습니다.

자신에게 시간이 부족함을 깨닫기는 쉽지 않습니다.

특히 자신을 돌아보는 시간은 부족하지만

사람들은 자신 안으로 들어오려 하지 않습니다.

막연히 새털같이 많은 날이 있다고 생각합니다.

어느 날 갑자기 인생이 얼마 남지 않았음을 느끼는 순간,

너무 많이 와 버려 돌이킬 수 없음도 함께 깨닫습니다.

인생의 아름다움을, 일상의 권태가 행복이었음을 깨닫는 때가

꼭 인생의 종점 부근이어야만 할까요?

호수공원을 빠르게 걷다가 문득 주변을 돌아봅니다.

봄의 모습이 곳곳에 보입니다.

자연은 그렇게 보아 주기를 바라며 하염없이 기다리고 있는데,

우리는 무슨 대단한 것을 위해 어디로 달려가고 있는 것입니까.

우리는 내일 태양이 뜨리라고 생각합니다.

앞서 생멸한 모든 사람도 그렇게 생각했습니다.

그러나 그들에게 내일의 태양은 뜨지 않았습니다.

오늘이 마지막 날이라면 어떻겠습니까?

갑자기 정리할 것이 많습니까?

자신과 주변에 대한 아쉬움과 회한이 많습니까?

오늘만 살아도 족해야 합니다.

초야를 맞는 마음으로 죽음을 맞을 수 있어야 합니다.

오늘이 마지막 날이어도 삶은 어제와 같아야 합니다.

〈고통에 대하여〉

이웃의 아끼는 꽃병이 깨진 것을 보고 '안되었군.' 하듯,

어떤 집의 큰 불행에 '참 안되었군.' 하듯,

나의 꽃병, 나의 불행에 대해서도 그렇게 생각해야 합니다. - 에픽테
토스

고통은 아무리 피하려 해도 정확히 나를 향해 다가옵니다.

자연은 나의 뜻을 따르지 않습니다. 내가 자연의 뜻에 따라야 합니다.

자연은 나를 위해 있지 않습니다. 내가 자연을 위해 있습니다.

내 뜻에 맞지 않는 불행이 찾아오는 것은 너무나 당연합니다.

고통이 나를 찾아오려 할 때, 고통이 피해가기를 기도하기보다는

고통을 이길 수 있는 용기를 달라고 기도해야 합니다.

피할 수 없는 고통이기에 체념하며 억지로 맞기보다는

미운 자식 맞이하듯, 기다렸다는 듯이 흔쾌히 맞아야 합니다.

고통은 삶의 세금이라 했습니다.

신들과 행복을 다투다

〈칠정(七情)에 대하여〉

칠정(희로애락애욕오)은 기본 감정입니다.

인간이기에 한순간 칠정을 느끼는 것은 어쩔 수 없지만,

칠정에 빠져 헤어나지 못하는 것은

삶에 취해 깨어나지 못하는 것입니다.

칠정은

당연한 자연의 현상에 대해

마치 몰랐다는 듯, 처음이라는 듯, 느끼고 행동하는 마음입니다.

칠정은 연약과 무지의 호들갑입니다.

〈인간의 진리〉

인간의 진리는 인간의 생존을 위해 존재한다.

〈가능성과 행복〉

인간은 가능성이 있는 한 끝없이 도전한다.

불필요한 가능성과 도전은, 인간을 지치게 한다. 불행이다.

〈교두보의 크기〉

현실의 여건에 만족하는 마음은 행복한 인생의 교두보이다.

교두보로서의 참호는 작을수록 좋다.

〈비움〉

비우는 순간 채워진다. 비우는 것이 곧 채우는 것이다.
채우려는 노력은 불필요하다.

〈완성한 자에게 남는 것〉

모든 것을 완성한 자에게 최후에 무엇이 남을 것인가. 평안.
그러나 허무를 느낀다면 신을 찾을 수밖에 없다.

〈행복을 보는 생각〉

대부분의 인생의 목적은 행복입니다.
지속적인 행복이 존재한다고 생각하고 부귀영화, 안락함 등
환경에 의존하는 행복을 떠올립니다.
현상의 행복 추구입니다.

조금 생각해 보면 지속적인 행복은 없습니다.
현상의 행복은 무지개일 뿐, 가까이가면 실재하지 않으며
멀리서만 보일 뿐입니다.
또한 새로운 욕망의 달성이 계속되지 않는 한
지속적으로 행복을 느낄 수 없습니다.
따라서 그러한 행복은 잠재 행복일 뿐이며
환경의 기울기(변화)의 크기에 따라 결정되는 순간적인 "느낌"입니다.
결국 최상의 행복은 무욕에 따른 평안 이상일 수 없음을
깨닫게 됩니다.
"백 가지 행복이 하나의 고통을 넘지 못한다."(쇼펜하우어)는

신들과 행복을 다투다

말도 같은 뜻입니다.

그러나 아주 깊은 생각 끝의 깨달음은
"모든 것이 행복"입니다. 존재함 자체가 행복입니다.
존재함으로 겪게 되는 모든 것에 감사할 뿐입니다.
현 존재를 스스로 벗어날 수 있는 자유가 있기에 고통조차도
행복입니다.
우리는 행복의 숲속에서 행복의 나무를 찾고 있었습니다.

청원 유신 선사의 법어로 마칩니다.
노승이 30년 전 참선하기 전에는 산은 산이고 물은 물이었다.
(대상을 보이는 그대로 봅니다.)
그 뒤 훌륭한 선사를 만나 선의 진리를 찾았을 때 산은 산이
아니고 물은 물이 아니었다.
(진공묘유의 진리를 깨닫고 대상의 실체가 무상함을 봅니다.)
그러나 이제는 마지막 쉴 곳인 깨달음을 얻고 보니 산은
진정 산이고 물은 물이로다.
(깨달음의 완성의 때에, 영겁의 인연 속에 연기한 진정한
화엄으로서의 대상을 봅니다.)

〈직장이라는 연극 무대〉

인생은 연극이다. 직장은 인생이라는 연극 무대 속의 2차 연극 무대
이다. 직장이라는 무대에서 나는 연극을 하고 보수를 받는다. 직장에
서의 생활은 연극일 뿐이다. 극 중의 역할은 극 중의 역할일 뿐이다.

보수만큼 완벽한 연극을 해야 한다. 그 역할과 나 자신을 동일시하는 것은 착각이다. 가정과 기타 다른 사회에서도 마찬가지다. 자신의 배역을 완벽하게 해내야 한다. 그것이 인생의 기본 자세다.

직장이라는 2차 연극 속에서의 칠정은 1차 연극으로 전이되어서는 안 된다. 또한 1차 연극 속에서의 칠정은 객석의 자아에게 전이되어서는 안 된다.

〈미의 추구〉

진의 추구에는 논리가 필요하며 선의 추구에는 도덕이 필요하다. 그러나 미의 추구에는 감각만 있으면 된다.

'10. 2. 23

〈고통의 각성제〉

깨닫지 못한 시절, 행복은 고통의 각성제였다. 고통 속의 잠을 깨워 또 다시 고통을 느끼게 하는.

〈존재의 이유〉

동행인이 어느 길을 가든 그와 말동무해 주는 것.
사람들을 차안에서 피안의 언덕으로 나르는 배가 되는 것.

'10. 3. 15

〈깨달음의 변화〉

산은 산이고 물은 물이다. 현상을 보다. 공자의 도. 소유를 위한 욕망의 추진

신들과 행복을 다투다

산은 산이 아니고 물은 물이 아니다. 현상의 이면을 보다. 초월. 노자의 도. 무소유.

다시, 산은 산이고 물은 물이다. 현실의 양면을 동시에 보다. 초월에서의 회귀. 초월 너머의 세계를 보다. 현상을 수용하되 소유하지 않음.

———— '10. 3. 20

〈현재를 산다는 것〉

현재를 산다는 것은 과거의 후회와 미래의 불안을 극복하고 현재에 몰입하는 것이다. 과거에 대한 **기억과** 미래에 대한 **상상 없이 현재를 사는 것**이다. 과거와 미래에 의해 현재가 주어지는 것이 아니라, 과거/미래와 독립된 현재만이 있고 바로 그 현재가 영원임을 깨닫는 것이다. 이를 깨닫지 못하면 자신의 인생에 현재는 없다. 오직 후회스러운 과거와 불안한 미래가 있을 뿐이다.

지혜는 현재를 긍정하지만 욕망은 현재를 부정하는 것이다.

〈의지의 가치〉

인간은 본능적으로 자신의 의지를 펼 수 있는 환경을 추구한다. 권력의 추구라고 할 수 있다. 어린아이도 자기의 요구를 잘 들어주는 사람을 좋아한다. 누구나 타인의 뜻에 자신을 맞추어야 하는 상황을 피한다. 작은 의무라도 부담이다. 선, 윤리, 도덕 등 최고 가치조차도 의무라면 싫어하게 된다. 그래서 윗사람을 피하고, 돈을 더 쓰더라도 아랫사람과 함께하려 한다. 돈으로 자유를 산다. 자유롭고 싶은 것이다. 완전한 외적 자유는 '홀로 있음'이다. - 타인과의 좋은 관계는 양보의 산물.

〈인생을 보는 눈〉

수많은 좌절에도 불구하고 인생을 살아가는 자는 현명한 자인가. 단지 죽음을 두려워하는 동물적 본능만을 소유한 자인가. 삶과 죽음의 선택은 전적으로 자신에게 달려 있으며, 고통조차도 존재의 행복이기에 삶을 기꺼이 사는 자는 전자이고 죽지 못해 사는 자는 후자이다.

금욕주의(스토이시즘)란 '욕망의 억제' 아니라 '욕망을 일으킬 필요 없음'을 인식함을 말한다.

'10. 3. 30

〈삶은 예술처럼〉

풀을 먹은 소가 풀을 뱉어 내지 않듯 예술가는 대상의 표면을 묘사하지 않는다.

소는 젖을 분비하고 예술가는 자신의 마음과 감정을 표현하듯, 나의 삶은 나만의 길에서 나만의 감성과 행동으로 인생을 수놓는 예술이다.

'10. 4. 5

〈낙천주의자〉

현재의 상황만을 낙천적으로 보는 자는 그저 생각 없는 자다. 먼 미래를 통찰하고 나아가 죽음까지 통찰하고도, 삶의 기쁨이 넘치는 자가 진정한 낙천주의자다.

신들과 행복을 다투다

〈재물과 감정〉

재물은 행복의 도구. 재물은 행복이 아니다.

감정은 마음에 대한 육체의 표현. 감정은 마음이 아니다.

〈감정의 오류〉

인간의 감정은 오류가 많다.

기뻐해야 할 것에 슬퍼하고 슬퍼해야 할 것에 기뻐한다.

존재의 무상함에 슬퍼하고 넘치는 욕망의 달성에 기뻐한다.

〈소유와 현재에 대하여〉

사람들은 잃어버린 것, 소유하지 못한 것, 소유한 것 순으로 집착한다. 이는 우리가 과거에 얼마나 집착하는가, 얼마나 미래를 욕망하는가, 나아가 현재를 미래의 도구로 생각함을 나타낸다.

〈존재의 소멸에 관하여〉

우리는 육체와 영혼으로 구성되어 있고 죽음과 함께 육체는 소멸하며 영혼은 사라지거나 종교에 따라서는 내세로 간다고 믿는다.

생전과 사후의 문제는 경험의 범위를 초월하기 때문에 논증될 수 없고, 일반적인 형이상학적 주제와는 달리 유사한 감성적 공유도 불가하다. 따라서 그러한 문제에 관한 생각은 논리적 비약이 전제되며 전적으로 개인의 신념에 의지한다.

탄생이 전생의 죽음을 의미하듯 이생의 죽음은 내생의 탄생일 수 있다. 우리는 자신의 형체와 성격을 가진 자신이 유일한 자신이라고 생각하지만 그것은 영원한 생명을 가진 자아의 한 형태일 뿐이다. 우리는 영원한 자아의 실체를 모르기 때문에 현상된(지금 자신이 알고 있는 모습과 성격의) 자기를 자신의 모든 것으로 생각한다. 그러나 영원한 자아는 본래 있었고 이후에도 있을 것이다.

영원한 자아의 실체는 무엇일까. 한마디로 표현하면 우주를 이루고 있는 생명의 한 조각이라고 할 수 있다. 나와 사람들과 세계의 모든 동식물, 사물은 모두 생명의 한 조각이다. 우리 모두는 각각 분리되어 있는 것처럼 보이지만 실체는 한 그루 나무의 뿌리요 열매요 줄기요 가지이다. 각각은 외로운 섬처럼 보이지만 바다 밑으로 연결된 하나의 땅이다. 한 그루의 나무에서 꽃이 피어나고 낙엽이지듯 우리는 영원히 새로운 형태로 명멸하는 것이다.

소멸은 없다. 꽃이 졌다고 꽃이 소멸된 것은 아니다.

'10. 4. 21

〈인생의 무대 위에 있는 자의 변〉

나는 행복을 추구한다. 나의 행복은 물질적 정신적 욕망의 충족이며 그것은 주로 외부의 조건에 달려 있다. 나에게 일어나는 일들의 원인은 대부분 주변 환경에 있다. 불의의 사고가 왜 하필 나에게 일어나는지 알 수 없고 괴롭다. 감당할 수 없는 불행이 하필 나에게 일어나는 것은 불공평하다. 나에게 일어나는 일들로 인해 나는 칠정을 느낄 수밖에 없다. 나의 행복과 감정의 원천은 외적 조건이다. 에고는 있으나 자아는 찾지 못했다.

산은 산이고 물은 물이다. 나에게 그렇게 보이기 때문이다.

신들과 행복을 다투다

〈무대 밖에 있는 자의 변〉

나는 평정을 추구한다. **행복이 파도라면 평정은 바다다.** 나는 세상을 시간적으로 통찰하고, 나에게 일어나는 일이 누구에게나 일어나는 보편적인 것임을 알기에 타당하다고 생각한다. 자연의 섭리 앞에 칠정에 연연함은 무지의 호들갑이다. **세계는 나에게 감정을 주지 않았다. 감정은 내가 만들어 낼 뿐이다.** 나는 자연이라는 모자이크의 조각으로서 자연의 변화에 기꺼이 동참해야 하고 또 동참할 수밖에 없다. **자신에게 필요한 모든 것은 이미 자신에게 내재함을 알고 있다. 자아를 찾았다.**

산은 산이 아니고 물은 물이 아니다. 연기된 현상일 뿐이다.

〈깨달은 자의 변〉

나의 모든 행위와 감정의 원인은 필연이다. 나(내 의지)는 없다. 필연만이 존재한다. 나는 필연에 따를 뿐이다. 나는 더 이상 자연에 의지를 펴지 않는다. 나는 신(자연)의 도구일 뿐이다. 내가 존재하지 않을 때 자연은 평화로울 것이다.

산은 산이고 물은 물이다. 나는 인지하지 않는다. 바람이 통과하듯 그렇게 존재할 뿐이다.

'10. 4. 23

〈환상으로서의 현상〉

현실이 확고하다는 생각은 환상이다. 나와, 내가 처한 현실(존재, 모습, 지위, 가족, 환경…)은 우연의 연기다. 이제는 존재(의지)를 버리고 필연에 따라야 한다.

무엇을 기뻐하고 무엇을 슬퍼하는가. 욕망하는 것을 성취했다 해도 그것이 불행의 씨앗일 수도 있다. 다만 의지를 죽이고 좀 더 낮은 곳으로 내려가, 필연에 의해 사는 것만이 바람직한 일일 것이다.

'10. 4. 25

〈생각〉

생각은 현재에 머무르지 않는다. 생각은 과거와 미래를 끊임없이 헤맨다.

〈실재하는 것〉

겁의 시간 속에서 실재하는 것은 아무것도 없다. 실재한다고 생각되는 그 무엇도 찰나의 명멸일 뿐이다.

〈행복〉

진정한 행복은 희열의 상태가 아니다. 무고통의 평안의 상태다. 평안은 집착하지 않고 받아들임에서 오는 것.

〈진리와 감정〉

진리를 아는 순간 그것은 더 이상 감정을 불러일으키지 않는다.

〈육체와 죽음〉

죽음에 대한 믿음은 운명적으로 죽을 수밖에 없는 육체의 개념을 상정한다. 그러나 육체는 죽음의 개념이 아닌 생명의 Carrier(운반체)로서 인식해야 한다.

신들과 행복을 다투다

〈공격〉

어떤 공격이라도 나에게 무의미할 때 어떤 공격에도 공격 당하지 않는다.

〈우리가 보는 것〉

우리가 세상 속에서 보는 것은 세상에 투영된 자신일 뿐이다.

'10. 4. 29

〈필연, 운명〉

과거의 사건은 필연이다. 모든 결과는 필연이다. 일어났기 때문이다. 미래의 사건 또한 필연이다. 어떤 사건인지는 현재 알 수 없으나 그 사건은 일어날 것이기 때문이다. 일어난 사건처럼 일어날 사건 또한 운명으로 받아들일(인정할) 수밖에 없다. 일어난 혹은 일어날 사건을 일어나지 않았다고 혹은 일어나지 않을 것이라고 우길 수는 없는 것이다.

우연이라 생각하는 것은 결국 필연이다. 우리는 무지하기에 필연을 우연으로 오해한다.

〈철학과 구도〉

철학은 자아를 찾아가는 과정이며 구도는 자아를 소멸시키는 과정이다.

〈두려워하는 것〉

인간은 사형 선고를 받지 않는 한 죽음에 대한 두려움을 실감할 수 없다. 죽음을 인지할 수 없기 때문이다. 인간이 주로 두려워하는 것은 불이익이나 이익의 감소이다. 죽음보다 매우 사소한.

〈연극에서 중요한 것〉

인생이라는 무대에서 연극을 함에 있어 진정 중요한 것은 배역이나 연기력이 아니다. 그것은 연극을 하고 있다는 것을 인식하는 것이다. 삶에 취해 살 것인가, 삶에서 깨어 살 것인가.

'10. 5. 5

〈동기와 에너지〉

고귀하고 정신적인 동기는 힘이 없다. 즉 육체적 본능적 동기의 힘이 가장 강하다. 매슬로우의 욕구 피라미드에서 상위의 욕구는 하위의 욕구가 충족되었을 때에만 가능하다는 것과도 유사한 의미다.

〈깨달음의 단계〉

1. 모든 행위와 감정의 원인은 외부에 있다.
2. 모든 행위와 감정의 원인은 나 자신 안에 있다.
3. 모든 행위의 원인이 외부에 있도록 나를 없앰.

〈자연 속의 인간〉

인간은 자연의 주인이 아니다. 자연이 보살펴 주는 한 종일 뿐이다.

〈인과 연으로서의 우주〉

인과(因果)의 인(因)도 우주이고, 연기(緣起)의 연(緣)도 우주이다.

신들과 행복을 다투다

〈취한 삶〉

술에, 마약에 취한 자를 보며 그들이 취했다고 생각하는 우리. 우리는 인간의 문화 속에서 살며 그 삶에서 깨어나지 못한다. 결국 우리도 삶에 취해 있는 것이다.

'10. 5. 7

〈자유와 권력〉

우리는 금전, 명예, 지위를 얻음으로써 자신의 자유를 얻고 그 자유를 넓혀 나간다고 생각한다. 우리는 마음대로 여행가고 다른 사람이나 사물을 내 마음대로 할 수 있는 것을 자유라고 생각한다. 그러나 그 모든 것은 자유가 아니라 권력이다. **내 밖에 있는 것을 내 맘대로 할 수 있는 것은 자유가 아니라 권력이다. 부귀영화는 자유의 도구가 아니라 권력의 도구일 뿐이다.** (단, 환경과 타인에게 예속 당하지 않을 수 있는 최소한의 금전과 힘이 자유의 전제임은 인정된다.)

진정한 자유는 내 안의 것에 대한 자유이다. 자신의 감정, 욕망, 고통에 대한 자유이다. 나에 대한 지배이다. 자유의 도구는 정진(수련)과 깨달음이다.

〈정진(수련)의 의미〉

시간적, 공간적으로 멀리 있는 것에 대한 욕망의 거부, 두려움의 인내에는 에너지가 많이 소요되지 않는다. 그러나 눈앞에 닥친, 바로 옆의 욕망의 거부, 두려움의 인내에는 에너지가 많이 소요된다.

정신적, 형이상학적인 문제나 사건에 대한 수용과 거부에는 에너지가 많이 소요되지 않는다. 육체적, 물질적인 문제나 사건에 대한 수용과 거부에는 에너지가 많이 소요된다.

정진한다는 것은, 도를 닦는다는 것은 멀리 있는 것에 대한, 정신적, 형이상학적인 문제나 사건에 대한 정리와 지배를 바탕으로, 가까이 있는 것, 육체적, 물질적인 문제나 사건에 대한 지배력을 넓혀 나가는 것이다. 그럼으로써 멀리 있는, 정신적인 것들을 쉽게 지배하듯이 육체적, 물질적인 것도 쉽게 지배할 수 있는 것이다.

'10. 5. 12

〈아타락시아(Ataraxia)와 아파테이아(Apatheia)〉

아타락시아와 아파테이아의 차이의 중심에는 고통이 있다. 전자는 무고통의 평정, 후자는 고통을 포함한 평정이다.

〈고통〉

고통은 삶의 소금이다. 고통이 없다면 인생은 무미할 것이다.

고통은 삶의 콘텐츠다. 내용 없는 사상이 공허하듯 고통 없는 인생은 공허하다.

고통은 빛이다. 행복이 빛이 아니다. 빛이 있어야 그림자가 있듯 고통이 있어야 행복이 있다.

〈나의 고통〉

나에게 있어 **고통을 주고 내가 제어할 수 없는 것은 욕망보다는 경제 관념, 효율 관념이다.** 경제적이지 못한, 효율적이지 못한 행동에 대한 후회와 지속되는 집착이 나를 힘들게 한다.

신들과 행복을 다투다

'10. 5. 16

〈깨어 있음과 취함〉

술을 마시는 이유는 술에 취하기 위함이 아니라 삶에서 깨어 있기 위함이다. 사람들은 술에 취해 있지는 않지만 삶에 취해 있다. 나는 술에 취해 있을지언정 결코 삶에 취해 있지는 않으리라.

'10. 5. 17

〈운명에게〉

운명! 머뭇거리지 말고 어서 오라!
너를 용서할지언정 네 앞에 무릎 꿇지 않겠다.
너를 비웃을지언정 네 앞에 비굴해지지 않겠다.

'10. 5. 24

〈극한의 철학〉

중국의 고서를 보면 극한의 고사를 주로 인용하고 있다. 스토아 철학 또한 어떠한 일이라도 운명으로 여기라 한다. 모두가 극한을 수용하고 있다. 극한의 죽음도 수용하는 인생의 자세가 철학적 자세라 할 수 있다.

〈철학적 사고〉

더 깊게, 더 높게, 더 넓게 통찰함과 동시에 개별적이 아닌 보편적인 사고.

〈삶, 운명〉

1. 삶과 죽음, 운명을 두려워하며 그것에 지배받는 삶 - 원치 않는 삶과 죽음, 운명에 저항함. 전전긍긍, 삶에 취한 삶, 삶의 가치를 행복에서 찾음.

2. 삶과 죽음, 운명을 수용하며 그것에 동화하는 삶 - 삶과 죽음, 운명을 두려워하지만 받아들임으로써 그것과 하나가 됨. 삶의 가치를 평안에서 찾음

3. 삶과 죽음과 운명 너머에 있는 삶 - 삶과 죽음, 운명을 두려워하지 않음. 운명을 비웃음. 운명을 초월함. 자유로운 자아, 자유로운 삶

4. 무아의 삶 - 자아가 없으므로 삶과 죽음, 운명도 없음. 해탈.

〈진리의 진부함〉

지혜는 한곳에 모여 있지 않고 도는 도처에 퍼져 있다. 그러나 진리의 벽은 높다. 보이는 진리는 빙산 일각, 전부를 깨닫기는 어렵다. 진리를 탐구한다는 것은 진리 자체를 발견하려는 것이 아니라 진리의 벽을 부수는 방법을 찾는 것이고 그 방법을 연습하는 것.

"욕망을 버려라."라고 하지만, 욕망이 무엇인가, 어떻게 하면 욕망을 버릴 수 있는가, 욕망과 함께 버려지는 행복은 어찌할 것인가, 삶은 어찌되는가, 죽음은 어떤 것인가 등에 대한 깨우침 없이 "욕망을 버려라."를 삶의 진리로서 받아들이기는 어렵다.

'10. 5. 29

〈존재와 행복〉

인생에서 행복은 당위가 아니다. 존재 자체가 선물이다. 존재함이 행복이다. 존재함을 바라지는 않으나 존재함에 감사할 뿐이다. 존재의 유지 이상을 바람은 불필요한 것이다. 존재를 포기할 정도의 고통이 아니라면 고통은 삶의 소금이다.

육체가 버틸 수 있는데도 영혼이 굴복하는 자살은 비겁하다. 육체가 영혼을 버릴 때, 영혼이 육체를 제어할 수 없을 때, 스스로 인생의 막을 내릴 것이다. 돌아갈 것이다.

〈극한의 철학〉

어떤 일이 닥쳐도 평정을 잃지 않는 자세, 최악의 상황을 수용할 수 있는 철학.

〈군자와 비방〉

군자는 비방에 흔들리지 않는다. 비방을 흡수한다. 중심이 해저에 있기 때문이다. 소인은 작은 비방에도 파도처럼 흔들린다. 중심이 수면에 있기 때문이다. 그러나 비방에 흔들리지 않는다고 군자가 되는 것은 아니다. 이미 군자이기에 비방에 흔들리지 않는 것이다.

'10. 6. 3

〈슬퍼할 것〉

이 세상에 슬퍼할 것은 없다. 피붙이의 죽음일지라도. 나의 죽음일지라도.

군이 슬퍼할 것이 있다면 세상사에 칠정을 일으키는 나의 무지를 슬퍼해야 한다.

'10. 6. 4

〈평안〉

어느 종교에 귀의하건 평안은 내 안에서 연유하는 것, 종교가 가져다 주지는 않는다. 신이 내 밖에 있다면 그 신은 나에게 고통과 행복을 줄 수는 있겠지만 결코 평안은 주지 못한다.

깨달음의 과정은 나를 비우는 과정이며 내 안의 신을 찾아가는 과정이다.

'10. 6. 7

〈고통의 극복〉

고통을 극복한다는 것은 고통을 없애거나 즐거움으로 대신한다는 것이 아니다. 그 고통이 존재함이, 우주의 이치에 비추어 당연함을 깨닫는 것이다. 자신에게 있는 또는 자신 밖에 있는 고통의 원인을 깨닫는 것이다.

〈보편적 담론〉

고통 등 특정 주제에 대해 이야기 할 때 보편적 담론 이상, 개인의 특수한 상황을 이야기하기는 어렵다. 보편적 깨달음을 개인의 특수한 상황에 적용하는 것은 개인의 몫이다.

신들과 행복을 다투다

'10. 6. 8

〈내 안〉

내 안에 우주가 있고, 삶과 죽음이 있고, 행복과 고통이 있고, 선악이 있고, 칠정이 있다. 그리고 내 안은 텅 비어 있다. 아무것도 없다. 나도 없다. 내 존재는 우주 속으로 스며들어 사라진다.

〈혼자서 가라〉

타인이 인지되는 순간 자유가 사라진다. 사랑하는 대상일수록, 원하는 대상일수록 깊고 큰 반응을 하게 된다. 자유를 원한다면 모든 것을 버리고 홀로 가야 한다. 원하는 것이 권력이 아니라 진정한 자유라면, 지금껏 추구해온 모든 것이 자유를 위한 것이 아니라 권력을 위한 것임을 깨닫고, 놓아야 한다.

〈인생의 관조〉

오늘도 연극 무대에 올라간다. 사람들 속으로 들어간다. 무대 밖에서 연극을 관조하는 나는 잠시 약해진다. 틈틈이 무대 밖으로 나와 관조력을 연습한다. 언젠가는 무대의 막이 내려질 것이다. 그때에 인생의 폐막조차 관조하리라. 폐막 이후, 다른 무대가 펼쳐짐도 관조할 것이다.

〈고통의 원인〉

고통은 욕망과 무지의 변주곡이다. 고통스러운 상황을 욕망이라는 factor를 제외하고 보면 '이미 알고 있는 상황' 혹은 '모르는 상황'으로 분리된다. 만일 전자라면 고통스러울 까닭이 없다. 고통스럽다면 자신의 욕망을 탓하고 욕망이 없었다면 자신의 깨달음 없음을 한탄하라.

만일 후자라면 자신의 무지를 탓할 밖에.

〈인생의 목적과 존재의 이유〉

사람들은 인생의 목적을 물으면 행복이라고 할 것이다. 존재의 이유
가 무엇인가에 대한 대답을 즉시 하는 사람은 많지 않을 것이다. 전자
에 대한 대답은 자신의 욕망의 표현이라고 생각되며 후자에 대한 대답
은 자신의 의무라는 뉘앙스가 짙다. 인간 본성의 특성상 자신이 원하
는 것은 항상 생각하고 있으나 자신이 해야 하는 것에 대해서는 무관
심한데, 특히 자신의 존재의 이유에 대해 생각하는 것은 범인으로서는
쉽지 않은 일이다. 어쨌든 인생의 목적과 존재의 이유는 그것이 무엇
이든지 하나로 수렴해야 한다.

나에게 있어 그것은 삶과 죽음, 행복과 고통의 초월을 통한 해탈과
그 깨달음의 전파이다.

〈살아가야 할 방식〉

자연에 관여하지 않기, 육체적/물질적으로 존재감 없이 살기, 불필
요한 인연 만들지 않기. 의지 펴지 않기, 업 쌓지 않기… 조물주가 있
다면 인간이라는 종을 어떻게 평가할까. 인간을 창조한 것을 땅을 치
면서 후회하지 않을까. 인간이 지구에 기여한 것이 하나라도 있을까.
자연 파괴, 간악한 생존 방식. 인간은 지구를 멸망시키는 종이 될 것이
며, 조물주라면 지구 자체의 멸망보다는 한 종을 멸망시킬 것이다. 인
간을 멸망에서 구하는 길은 무엇인가.

'10. 6. 14

〈나와 세계〉

나는 우주와 분리된 존재가 아니다.

나는 우주다. 우주는 나다.

나는 변화하는 우주의 일정한 형태와 역할을 담당한다.

삶도 죽음도 우주의 형태의 변화일 뿐이다.

삶은 우주의 바다에서 튀어 오른 물방울이며,

죽음은 그 물방울이 다시 바다와 합쳐지는 것이다.

하나의 물방울은 바다 전체를 담고 있다.

'10. 6. 17

〈칠정(七情) - 喜·怒·哀·懼·愛·惡·欲에 대한 단상〉

- 희(喜)

외부에서 연유한 기쁨도 좋지만 내부에서 우러나온 기쁨이라면 최고의 덕목이다. 진정한 기쁨은 뒤의 여섯 가지 마음을 극복한 평정의 상태에서만 느낄 수 있다.

- 노(怒)

분노는 오만함에서 비롯되며 죄악이다. "죄 때문에(for) 벌을 받는 것이 아니라 죄에 의해(by) 벌을 받는 것"처럼, 분노와 동시에 후회와 고통을 겪게 된다.

- 애(哀)

슬픔은 그 자체로서는 마음의 정화이다. 그러나 집착에 의한 슬픔은 고통이 된다.

- 구(懼)

우리가 가장 두려워하는 것은 죽음이다. 그러나 우리의 인생은 "상영 중인 영사기가 꺼지면 암흑"이듯 죽음과 함께 모든 것이 절멸되는 것이 아니라, 바다의 파도 위에 튀어 오르는 하나의 물방울이며 곧 바다와 하나가 되는 것임을 깨닫는다면 죽음은 자연과의 합일, 자연으로의 회귀이다. 본래대로 돌아가는 것이다.

- 애(愛)

사랑은 취함이다. 지속되지 않는 비정상적인 감정이다. 무엇을 사랑하는가에 따라 무엇 때문에 고통받을 것인가가 결정되듯이 사랑은 고통을 품고 있다.

- 오(惡)

자신이 미워하는 자가 미워할 만큼 견고한 자인가. 인생의 목적과 존재의 이유를 생각이나 해본 자인가. 그저 자신의 무가치한 탐욕을 위해 물불을 가리지 않고 매진하는 자가 아닌가. 그런 자를 미워한다는 것은 감정의 낭비이며 품위의 손상이다.

- 욕(欲)

욕망하는 것이 무엇인가. 욕망을 버리는 것을 바라지 않는가. "욕망을 버려야 한다."는 진리의 벽을 깨고 그 진정한 의미를 깨달아야 한다.

'10. 6. 18

〈생각과 현실 속의 고통〉

시공간적으로 먼 상황에 대한 정리는 오히려 쉽다. 죽음을 자연스럽게 생각하고 고통을 삶의 세금으로, 행복의 조건으로 정리하지만 내

앞의 현실에 죽음과 고통이 닥쳤을 때는 정리가 쉽지 않다. 어찌해야 하는가. 그런 상황을 현실처럼 늘 생각하고 연습하며 마음을 다잡는 것도 좋은 방법이다. 실제 상황이 아니라는 한계가 있지만 현실을 살면서 할 수 있는 최선이다.

지금 모든 것을 버리고 선사의 삶, 자유의 삶을 살 수도 있다. 현실 세계에서 고통이라고 생각되는 상황을 더 가까이 체험해 가는 것이다. 그러나 큰 깨달음이 있어야 실행할 수 있다. - 모든 것을 버림으로써 모든 것으로부터 자유로워지다. 아무것도 소유하지 않음으로써 모든 것을 소유하다.

〈욕심〉

욕심이 근심을 만들고 삶을 두렵게 만든다. 삶을 걱정하고 두려워한다면, 삶의 아름다움을 보지 못한다면, 삶을 관조하지 못한다면 자신의 내면을 되돌아보자. 삶의 조건으로서 무엇을 바라고 있는가를. 그것이 얼마나 필수적일까를. 그것이 없다면 삶은 어떻게 될 것이며 그 상황을 어떻게 받아들일 것인가를. 하루 앞도 모르는 인생인데 먼 미래까지 걱정하며 산다는 것은 사치가 아닐까.

'10. 7. 4

〈종교〉

종교는 인간이 배출하는 또 하나의 공해다. 종교가 없었다면 인간의 생활이 부정적인 방향으로 나아갔을 것인가. 각자의 양심에 따라, 본성에 따라 사는 것이 종교의 폐해보다 나았으리라. 종교는 인간의 욕망(잘 살려는 욕망과 그 욕망을 이용하려는 또 다른 욕망)이 만들어낸 공해다. 특히 무리 짓는 종교는 결코 인간을 이롭게 하지 못한다.

종교는 우주와 자신에 대한 개인적인 신념이다.

〈불이〉

깨달음의 내용은 미혹의 내용과 같다. 깨달음은 미혹의 내용을 인식하는 것이다.

〈비움〉

욕심을 비우고(운명과의 합일) 나를 비운다(운명을 비웃음).

'10. 8. 1

〈기쁨과 쾌락〉

기쁨은 내면에서 우러나오는 것이며 쾌락은 외부에 대한 반응이다.

〈관조의 길목〉

자신을 관조하는 길로 들어오는 길목에는 언제나 씁쓸한 설렘이 있다. 인생이란 본래 이렇듯 쌉싸름한 것인가. 아니면 내 개인적인 취향인가.

나는 운명이라는 모자이크의 한 조각이지만 모자이크 전체를 볼 수 있을 때에야 그 사실을 깨닫게 된다. 자유. 나의 모든 것을 버리고 나 밖으로 나가 나에게서 멀어질수록 전체의 모자이크를 잘 볼 수 있다.

〈깨어난 의식〉

어떻게 되살린 의식인데, 깨어난 의식을 사회적 성공을 위해 외부의

신들과 행복을 다투다

권위에 복종시킬 것인가! 더 이상 그렇게 살지는 않으리라.

〈초월〉

초월의 기본 조건은 무. 어떤 대상을 초월하려면 본래 그것이 나와는 무관한 것임을 알아야 한다. 그것이 행복이든, 고통이든, 욕망이든.

〈고행자의 연민〉

우리가 연민을 가지고 바라보는 고행자는 오히려 우리를 크나큰 연민으로 바라본다. 어디로 가는지도 모르는 채 이리저리 방황하는 우리를. 그들은 행복하다. 그들은 자신이 목표에 거의 다 왔음을 알고 있기에.

〈죽음의 순간에〉

죽음의 순간에 가장 필요한 것은 깨어 있는 명료한 의식이다.
죽음의 순간에 품을 수 있는 최상의 생각은 무념이다.

〈죽음〉

필연을 슬퍼하는 것은 무지다. 그녀가 죽었다. 그녀는 그저 그녀의 역을 다하고 무대를 떠났을 뿐이다. 필연을 슬퍼하는 것은 삶에 대한 집착과 죽음에 대한 거부, 모두 운명(신, 자연의 뜻)에 대한 항거이다. 무지의 본능이다.

고통보다 고통을 앞둔 시간이 두려운 것처럼 우리가 두려워하는 것은 죽음이 아니다. 두려워하는 것은 죽음의 과정이다.

죽음! 그것은 운명에 대한 패배이자 동시에 운명에 대한 최후의 항거, 그것은 삶에서의 해방, 구원, 평안, 그것은 의지의 소멸, 욕망의 소멸, 그것은 생의 고통에서의 해방!

죽음을 통찰한 자에게 삶은, 그저 주어진 것이기에 끝까지 살아야 하는 것인가.

〈과정〉

공부를 하다, 지식을 쌓다. 철학을 하다. 지혜를 쌓다. 자아가 견고해지다. 지혜의 날이 날카롭게 서다. 지혜의 정점에 서다. 지식을 허물다. 지혜를 버리다. 내 밖의 것을 버리다. 내 안의 것을 비우다. 나(자아)마저 버리다.

〈현자〉

지혜를 파는 자. 자유를 파는 자. 시간을 지배하는 자.

〈고통스러운 운명의 수용〉

운명은 수용할 수밖에 없다. 그러나 수용의 태도는 사람마다 다르다. 에피쿠로스 학파는 운명을 피하려 했고, 스토아 학파는 어떠한 운명도 받아들였다. 키니코스 학파가 비웃은 것은 바로 운명이었다. 나에게 있어 운명을 수용한다는 것은 운명을 비웃는 것이다.

〈신의 증명〉

내 안에 내재하는 신이라면 내가 그 존재를 인정하는(깨닫는) 것만으로 나의 신은 존재한다. 더 이상의 증명은 필요 없다. 내가 신이기 때문이다.

내 밖에 있는 신이라면 그 신은 내 밖에서 그 존재가 증명되어야 한다. 외재하는 신의 존재를 내 안에서 증명할 수는 없는 것이다.

〈고민하지 않는 행복〉

외향적이고 안정적인 성격을 가진 사람들이 행복하다?
- 진실이 우울하다면 진실을 모른 채 유쾌한 거짓을 믿고 행복해하는 것은 바람직한가.
- 배부른 돼지와 배고픈 소크라테스 중 어느 쪽을 택할 것인가.
- 자유 의지가 없는 에덴의 삶과 자유 의지가 있는 현재의 삶 중 어느 쪽을 택할 것인가.

〈기독교의 모순〉

기독교는 인간의 자유의지에 관한 자기 모순을 내포하고 있다. 신이 부여한 자유 의지를 신으로 향하도록 제한함으로써 "자유 의지"를 부여한 신의 뜻을 거역한다.

〈합일과 부활〉

인간이, 사후 우주와 합일한다는 스토아 철학보다 육체의 부활을 주장하는 기독교를 선호한다는 것은, 연약하고 무지하기 때문이다. 비껴보면 기독교리는 연약하고 우매한 인간의 욕망을 유혹한 것이다. 내생(來生)이 현생(現生)의 부활에 한정된다는 것은 오히려 제약이다.

〈행복의 양〉

자신의 삶을 밑판으로 하는 두레박을 생각해 봅시다. 모양은, 선물용 젓갈 담는 용기처럼 생긴 두레박을. 두레박의 옆면을 구성하는 나무 조각들은 자신의 행복에 필요한 요소들입니다.

옆면의 나무 조각의 길이는 행복 요소의 충분함에 비례합니다. 예를 들어 자신이 돈이 충분하다고 생각한다면 돈을 나타내는 나무조각은 다른 요소의 나무 조각에 비해 길겠죠. 시간이 모자란다고 생각되면 시간의 나무 조각은 짧을 것이고요.

이런 식으로 나무 조각들을 엮어 두레박을 만들면 길이가 다른 나무 조각들로 이루어진 두레박이 될 겁니다.

자~ 이제 두레박으로 행복을 길어 올려 봅시다. 행복이 얼마나 길어 집니까? 두레박에 담긴 행복의 양은 가장 짧은 나무 조각에 달려 있습니다. 우리가 충분하다고 생각한 행복 요소는 우리의 행복을 결정하지 못합니다. 행복은 부족한 행복 요소에 좌우됩니다.

그리고 많은 나무 조각으로 만든 두레박과 몇 개 안 되는 나무 조각으로 만든 두레박 중에 어느 두레박이 행복을 많이 담기에 유리할까요?

길이가 들쭉날쭉한 나무조각으로 만든 두레박보다는 길지 않더라도 비슷한 길이의 나무 조각으로 만들어진 두레박이, 가능하면 적은 개수의 나무 조각으로 만들어진 두레박이 유리하겠죠. 그리고 할 수만 있다면 길이가 긴 나무 조각을 잘라 길이가 짧은 나무 조각을 보완해야 하겠죠.

'10. 9. 15

〈내려놓는다는 것〉

오늘은 개그콘서트하는 날입니다. 제가 유일하게 보는 프로입니다.
까칠한 딸이랑 같이 앉아 있는 유일한 한 시간입니다.

신들과 행복을 다투다

오늘은 이상하게 그마저 땡기지 않네요.

내려놓는다는 것. 많이 생각했었습니다.
가능하면 모두 내려 놓아야 한다고…
나의 소유물과 나의 번민을 내려놓으려 했습니다.
즉, 내가 행위의 주체로서, 내가 이미 가진 것을 내려놓아야 하고
내가 가진 번민을 내려놓아야 한다고 생각한 것이죠.

그러나 어느 순간, 나는 더 이상 내려놓을 것이 없다는 것을
알게 되었습니다.
내려놓을 것이 있다는 것은 착각이며, 내 무지가 내 소유물을
만들었던 것입니다.
내 소유라는 것은 있는 것 같지만 결국 없는 것이고,
나의 번민은 이기심의 부작용이라는 것을 알게 되었습니다.

눈앞에 보이고 내가 만지고 있는
사랑하는 사람, 중요한 물건,
나를 죽음으로 몰고 갈 것만 같은 번민…
어느 순간, 때가 되면 어떤 원리, 어떤 힘에 의해
마치 훅 불면 사라지는 쌓여 있는 먼지와 같은 것…
우연히 내가 보관하게 된, 곧 나를 떠나갈…

이제는 얽매이지 않습니다. 어떤 소유물에도, 어떤 번민에도,
그 모든 것이 진정 내 것이 아니라면 왜 거기에 집착하겠습니까?

그런데… 내일 당장 회사 가기가 싫은 것은 왜 일까요?

〈선악〉

혹시 자신의 선하지 않은 행위에 깊이 고민해 보신 적이 있습니까?
자신이 선하지 않은 악한 인간(쉽게 말해 나쁜 놈!)이라고
자책한 적이 있습니까?
그렇다면 정상인이고 아니라면 양심 불량이겠죠.

세상에는 선과 악이 공존해야만 합니다. 악이 없다면 선도 없습니다.
작은 세상인 인간의 마음에도 선과 악이 공존해야 합니다.

커다란 천칭이 있어
세상의 모든 선을 오른쪽 접시에, 모든 악을 왼쪽 접시에 놓는다면
어느 쪽으로 기울까요?

저는 왼쪽으로 기울 것이라고 생각합니다.
그 이유는 인간에게는 악한 쪽으로 가려는 습성이 더 많다고
생각하기 때문입니다.

인간은 본래 선하게 태어났으나 세상과 문화와 접하면서 악해집니다.
미래를 생각할 수 있기에 미래를 불안해하고.
미래의 안녕을 위해 더 많은 잉여를 축적하려는 욕심이
악의 근원 중의 하나입니다.

신들과 행복을 다투다

사람들은 맑고, 밝고, 깨끗한 세상이라고 이야기하고 믿고 싶어합니다.

그러나 세상은 맑고, 밝고, 깨끗하게 채색된 얇은 유리로

덮여 있다고 해야 할 겁니다.

작은 이익의 충돌에도 금방 깨져 버리고

그 아래로 인간의 추한 본성이 드러나는 세상…

결국, 세상은 밝고 행복한 곳이라기보다는

인간의 욕망이 충돌하는 욕망의 도가니입니다.

따라서 Pessimist로서 세상을 보고

Optimist로서 세상을 살아야 하겠죠.

비록 현재의 세상은 욕망의 도가니지만

나는 세상을 밝고 행복하게 만들리라는 결심과

그러면 세상이 밝고 행복하게 되리라는 희망을 갖고…

〈운명, 자유, 연극〉

우리는 운명을 극복해야 할 대상으로 생각합니다.

운명을 극복하다… 멋진 말이긴 합니다만

운명은 피하거나 극복할 수 있는 것이 아닙니다.

극복할 수 있다면 장애나 고난 정도이겠지요.

운명은 따를 수밖에 없는 "자연(우주)의 원리", 또는 "신의 뜻"입니다.

우리는 운명의 한 조각이지만 전체의 운명에서 분리되어 살아갑니다.

나는 나고, 운명은 운명이라 생각합니다.

그렇기에 언제나 비극적 운명을 거부하고
운명과 싸우면서 살아갑니다.
늙어감, 병, 죽음, 불의의 사고, 사랑하는 사람과의 이별…

운명적 삶이 극에 이르거나, 어떤 이유로
운명 전체를 내면 깊이 받아들일 때,
운명이라는 모자이크의 단 하나의 구멍에
나라는 운명의 조각이 정확히 끼워 맞추어지게 됩니다.

그 순간…
모든 것이 사라집니다. 자아도 사라집니다.
나는 운명이 되고 운명은 내가 됩니다.
더 이상 운명에 지배받지 않습니다.
삶과 죽음은 하나가 됩니다.

운명과의 합일.
완전한 자유.

그 이후의 삶은 연극입니다.
칠정(七情)조차도…

삶은 관조될 뿐입니다.

〈자본주의와 민족주의〉

자본주의는 전쟁의 엔진, 민족주의는 전쟁의 점화

'10. 10. 4

〈지천명〉

불혹은 늦게 찾아왔으나 지천명에는 빨리 도달했다.

'10. 10. 9

〈자연의 눈으로 본 삶과 죽음〉

탄생에 기뻐하고 죽음을 슬퍼하는 사람들.

부귀영화에 가치를 부여하고 그것을 추구하는 사람들.

자신이 만든 것에 지배되어 살아가는 사람들.

문화는 인간이 만들었다. 본래 있었던 것이 아니다. 비자연적인 것이다.

사람들은 문화라는 인공 체계에 어떤 가치와 의무를 부여하고 그것을 추구한 결과에 따라 기뻐하고 슬퍼한다. 문화라는 인공물은 인간과 자연의 직접적인 가치의 소통을 방해한다. 문화라는 창을 통해서만 자연의 이치를 보기 때문에 본래의 자연이 의미하는 가치를 제대로 이해하지 못한다.

인간을 가장 슬프게 하는 사랑하는 이의 죽음, 이별, 상실이 자연의 입장에서는 슬퍼할 일인가. 오히려 너무나 당연한 일 아닌가. 인류가 절멸한다 한들 자연은 슬퍼할 것인가. 인간이 기뻐하는 부귀영화의 성취, 자연은 그것을 과연 기뻐할까. **자연에는 더 사랑할 것도 더 미워할 것도 없고 기뻐할 것도, 슬퍼할 것도 없다.**

문화의 안경을 쓰면 모든 것이 차별화된다. 인간은 광대한 대자연의 한 귀퉁이에 문화라는 규칙을 만들어 놓고 그 규칙안에서만의 기쁨과 슬픔의 대상을 만들고, 그것을 추구한 결과에 따라 희로애락하는 호들 갑을 떨고 있다. **자연이 볼 때 인간의 문화는 사교의 교리이다.**

삶과 죽음은 하나다. 타던 마차가 낡거나 망가지면 다른 마차로 갈 아타듯 죽음은 슬퍼할 것이 못된다. 낡고 고장 난 마차인 현재의 마차 를 고집하는 것은 자연의 이치를 모르기 때문이다. 현재의 삶이 더 좋 은지 죽음 이후의 삶이 더 좋을지는 알 수 없다.

필요한 것은 현상을 자연의 입장에서 보는 통찰력이다. 현재의 시간 과 공간에 한정된 사고가 아니라 무한 시간과 공간을 꿰뚫어 보는 사 고이다. 그렇게 될 때 나의 슬픔과 기쁨은 더 이상 나만의 슬픔과 기쁨 이 아닌 자연의 이치임을 알게 될 것이다. 그로 인해 흔들리지 않는 평 정 속에 있게 될 것이다.

〈삶의 목적〉

돈, 명예, 권력, 매력…을 삶의 궁극적인 목적으로 생각하지는 않지 만 우리는 끝없이 그러한 것들을 추구하는 나머지 그것은 우리 삶의 목적이 되고 만다.

〈외부에 허락받는 자유〉

자유는 외부의 의지하는 것, 욕망하는 것에 구속받는다. 왜 외부의 것에 의지하고 욕망하는가. 육체의 안락, 명예와 권력을 어디까지 추 구해야 하는가.

신들과 행복을 다투다

〈존재와 이유〉

존재의 목적은 깨달음, 해탈.

존재의 당위성/의무는 인류의 구원.

그런데 존재의 이유는? 나는 왜 없지 않고 있는가? 나는 왜 존재하는가?

〈비난에 대하여〉

1. 비난한 존재가 내가 존경하는 또는 사랑하는 존재인가.

2. 나의 행위가 상대에게 피해를 주었는가.

3. 나는 나의 행위를 용서할 수 없는가.

　　비난 수용의 중요한 기준은 3, 다음은 2, 그 다음이 1번이다.

　　어느 것에도 해당되지 않는 비난은 무시할 것.

'10. 10. 27

〈나와 세계〉

(동일한, 지속하는) 나는 없다. 세계도 없다.

나라는 관념은 (우주적 관점에서 보면 인간이) 만들어 낸 관념이다.

(있다고 착각하지만) 원래 나는 없었고 지금도 없고 앞으로도 없다.

태어남도 없고 죽음도 없다.

윤회도 없고 해탈도 없다.

(부처는 중생에게 자신의 깨달음을 가르치기 위해

윤회와 해탈의 개념을 만들었다.)

만물처럼 인간도,

어떤 인연에 의해 잠시 생성되었다 사라지는 존재,

한 줄기 바람 같은 존재,

그 안에 나라는 관념을 만들고

그것을 기준으로 자신과 세상을 엮어 간다.

그로 인해 희로애락한다.

나는 없다.

우주라는 바다에 잠시 일었다 사라지고 또 다시 이는 파도일 뿐이다.

〈번뇌와 고통〉

나의 번뇌는 나만의 번뇌가 아니라 우주의 번뇌의 한 조각이다.

자신의 고통을 세상의 모든 고통 속의 작은 고통으로서 응시해야 한다.

세상은 고통의 바다, 번뇌의 꽃으로 장엄한 세상.

모든 고통은 나의 인에 상대의 연이 더해진 것.

바닷물 맛을 알고자 모든 바닷물을 마실 것인가.

지도를 들여다보는 여행자는 길을 잃지 않는다.

깨달을수록 상대는 더욱 낮아진다.

나의 멸시는 연민으로 바뀐다.

내가 지배할 수 없는 나는 남이다.

신들과 행복을 다투다

〈존재의 이유〉

우주에 주체로서의 나는 없다. 객체로서의 나만 있을 뿐이다. 나는 관념의 덩어리일 뿐 실재하지 않는다. 나라고 생각해온 것은 의식이 만든 허상일 뿐이다. 축구 경기를 만들고 거기에 빠져 열광하는 것 같은 아이러니다.

의지는 우주의 법칙 아래서 우주가 허락한 것 만을 할 수 있을 뿐이다. 자신이 주체라고 생각할지라도 우주적 견지에서 볼 때 모든 것은 객체이다. 자신이 주체가 되어 행한 모든 행위는 우주의 객체로서 우주의 뜻에 따라 행해진 행위일 뿐이다.

만고장공 일조풍월… 한 줄기 바람같이 나타났다 사라지는 무수한 육체, 더욱이 그 각각의 육체를 숙주로 생겨난 나라는 관념.

나는 생각한다 고로 나는 존재한다…, 순간적인 관념의 존재를 실체라고 여기는 오류.

〈사유〉

사유 1 - 나를 찾는다. 찾아진 나는 주체로서 세계를 대상으로 바라본다. 내가 세계의 중심이다.

사유 2 - 나를 잃는다. 잃어진 나라는 관념은 존재하지 않는다. 우주의 객체일 뿐이다.

〈실체와 상〉

우리는 세상의 실체를 보는 것이 아니라 마음에 비친 상을 본다. 그때마다 마음에 그려진 상을 볼 수 있을 뿐이다. 밤에 본 호랑이가 낮에는 바위로 보였다면 그 대상의 실체가 바위라고 단정할 수 없다. 마음에 비친 상은 호랑이이기도 하고 바위이기도 한 것이다. 내가 바라본 동일한 사물의 상도 밤과 낮에 따라 다른데, 하물며 타인의 마음에 그려지는 상이야 사람마다 얼마나 다르겠는가.

변치 않는 실체는 없다. 본질과 현상을 구분하고자 하나, 사고의 주체도 시간에 따라 동일하지 않고 지속되지 않아서, 주체를 확립하지 못하는데 어떻게 본질과 현상을 구분하겠는가.

〈복수〉

1. 가장 완전한 복수는 용서.
2. 가장 쉬운 복수는 상대를 무시하는 것
3. 가장 인간적인 복수는 상대보다 오래 사는 것
   - 죽음 앞에 있는 그의 귀에 대고 지옥이 기다리고 있다고 저주하는 것. 조용히…

'10. 11. 2

〈깨달은 자의 삶〉

깨달은 자의 삶의 난이도는 초등학교 수업받는 대학생의 삶.

〈떠남과 돌아옴〉

이루고자, 깨닫고자, 성숙하고자 하는 자들은 떠난다.
현실 속에서 이루려 해도 현실 안에서는 현실을 극복할 수 없다.
공부에 매진하려는 자가 집을 떠나듯 이루고자 하는 자들은 떠난다.
소중한 사람이 떠나거든 놓아주어야 한다.

바다로 나간 치어가 성어가 되어 다시 돌아오듯, 이룬 그는
돌아올 것이다.
설령 그가 돌아오지 않아도 자신의 길을 간 것이라 생각하라.

깨달음을 위해 떠났던 예수, 부처처럼 언젠가는 떠나야 한다.
그리고, 세상을 구하기 위해 귀환했던 것처럼 그렇게 귀환해야 한다.

〈가치의 본질〉

인간이 생각하는 가치는 욕망의 결정체. 경험에 대한 판단의 묶음.

'10. 11. 3

〈삶의 동인〉

내 삶의 동인은 무엇인가. 가족, 금전, 쾌락…은 진정한 동인이 아니
다. 진정한 동인은 득도, 해탈. 삶은 득도와 해탈의 도구다. 거기에 이
르렀을 때 더 이상의 삶은 여분이다. 거기에 이르지 못한 삶은 무의미
한 삶이다. 그저 종족 유지의 역할을 했을 뿐이다.

〈깨달음의 과정〉

지식을 쌓다. → 지식을 허물고 지혜를 구하다.
→ 지혜 구함을 그치고 무지의 때를 닦다.

'10. 11. 4

〈행복과 돈〉

돈으로 행복을 살 수 있다고 생각하지만 그 행복은 당장의 순간적인

행복일 뿐 결국 고통의 씨앗이다.

돈은 행복 자체도 아닐뿐더러 행복의 도구도 아니다. 소박한 식사와 누울 공간이 마련되어 있다면 더 이상 돈은 필요치 않다. 여분의 돈은 잠재된 욕망이며 잠재된 고통이다.

〈행복으로부터의 도피〉

고통에 대해서는 많은 깨달음을 이루었으나 행복에 대해서는 너무 관대했다.

쾌락을 어디까지 허용해야 하는가. 그것이 없어도 평정에 흔들리지 않을 만큼이다.

쾌락은 순간적인 행복감을 주지만 쾌락의 속성상 지속되지 못함으로 인해 행복감이 사라지며 곧 고통을 느끼게 된다. 상황의 음의 미분값은 고통이기 때문이다.

추구하는 쾌락이 필수적인 것이 아니라면 그 쾌락은 멀리하는 것이 현명하다. 행복이 다가올지라도 그것이 내 밖에서 연유한 것이라면, 자신을 지나가도록 비껴 서 있는 것이 현명하다. 결국 그것은 고통의 원인이기 때문에.

외부에서 오는 행복은 상황의 양의 미분값, 고통은 상황의 음의 미분값이다.

지속되는 행복은 없다. 행복은 고통의 씨앗이며 잠재적 고통이다.

지속되는 고통은 없다. 고통은 행복의 씨앗이며 잠재적 행복이다.

신들과 행복을 다투다

'10. 11. 06

〈처연한 인생〉

삶과 죽음이라는 인생을 통찰할 때 막걸리 한 잔으로 스산한 마음 달랠 수밖에.

처연한 인생을 애닳아하는 자신을 바라보며, 이렇게 살아서 관조할 수 있음에 씁쓸히 안도할 수밖에.

〈고통의 극복〉

고통을 겪고 관조할 때 고통의 원인을 깨닫고 그 깨달음이 고통에서 해방시킬 것이다.

〈연민〉

나와 그 모두 같은 운명의 길을 갈 것이다. 나는 그 운명의 길을 알지만 그는 모른다. 그러기에 나는 그를 연민할 수밖에 없다.

'10. 11. 9

〈자연의 부분인 나〉

무량의 시간 속에서 나는 자연 속에 잠시 연기한 자연의 일부이다.

시공간을 통찰할 때 나의 부모는 자연이며 육체의 부모는 자연의 대리인이자 그들 또한 자연이다. 인간은 부모인 자연을 죽여 가며 살아가고 있다. 왜 인간은 오이디푸스일 수밖에 없는지…

나는 자연의 일부이자 자연 그 자체이다. 자연 전체로서 개별적인 나를 바라본다. 자연의 일부인 나는 태어남으로 생기고 죽음으로 사라지는 존재는 아니다. 그러나 지금의 모습으로 영속하지도 않는다. 나는 자연이라는 바다에 이는 파도이다. 지금 이는 파도(나)는 곧 사라지고 또 다른 파도가 인다. 나는 사라지지만 절멸하는 것은 아니다. 이후에 이는 파도는 나라고 할 수 없지만 내가 아니라고 할 수도 없다. 나는 그러한 존재이다.

〈나〉

나라고 하는 것은 생각하는 능력에 의해 생긴 관념의 덩어리일 뿐 실재하지 않는다.

시공간을 초월하는 우주로서의 나인가, 잠시 육체로서 존재하는 나인가.

'10. 11. 23

〈나는 누구인가〉

인생은 연극, 연극 속의 나는 누구인가.

연극의 등장인물(배역)인가, 배우인가, 관객인가.

연극 속에서 울고 웃는, 육체와 영혼을 가진,

그 등장인물이 나인가. (나는 생멸하는 개체인가.)

울고 웃는 배역을 충실히 연기하는, 그러나 자신은 울고 웃지 않는,

그리고 현재의 배역이 끝나면 또 다른 배역을 연기하는,

배우가 나인가. (나는 생사를 넘어 영속하는 존재인가.)

연극 밖에서 모든 배우들의 연기를 보고 있는 관객이 나인가.

(나는 우주인가.)

나라는 육체와 영혼으로 이루어진 나는, 진정 나인가.

〈절대 행복 - 평정〉

즐거움도 불러들이지 않고 고통도 일으키지 않는다.

즐거움의 원인, 고통의 원인은 하나다. 무지.

우연한 즐거움, 우연한 고통은 우연 만큼 드물다

더 이상 **지혜를 닦지 않는다. 무지를 닦는다.**

'10. 11. 26

〈짧은 행복, 긴 고통〉

주말의 짧은 행복, 평일의 긴 고통. 결국 삶은 고통이 많은가?

삶의 짧은 행복, 죽음의 긴 고통. 그러나 삶이 행복인가? 죽음이 고통인가?

우리는 어떤 것에 대해 고통스러워하지 않아도, 행복해하지 않아도 됨에도 불구하고 스스로 고통스러워하고 스스로 행복해하는 것이 아닌가?

왜 우리는 고통스러워하고, 행복해하는가? 그러한 감정이, 감정을 느끼는 상황과 대상에 대해 타당한가. 사실은 고통스러워해야 할 상황에 대해 행복해하고, 행복해해야 할 상황에 고통스러워하고 있는 것은 아닌가?

〈정진하는 이유〉

정진하는 이유는 무엇인가? 잘 살기 위해서인가? 잘 죽기 위해서인가? 언제까지 정진할 것인가? 생의 목적이 정진이던가?

깨달음 후의 귀환. 삶으로의 귀환이 없으면 그 깨달음은 무슨 의미인가. 실천 없는 깨달음은 공허할 뿐이다. 삶은 깨달음을 펴는 장이다. 정진 기한을 정해야 한다. 갈 길이 멀다.

〈존재의 깨달음〉

처음에는 행복을 구했다. 그러나 인간에게 잠시의 즐거움은 가능하지만, 찾아 헤매던 "지속되는 행복"은 있을 수 없다는 것을 깨닫는다. 결국 내가 찾는 행복은 없다는 것을 깨달았고 더 이상 행복을 구하지 않았다.

그 후 인생의 목적과 의무가 무엇인가를 알고 싶었다. 내가 사는 목적은 행복해지기 위해서가 아니라 참 나와 세계를 알기 위해서임을 깨달았다. 내가 살며 행해야 하는 것은 그 깨달음을 또 다른 나(모든 사람들)에게 알려 주기 위해서임을 깨달았다.

마지막으로 나는 왜 존재하는가에 대해 알고 싶었다. 나는 없지 않고 왜 있는가. 정진을 통해서, 나라고 생각하는 나는 내가 아니며 지금의 모습으로 존재하는 나는 참 나의 일시적인 모습일 뿐 참 나가 아니라는 것을 깨달았다.

결국 참 나는 지금 존재하기도 하고 동시에 영원히 존재하기도 하다. 지금과 똑같은 형태가 아니겠지만 분명히 나는 영원히 존재할 수밖에 없다. 참 나는 세계(우주)다.

〈나〉

우리는 세계와 분리된 인식 주체로서의 나를 나(자아)라고 생각한다. 그런 나에게 나를 제외한 모든 것은 내가 아닌 세계이고 객체이며 인식 대상이다.

그러나, 나는 나라고 생각하는 나가 아니다. 나는 세계 한가운데에 있고, 세계와 분리되어 있지 않은 객체이다. 영겁의 시간 속에 자아는 존재하기도 하고 존재하지 않기도 하다.

잠시 생성된 현재의 육체, 성격, 주변 관계에 의해 만들어지는 나의 자아는 바다가 바람에 의해 잠시 만들어 낸 파도이다. 내 생 전후의 나는, 개별적으로는 나이기도 하고 나가 아니기도 하지만, 전체 우주로서는 나이다. 지금 일어난 파도가 지금 전후에 일어난 파도이기도 하고 그 파도가 아니기도 하지만 어느 파도나 바다인 것처럼.

내 밖에 있고 내가 인식한다고 생각하는 세계는 나다. 나는 나만을 바라볼 수 있다.

〈평정을 위해〉

악을 경멸하듯, 고통과 고난 앞에 두려워 고민하는 자신을 경멸하듯, 기쁨과 즐거움을 기꺼이 반기는 자신을 똑같이 경멸해야 한다.

일요일 오후에 고민하고 금요일 저녁에는 즐거워지는 나, 상황에 지배되는 나.

'10. 11. 28

〈진리의 모습〉

현상이 본질의 단면이라면 현상과 본질을 분리할 수 없다. "어둠 속에서 뱀으로 보인 새끼줄"에서 뱀도 새끼줄의 한 단면 일 수 있다. 진리의 모습은 한가지가 아니다.

'10. 12. 5

〈나의 사상〉

나의 고유한 사상이 나의 철학이다. 타인의 철학은 양념일 뿐이다.

인생은 결국 기뻐할 수밖에 없는 것. 이전의 글 "인생관('09. 6. 18)"은
그 이후 어떤 사유보다 상위에 있는 글이다.

〈무제〉

불행도 행복한 삶의 한 요소. 행복이라는 집은 고통이라는 벽돌로
이루어진다.

철학은 선악과다.

깨달음의 과정: 자아 부재 → 자아 확립 → 자아 상실(적극적 무아)

〈쾌락〉

최대의 쾌락은 허기가 채워질 때. 최대의 환희는 중병이 나아갈 때.
그렇다면 정신은 육체에 기생하는가.

〈극복〉

부의 축적으로 가난을 극복하려 하지 않고, 가난 속에서 얼마나 의
연하고 꿋꿋하게 살아갈 수 있는가. 가난도, 고통도, 불행도, 그 모두
가 행복의 전제 조건일 수밖에 없다.

언제나 자기 한 사람의 목숨을 먼지나 티끌처럼 자연의 법칙에 맡
기고…

'10. 12. 24

〈나와 대상〉

나를 환란에 빠뜨리고 고통을 주는 것은 특정한 사람이나 물체가 아
니다. 그것은 상황, 자연 또는 운명이다. 반대로 나에게 행운이나 기쁨

을 주는 것도 마찬가지다. 나와 부딪히고 때로는 협조하고 또 힘겨루기하는 것은 특정 개체가 아니라 우주 자체이다. 인연 연기…

'10. 12. 28

〈좋은 책〉

좋은 책을 앞에 놓았을 때의 행복은 그 책의 두께만큼이다.

〈나와 대상〉

이제는 인생의 제 상황에 대해 두려워하거나 걱정하지 않는다. 그것은 나만의 고통이 아니라 인간 존재 전체의 고통이기 때문이다. 누구나 운명적으로 겪어야 할 상황이라면 담담하게, 기꺼이 수용해야 한다.

특정한 개인이나 상황이 또는 어떤 원인이 나에게 기쁨과 고통을 주는 것이 아니라, 세계 전체, 우주의 작용이 그 원인임을 알아야 한다. 나는 우주의 한 조각이며 동시에 나의 대상은 우주 전체인 것이다.

4. **2011**

'11. 1. 9

〈대오(大悟) 1〉

'나'를 '나'라고 생각함으로써 '나'는 세계(대상)와 분리되고 '나' 외의 모든 것은 '나'가 아닌 것이 된다. '나'를 잊고 세계를 보라! 그 세계는 이전의 세계가 아닐 것이다.

피안으로 가는 배를 타다. 남은 것은 저 언덕에 훌쩍 뛰어오르는 것 뿐. 배와 모든 것을 버리고…

〈소유와 무소유〉

소유란 세계의 일부를 분리하여 나의 울타리에 가두는 것이다. 나를 소유의 껍질로 둘둘 싸는 것이다. **나는 소유물로 인해 세계와 분리된다. 세계 전체를 잃고 일부에 집착하는 것이다. 소유할수록 세계와 분리되고 가난해지고 작아지고 불완전해진다. (소유의 늪)**

무소유란 나를, 우주라는 모자이크의 한 조각화하는 것이다. 나는 우주의 조각이자 우주 자체인 것이다. 이때 소유라는 것은 무의미해진다. **어떤 것을 소유함으로써 나머지 전체를 소유하지 못하며, 소유하지 않음으로써 전체를 소유한다.** - "해와 달과 바람과 구름을 내 차지로 할 것인가, 티끌 한 움큼을 전 재산으로 삼을 것인가."

〈분별〉

인위적인 분별은 온전한 세계를 분할하는 것이다. 분별로써 세계는 뒤틀어진다. 분별이라는 금을 지워 버리면 세계는 다시 완전해진다.

세계는 나눔이 없는데 사람은 나누려 한다. 세계(자연)는 불이(不二)이나 사람(문화)는 분별하려 한다.

신들과 행복을 다투다

〈무한한 연기〉

생에 연연하는 것은 짧은 인생이 전부라고 알고, 인생이라는 짧은 기간만을 살려고 집착하는 무지 때문이다. 무한을 이어간다는 깨달음이 필요하다. - 현상에 대한 집착 때문에 영원한 본질을 깨닫지 못함. **生과 死는 '생명의 緣起'라는 하나의 본질의 두 현상.**

〈무(無)와 공(空)〉

무(無) = 전체.
공(空)(Potential) = 색(色) 전체.

〈지식의 늪〉

지식으로 쌓아 가는 城은 깨달음을 막는 담이다. 산을 향해 가면서 바다를 찾고 있다. 진리에서 멀어지며 진리를 찾고 있다. **도에 이르려면 지식의 성을 허물어야 한다. 지식의 늪에서 빠져 나와야 한다.**

〈선(禪)〉

선문답(禪問答)은 무의미한(무지한) 질문을 무시하는 답.
선문답(禪問答)은 "이미 답을 가지고 있는 상태에서 답을 구하고 있음"을 가르치는 것.
묻는 자: 분별, 논리, 언어, 표현, 심각
답하는 자: 표현 불가, 초월, 아무리 얘기해도 알아듣지 못함,
묻는 자에게 답이 있음, 스스로 깨쳐야 함
세계는 "인연연기, 공, 불이, 화엄"이기 때문에 대상의 분별은 무의미하고 불가능함.

'11. 1. 16

〈단상〉

배고픔을 잊은 지 오래.

낮에는 내가 아닌 삶, 밤에는 나의 삶.

많이 남아(소유하여) 고달픈 삶, 적게 남아(소유하여) 흔쾌한 삶.

불필요한 두려움, 이제는 그만.

살아도 살아도 모를 것은 세상이 아닌 내 마음.

한탄할 것은 오감으로 전해오는 이 세계의 진리를 헤아리지 못하는 무지. 그 진리를 설명한 현인들의 말을 이해 못하는 무지.

민감한 자는 주인이 되는 것도 어렵거니와 노예가 되는 것조차 어려운 법이다.

사랑하지 않으면 원하지 않고, 원하지 않으면 두렵지 않다.

〈공〉

공이란 비어 있다는 뜻의 물리적 공이 아니라 섭리의 모습. 마음에 비친 세계가 아니라 마음 밖의 여여(如如)한 세계.

'11. 1. 18

〈난세의 삶〉

"난세에는 권력자에게 사랑(신임)받기를 원하지 말고, 미움(배척) 받지 않기를 원하라."

신들과 행복을 다투다

〈동서양 철학 차이의 핵심〉

서양 철학은 '나'를 찾아 정립하고 나를 기준으로 세계를 정의하고 나와 세계의 관계를 설정한다. 반면, 동양 철학은 '나"를 비우고 무화(無化)하여 나 없는 '세계'만을 남겨 둔다. 나와 세계는 구분 없는 하나이고 그 모두는 연기의 결과이다. (나와 세계 모두 공하다.)

〈나〉

나는 나의 소유물(재물/지위)도 아니고, 가면(역할/배역)도 아니고 육체도 아니고 정신도 아니다. 그렇다면 나는 무엇인가. 나는 단지 상상력의 산물인가. 관념 덩어리인가.

어떤 물체가 던져졌을 때 시공간이 나타나듯, 자아는 주어져 있는 것이 아니라 행위/사고할 때 나타난다.

〈출근〉

휴일의 마지막 날, 내일 회사에 출근하기 싫어하는 월급쟁이는 어떤 상황에서도 자신의 월급이 나오리라는, 월급이 마치 당연한 권리인 양 착각을 하고 있는 것이다. 출근한다는 것은 돈을 번다는 것 이전에 자신의 삶을 사는 것이다.

〈준비할 시간〉

불치의 병 등으로 인한 예고된 죽음은 갑작스런 죽음보다는 축복이다. 최소한 죽음을 맞을 시간이 주어졌기 때문이다. 그러나 죽음을 앞둔 시간이 고통이 아닌 감사의 시간이 되려면 삶과 죽음을 여의여야 한다.

<경의>

누가 인격에 경의를 표할 것인가. 사람들이 경의를 표하는 것은 그의 인격에 대해서가 아니라 그의 소유물에 대해서인 경우가 많다.

'11. 2. 9

<삶과 죽음>

삶이 두려운 것은 다가올지 모르는 고통이 두렵고, 충족되지 못할 욕망이 두려운 것이다. 죽음이 두려운 것은 죽음이 현 생명의 절멸이라는 무지 때문이다. **죽음이 두려울 정도로 삶이 진정 가치 있는 사람은 몇이나 될까.** 대부분 본능에 얽매인 공포.

生이란 우주의 바다 위에 일어나는 물방울. 수면 위로 튀어 오른 물방울은 잠시 후 바다 속으로 사라진다. 물방울 개체가 바다라는 우주 속으로 되돌아가 우주와 다시 합일하는 것이 死이다. 거시적으로 볼 때, 생과 사 사이의 삶이란 물방울이 생겼다가 사라지는 짧은 순간에 일어난다. 이 짧은 시간을 어떻게 살아야 하는가.

"인간과 세계", "나와 우주"는 엄청난 유아적(唯我的) 표현이다. "세계의 일원으로서의 인간", "우주의 한 구성 분자로서의 나"라고 말해야 한다.

<죽음에 대한 예비>

갑작스런 죽음보다는 예고된 죽음을 원한다. 준비 없는 죽음은 비참하다. 동물적이다.

예전에는 어떤 병에 걸려서 죽음을 선고받은 이후에 죽음을 준비하면 된다고 생각했으나, '지금 이 순간 미리 죽음을 예정해 놓고 준비해야 함'을 깨닫는다. 10년을 생각한다. 남은 10년을 어떻게 살아야 하는가. 중요한 숙제.

'11. 2. 10

〈나와 자아〉

자아란 인간의 지능을 바탕으로, 기억들로 뭉쳐진 관념이다. 마치 육체라는 컴퓨터를 구동하기 위한 소프트웨어와 같다. 지능이 낮다면 기억력도 약할 것이다. 나아가 기억들을 하나하나 버린다면 자아는 사라질 것이다.

〈존재의 이유〉

"나는 없지 않고 왜 여기에 존재하는가." 하는 존재 이유는 이성의 사고 한계를 넘어서 있다. 알 수 없는 자연의 법칙이다. 그저 자연의 선물이라고 생각할 수밖에 없다.

〈생사관(生死觀)〉

현상적 죽음을 통해 개체적(자연과 분리된) 자아는 절멸된다. 그러나 보편적 자아는 삶, 죽음과 무관하다. 보편적 자아로서의 나는 자연(우주)의 일부이다. 생과 사는 내가 태어나고 죽는 것을 넘어 자연의 일부가 생겨났다가 자연 전체 속으로 사라지는 것이다.

무한한 시공간을 생각하고 보편적 사유를 통해 볼 때 생사는 없다. 그저 자연의 법칙이고 변화일 뿐인데, 현재의 자신과 상황에 집착한 시각으로는 생과 사로 분리되어 보인다.

죽음은 오히려 자아의 고향이자 삶의 원동력이다. 돌아갈 고향이 없다면 얼마나 고달픈 생인가. 언젠가 돌아갈 고향을 기다리며 현실을 살아가는 것이다.

〈영원한 생명〉

모든 존재는 본래 영원한 생명을 가지고 있다. 그 사실을 모를 뿐이다. 영혼이든 육체든 본래 존재했던 자연의 일부이다. 살아 있든 죽어 있든, 생사 전후에도 어떤 형태로든 나는 존재한다. 무한한 시공간 속의 나는 자연이며, 개체적 자아가 아니다.

〈자연의 존재들〉

나와 남, 동물과 식물들 모두 하나의 진흙으로 빚어진 존재들이다. 결국 하나의 원천에서 생겨났으며 자연이라는 같은 고향을 가진 존재이다.

〈무아의 삶〉

모든 기억을 버리고 욕망을 버리고 주변을 버리고 나마저 버린 채 표표히 떠나는 삶.

모든 것이 덤으로 주어진 삶. 행복/불행을 초월한 삶.

'11. 2. 11

〈과거와 현재의 행복〉

우리의 생활 수준은 과거보다 더 높아졌지만 만족도는 오히려 낮아진 것 같다. 한겨울의 따뜻한 아랫목, 연탄 난로 위에서 구워지는 가래떡, 오랜만에 먹는 돼지불고기… 전에는 이런 것들로 행복했었는데, 지금은…

생활 수준의 향상보다 욕망의 수준이 높아진 까닭이다. 타인의 삶과 비교하기 때문이다. 주위의 삶과 비교하지 않고 30년 전 과거의 마음으로 돌아가면 대부분 충분히 행복할 것이다. 결국 희로애락은 나의 마음에 달려있다. 상황의 영향은 크지 않다.

〈신의 덫〉

나는 세상 사람들처럼 일용할 양식을 구하려 사는가. 그저, 처자식을 거두며 사는 것에 감사해야 하는가. (남자에게 가족이란 마음의 고향, 삶의 의미이며 동인일 수밖에 없다.) 신의 덫, 신의 굴레에 숨죽이며 살아야 하는가. 내 삶은 신의 놀음이고 나는 신의 꼭두각시일 뿐인가. 꼭두각시의 삶보다 자유로운 죽음을 더 사랑할 수 있을까.

〈사는 이유〉

내가 사는 이유는 무엇인가. 주어진 삶이기에 가능하면 행복하게 살아 보자는 것인가. 삶이 주어지지 않았다면 어찌했을 것인가.

〈마지막 하루〉

나에게 더 필요한 시간은, 오직, 하루였고, 그, 하루는, 시작되었다.

'11. 2. 19

〈삶의 당위〉

내가 살아야 할 이유는 무엇인가. 대부분의 생활은 반복될 것이고 반복되는 익숙한 희로애락 속에서 쾌락과 행복을 찾아 헤맬 것인가. 쾌락과 행복은 내가 살아 있으니 본능적으로 추구하는 것일 뿐, 내 삶의 당위성을 부여 하는 것은 아니며, 내가 살아야 하는 이유는 아니다. 단지 가족에 대한 업의 청산은 어쩔 수 없는 의무로서 남아 있기는 하지만, 그것 때문에 꼭 내가 살아야 하는 것은 아니다.

삶과 죽음이 불이(不二)이며, 우주의 일원으로서의 존재의 다른 모습임을 깨달을 때, 자신과 주변의 안녕은 더 이상 삶의 당위가 아니다. 행복조차 공허한(무의미한, 부재의) 개념이다. 삶의 목적은 우주의 이치에 대한 깨달음이었다. 그 목적을 어느 정도 이룬 지금, 내 삶에 대한 당위가 필요하다. 꼭 살아야 하는 이유가…

내 삶의 당위성은 세상의 교화. 순박한 인간성 회복, 자연으로의 회귀. 기술/물질/문명으로부터의 해방. 이를 위해 더 정진해야 하나. 아니면 밖으로의 행동을 해야 하나.

〈운명을 관조하는 자의 운명〉

운명조차 관조하는 자에게 운명은 선택일 뿐이다. 그의 운명은 그가 허락함으로써 비로소 운명이 된다. 그는 운명 밖에 존재한다.

〈행복과 허무〉

외부에서 무엇을 성취했을 때의 짧은 행복, 긴 허무. 그 행복조차 기억과 상상 속에만 존재한다. 결국 외부에는 존재하지 않는 행복을 위해 사람들은 아까운 시간과 자원을 바친다. 그러나 실재하는 행복은 고통의 제거에 있을 뿐.

원하던 것을 얻는 순간, 그것에 대한 **욕망과** 함께 욕망의 성취가 담보하리라 생각했던 **행복도 사라진다.** (기다리던 휴일이 되면 생각했던 것처럼 즐겁지 않다.)

신들과 행복을 다투다

〈평정과 허무〉

평정 - 욕망의 성취에 의한 욕망의 완전한 부재. 욕망의 무의미에 대
한 자각.

허무 - 욕망의 성취 결과가 자신이 욕망하던 것이 아님에 대한 자각.

〈도〉

도덕경의 도가도 비상도(道可道 非常道), 우파니샤드의 Neti, 불교
의 불립문자(不立文字). 표현할 수 없는 진리.

〈행복〉

**행복 자체는 행위의 직접적인 목적이 될 수 없다. 행복은 행위의 부
산물이다.**

'11. 2. 28

〈존재와 인식〉

**인식할 수 없다고 해서 존재하지 않는다고 결론지을 수는 없다. 존
재는 인식에 선행한다.**

〈신앙과 이성〉

신의 존재는 신앙에 선행해야 한다고 이성은 생각한다. 그러나 신의
존재를 원하는 인간의 욕망이 신을 만든다. **신앙은 신의 유무와 상관
없다. 신앙은 신에 선행하며 신은 올바른 삶을 위한 공준이다.** - 신은
선한 삶의 공준으로서 상정되어야 한다(칸트).

한편 이성은 선을 향해, 우주의 합목적을 향해 나아가기에는 스스로

의 한계가 있다. 오히려 이성은 욕망(의지) 도구이며 자본(효율) 앞에 맹목이 된다.

'11. 3. 6

〈중년의 사랑〉

중년의 사랑은 육체적인 면으로 다가온다고 생각하지만 실제로는 정신적인 면으로 다가온다. 중년의 나이에 육체적인 사랑은 사랑이 아니다.

〈현상의 인식〉

인간은 스스로 인과의 계열 속으로 들어가고자 한다. 어떤 원인에 따라 결과가 생기면 스스로 그 결과에 대하여 희로애락 한다. 굳이 그렇게 하지 않아도 되는데도 불구하고 스스로 자신을 구속한다. 인과의 계열 밖에서 인과의 현상을 관조할 수 있음에도 불구하고. 누구에게 이끌리듯 스스로 인과의 세계, 윤회의 세계에 빠진다.

생계를 위해 일을 해야 하고 그 일을 함에 있어서는 당연히 스트레스(고통)가 있다고 사람들은 생각한다. 그러나 스트레스는 실재하는 것이 아니다. 단지 스트레스는 사물의 인과관계에 대한 나의 인식에 따라 연기하는 것이다. 모든 상황을 무수한 연기의 사슬로 생각하고 관조하는 자에게 스트레스, 희로애락은 없다.

〈경험의 세계와 삶〉

경험의 세계에 대해 더 이상 이야기 하고 싶은 것은 없다. 호기심도, 원하는 것도 없다. 더 이상 경험의 세계에서의 사건으로 희로애락을

신들과 행복을 다투다

느끼지 않는다. 이미 경험 세계의 인과를 인지했기 때문이고 그 결과를 예상하고 있기 때문이다. 경험의 세계는 더 이상 희로애락의 원인이 아니다. 언제라도 경험의 세계를 떠날 준비가 되어 있다. 그때까지는 경험 세계를 초월한 삶을 살 것이다.

〈분절된 시간〉

누구도, 무엇도 나에게 삶을 보장하지 않았다. 내 의지와 상관없이 삶이 주어졌듯 또 그렇게 삶은 당연히 사라질 것이다. 항상 많은 시간이 앞에 놓여 있는 것처럼 미래를 준비하고 걱정하며 살지만, 인간은 분절된 시간을 살 뿐이다. 분절된 시간을 단위로 생은 시작되고 끝난다. 그 다음 분절은 나에게 주어지지 않을 수 있다. 그 순간 안에서 삶을 완성하고 평안을 찾고 순간을 즐겨야 한다.

미래에 목적이 있는 삶은 미래를 위한 삶이다. 행위의 이유는 현재의 쾌락에 있어야 한다. 미래의 목적은 그 행위의 결과로서 부산물일 뿐이어야 한다. (내가 걷는 이유는 건강을 위해서가 아니다. 걷는 것 자체가 즐겁고 그 순간이 즐겁기 때문이다. 고통스럽지만 건강을 위해서 걷는다면 미래의 건강은 꿈일 뿐이다.) 그러나 미래의 목적을 이루어 가는 과정으로서 현재의 고통이 즐겁다면 그 고통은 쾌락이다.

'11. 3. 7

〈깨달음〉

깨달음은 삶의 방향을 정립한다. 매일 부딪히는 삶의 딜레마 속에서 길을 제시한다. 깨달음은 치질 수술과도 같다.

소유는 자유인가 속박인가. / 극한에 설 때 자유로워지리라.

〈유식 사상과 칸트 철학〉

일체유심조로 대표되는 유식사상의 논리적 근거는 칸트의 철학에서 찾을 수 있다. "일체유심조"는 마음이 외부 세계의 대상을 만든다는 뜻이 아니라 "외부의 세계를 어떻게 인식하느냐." 하는 것은 마음에 달려 있다는 뜻이다.

직관을 통한 감성의 인식을 기반으로 하여, 범주를 통한 오성의 개념화를 통해 경험의 세계는 최종적으로 인지된다. 여기서 인지된 대상은 실체로서의 대상이 아니라 오성이 개념화한 대상이다. 결국 마음은 오성을 포함하므로 대상은 마음이 원하는 대로 인식되는 것이다. (오성이 개념화한 대상은 이성에 의해 형이상학적 대상으로 비약되기도 한다)

'11. 3. 13

〈나〉

우주의 창조자로서 신을 상정하든 말든, 나는 분명히 우주의 일원이었고 지금도 우주의 일원이며 앞으로도 우주의 일원일 것이다. 지금 나로 형성되어 있는 형태와 구성이 무엇이든 그것은 우주의 원료가 잠시 뭉쳐진 것이며 곧 해체될 것이지만 그 안에 '나'라는 마음이 있어 우주와 분리된, 특별한 자아를 구축해 간다.

그러나 '나'라는 것은 그저 우주를 구성하는 하나의 원료이며 그 원료는 수없이 분해되어 그 이전의 상태로 돌아가고 또 새로운 원료와 섞여 다른 형태, 다른 성격의 무엇으로 형성될 것이며, 나타났다 사라짐을 계속할 것이다.

그토록 견고한 것처럼 생각되는 '나'가 우주의 일원으로서 잠시 연기한 것임을 깨달을 때, 나의 삶, 나의 현실의 무게는 좀 더 가벼워지고 허허로운 인생을 살 수 있다. 죽음처럼 삶도 두렵지 않다.

사후에는 '현재의 성격, 모습, 관계를 가진 나'라는 개체는 존재하지 않는다. 구워졌던 토기가 다시 진흙으로 돌아가듯, '나'로 연기하기 이전의 성분으로 돌아간다. 그것은 살과 뼈가 아니라 흙일 수도 있고, 현재의 성격을 가진 영혼이 아니라 바람 속에 녹아 든 에너지일 수도 있다. 사후에 형체를 가진 육체와 뚜렷한 사고를 하는 영혼으로 존재하든지, 무형의 흙과 바람으로 존재하든지 무슨 차이가 있겠는가. 다 같은 우주의 일원일진대.

영원한 진리는 나는 우주의 일원이며 또 우주라는 것. 나는 이미 아트만이며 또 브라만이라는 것.

〈무아 불멸〉

나는 없지만 영원하다. 현재와 같은 나는 존재하지 않지만 우주의 원소로서의 나는 영원불멸이다. 시공간을 한번에 통찰할 때 나는 영원하며 어디에나 있다. 매 순간 나는 변화한다. 어떤 순간의 '나'와 같은 '나'는 그 순간 밖에는 없다. 조금 전의 나는 내가 아니다. 육체와 생각 모두 다르다. 무한한 시간을 동시에 볼 때 죽음도 그러한 변화의 하나일 뿐이다.

——— '11. 3. 15

〈삶〉

○ 실존적 삶

- 문: 나의 정체성은 무엇인가. 나는 직원으로서 가족으로서… 이렇게 살아야 하는가.

- 답: 나의 정체성은 없다. 인간에게 있어서 존재는 본질에 우선한다.

　나는 내가 아니다. 자유에 처해지다(선고받다).

　나 이외의 모든 것에 의지하지 않음. 실존적 불안, 고독.

　운명과 무관.

○ 목적으로서의 삶

- 문: 나는 무엇을 위해 사는가. 언제까지 도구적 삶, 수단으로서

　의 삶을 살아야 하는가.

- 답: 시간적으로 미래의 행복. 공간적으로 가족의 행복을 위해.

　그러나 수단이나 도구가 아닌 목적 자체로서의 삶을, 현재의

　삶과 일이 다른 무엇을 위한 것이 아니라 그 자체가 나의 즐

　거움, 쾌락, 행복인 삶을 살아야 한다. - 그런데 쉽게 그렇게

　생각되지 않는다.

○ 연기(演技)하는 삶

- 문: 현실의 인간관계에서 나는 언제까지 싫은 사람에게 복종하

　며 살아야 하나.

- 답: 나는 인생이란 무대의 배우. 배역은 내가 아님. 배우는 연기

　할 뿐 배역에 대해 실제로 희로애락하지 않음. 연극은 곧 막

　을 내림. 나는 관조할 뿐.

○ 극한의 삶

- 문: 내 행복의 조건은 무엇. 나는 어느 정도의 재산, 명예, 지위

　가 있어야 행복한가. 나의 본전은 무엇인가.

- 답1: 우리는 마치 무엇이 기본적으로 우리에게 있는 것이 당연하다고 생각. 사실 나는 아무것도 없었음. 가장 행복한 삶은 행복이 필요 없는 삶
- 답2: 아무리 어렵고 부침 많은 인생도 보너스, 축복. 공짜로 즐기는 인생, 남의 돈으로 즐기는 포커 게임. 그것은 인생의 막을 내릴 수 있는 자유가 나에게 주어졌기 때문. 인생은 반드시 최선을 다해 살아야 하는 것은 아님. 원하는 방식대로… 그에 대한 결과도 인생의 맛. 유한한 인생.
- 답3: 시공간을 동시에 한 번에 통찰할 때 나는 우주의 일원. 매 순간의 내가 변하듯 삶과 죽음은 변화의 한 모습.

'11. 3. 16

〈새벽 출근〉

새벽에 일하러 가는 사람들은 대체로 서민층인 것 같다. 사람들이 새벽 노동을 하기 싫어하기 때문인가. 새벽 노동이 더 고통스럽기 때문인가.

〈이성(理性)과 종교〉

왜 이성은 비약을 원하는가. 경험적 지식의 한계로 인하여, 비약 없는 논리는 지루하기 때문일지도 모른다. 철학에 한계(앎으로서 더 이상 신비롭지 않음)를 느낌으로서 종교로 옮아가듯.

〈이성(異性)으로서의 철학자〉

인간이 이성 상대에게 원하는 것은 현실적, 세속적 욕망(육체/금전/지성)의 충족이다. 이성에게서 깨달음과 같은 초월적 지혜를 구하는

사람은 거의 없다. 그런 것을 원한다면 이성을 찾는 것이 아니라 스승이나 종교적 지도자를 찾으리라. 인간에게 이성은 스스로 충족시킬 수 없는 욕망을 충족시켜줄 도구이다. 철학자는 지적, 형이상학적 욕망을 충족시켜주지만 대부분의 인간이 원하는 것은 세속적 욕망이다. 결국 배우자가 철학자인 사람은 스스로 철학자가 되지 않는 이상 불행할 수밖에 없을 것이다.

그러나 배우자의 경우만 그럴까. (타인으로서의) 철학자란 범인이 볼 때도 자신의 욕망을 전혀 충족시켜 주지 못하는 불필요한 사람일지도 모른다. 철학자가 아닌 사람에게 철학자는 그저 나와 상관없는 사람일 것이다.

〈순수 이성과 실천 이성의 차이〉
순수 이성: 개념, 올바른 인식, 진, 논리.
실천 이성: 규범, 당위적 행위, 선, 도덕.

〈새 인생관〉
삶과 죽음, 생전과 사후를 깨친 자여.
현세의 육체와 영혼은 이미 시간 이전부터 시간 이후까지
우주의 한 조각임을 깨친 자여.
모든 욕망은 고통으로 귀결되지만 생은 우주의 선물임을 깨친 자여.
네가 향유하는 모든 쾌락은 순간이고 그에 따른 근심과
고통은 짧지 않음을 아는 자여.
너에게 쾌락을 주는 그 대상이 너에게 고통의 원인임을 아는 자여.
세월에, 운명 앞에 네가 소중히 하는 모든 것을 혼쾌히

신들과 행복을 다투다

내어놓을 채비가 된 자여.
세월과 운명의 명령에 앞서 스스로 자신의 모든 것을
내어놓을 수 있기를 바라는 자여.

인생은 덧없고, 덧없고, 덧없어 보이지만, 죽음은 결코 끝이
아님을 알고, 그 인생을 덧없게 살지 않을 자여.
행복과 고통이 없는 무(無)의 생을 살기 보다는 생의 행복을
즐기고 그에 따른 고통마저 흔쾌히 감당하며 살고자 하는 자여.

너의 안과 밖의 모든 대상에 대한, 남아 있는 욕망을 추구하라.
거기에서 오는 모든 쾌락을 향유하라.
도덕으로 육체의 욕망을 억압하지 마라.
의지로 정신의 욕망을 제어하지 마라.

쾌락이 순간적으로 사라지듯 고통도 언젠가는 너를 떠나가리라.
너의 행복과 고통은 이전의 맹목적 인생에서 오는 행복과
고통과는 다를 것이며, 행복을 향유하듯 고통도 즐길 수 있으리라.

—— '11. 4. 3

〈나는 지나간다〉

나는 지나간다. 마주치는 모든 대상을 그저 지나갈 뿐이다. 가족도, 소유물도 지나가는 동안 잠시 만나는 대상일 뿐이다. 내 소유란 없다. 소유라고 생각하는 것은 잠시 내 가까이 있는 것일 뿐이다. 먹고 마시는 음식물조차 나를 지나갈 뿐, 내 것이 될 수 없다.

〈관조〉

관조한다는 것은 나를 객체화, 대상화하는 것이다. 나의 희로애락을 우주적 차원에서 이 세계의 모든 희로애락과 같이 놓고 바라보는 것. 나의 고통을 이 세상 고통의 바다 속의 하나로서 바라보는 것. 관조함에 따른 자유. 자아에서의 해방.

〈막걸리 한 잔〉

결핍은 충족의 쾌락을 내포하고 있다. 결핍은 고통인 동시에 쾌락의 원천이다. 결핍은 쾌락의 필요조건이다. 막걸리와 안주로 허기를 채울 때의 쾌락.

〈운명〉

우주와 합일한 인간에게 운명은 지배력을 행사하지 못한다. 그는 운명 너머 존재한다.

〈자신의 몫〉

누구나 자신의 몫보다 더 많은 행복을 누린다. 본래 자신의 몫은 없었다.

〈권력〉

권력은 인간을 사악하게 만든다. 권력에 의해 인간의 사악한 면이 활성화된다.

〈인간의 의지와 신의 섭리〉

인간의 의지는 신의 섭리 안에 있다. 손오공의 이동과 부처님 손바

닥과의 관계이다. 인간의 의지에 따라 상반되는 결과를 낳을 수 있다. 그 결과는 자유 의지의 결과이고 시간 속에 존재하며 시간의 일부를 점유하고 있다 .그 결과가 어떤 것이든 전 시간을 통찰하는 신의 시선으로 볼 때는 이미 필연적인 것이다. 신은 모든 시간 속의 사건들을 현재로서—이루어진 결과로서—응시하고 있기 때문이다.

   A. 인간의 의지가 신의 예정된 세계를 만들어 간다.

     - 인간의 의지 > 신의 섭리

   B. 인간은 신이 제공한 레고 조각들로 레고 구조물을 만들지만 어떤 구조물을 만들지라도 그 구조물은 이미 신이 예정한 것이다.

     - 인간의 의지 < 신의 섭리

   A, B 어느 경우도 인간의 의지와 신의 섭리 모두가 양립한다.

어항 안의 물고기는 자유의지대로 움직이고 있지만 결국은 어항 안에 있다.

우리는 우리의 의지에 따른 결과가 크게 다르다고 생각하지만 결국은 다르지 않다. (신이 규정한 경우의 수 안에 존재한다.)

나의 입장에서 보면 자유 의지, 신(섭리)의 입장에서 보면 필연.

나의 자유 의지가 아무리 넓고 커도(광범위해도) 신이 정해 놓은 범위를 벗어날 수 없다.

〈신적 통찰〉

시간적 통찰: 신(섭리, 자연, 통찰자)에게 시간의 구분은 없다. 과거, 현재, 미래는 시간 속에 있는 인간의 구분일 뿐, 시간을 초월한 신에게는 모두 현재이다.

공간적 통찰: 신(섭리, 자연, 통찰자)에게 공간의 구분은 없다. 여기, 거기, 저기는 공간 속에 있는 인간의 구분일 뿐, 공간을 초월한 신에게는 모두 여기이다.

〈남녀의 사랑〉

남자는 머리로 사랑하고 여자는 가슴으로 사랑한다.

사랑의 태생적 한계는 사랑이 선이 아닌 미를 바탕으로 시작된다는 것이다.

'11. 4. 8

〈시간을 통찰한다는 것〉

무한한 시간에 걸친 무수한 존재의 생멸을 한 눈에 봄으로써 생멸의 본질이 공함을 깨닫고, 한정된 시간 안에 일어나는 인과를 초월하는 것.

'11. 4. 9

〈현자에게 행복의 현재와 미래〉

현재는 미래를 위한 수단이나 도구이어서는 안 된다.

현재는 현재의 목적이어야 한다.

미래는 현재의 목적이 아니라 현재의 부산물이어야 한다.

미래에 기대하는 행복을 분절하여 현재에서 소진해야 한다.

미래의 행복이 선이라면 그 선을 추구하는 현재도 행복해야 한다.

미래는 현재의 행복과는 무관하며 미래의 행복이 없어도 상관없다.

신들과 행복을 다투다

〈행복의 필요충분조건〉

행복의 필요조건은 결핍이며 행복의 충분조건은 충족이다.

행복은 결핍과 고통에서 시작되고, 충족과 해소로 완성되는 동시에 사라진다.

〈실존적 자살에 대하여〉

부조리에 대해서는 반항과 항거와 투쟁이 있을 뿐 자살은 없다.

육체가 굴복하지 않는 한 영혼이 굴복하지는 않는다.

실존적 자살은 인간의 가장 소중한 권리이며, 어떤 고통도 두려워하지 않고 살아갈 수 있는 보루다. 그러나 현자에게 있어서, 자살을 선택한다는 것은 어불성설이다. 그렇다면 그는 이미 현자가 아니기 때문이다.

현자가 자살을 할 수 없는 이유는 생명의 존엄성, 주변과의 관계 단절의 두려움, 죽음과 신에 대한 두려움 때문이 아니다. 자살을 할 필요가 없기 때문이다. 세상의 삶은 그저 놀이이고, 삶과 죽음은 존재의 형태상의 변화이고, 자신은 우주의 일원으로서 영원하다는 것을 알고 있기 때문이다.

단, 정신적 고통이 아닌 육체적 고통이 남은 삶을 지배하고, 그 고통이 내 사유를 지배할 때에는 미련 없이 삶의 막을 내릴 것이다.

〈로또와 당첨〉

로또는 당첨과 무관하다. 로또가 당첨되었다고 생각하는 것만으로도 당첨된 것과 같다. 불필요한 재물이라면 그것의 실재 소유 유무는 상관없기 때문이다. 결핍과 욕망이 없다면 세상은 이미 나의 것이다.
(마음의 상을 본다.)

〈회쟁론(용수)의 이슈〉

실재론자는 '모든 것은 공하다.', '본체는 없다.'라는 중관자의 말 중
에서 모든 것이 공하다면 부정하는 말조차 없으므로 '~없다.'라는 '실
체의 부정 행위'가 가능하지 않다고 주장.

중관자는 모든 것은 다른 것에 의해 존재(연기)하므로 본체(연기 없
이 스스로 있는 것)는 없으며, 수레도 본래 공하지만 물건을 나르는 것
처럼 내 말도 공이지만 사물의 본체가 없다는 것을 증명하는 역할을
한다.

(공하기에 '실체가 없다.'는 말이지 그냥 '사물이 없다.'는 말이 아니다.)

〈모든 것은 공하다〉

실재론자: 없지 않고 있다. 존재한다. "없지 않다."에 초점

중관자: 존재하지만 공하다. 존재하는 것은 실체가 아니다.

"실체는 없다."에 초점.

"실체란 연기에 의하지 않고 존재하는 것. 원인 없이도 존재
하는 것".

〈공/연기〉

모든 것은 공하다. 실체는 없다. 모든 것은 연기다.

공 = 연기 = 중도(→ 모든 것 × 0 = 0).

〈세계, 자아, 타자와 사후의 세계〉

삶에서 인식해야 할 요소는 나, 세계, 타자이다. 또한 세 요소와의 관계에서 발생하는 여러 형이상학도 올바로 인식해야 한다.

나와 타자와의 관계에서 선악, 정의… 등의 문제가 발생한다. 타자가 없다면 존재하지 않는 문제이다. 따라서 자연 세계와는 전혀 무관한 문제이다. 인간은 선악, 정의 등에 따른 인과응보라는 필요에 의해 새로운 세계(천국, 지옥, 내세, 윤회…)와 인격신을 만들어 낸다. 내세와 신은 선한 삶의 공준으로 상정된 것이다. 즉 내세는 만들어진 가상의 세계이다. 신은 인간 행위의 심판자로서, 피지배층의 위안자로서, 지배층의 권리수호자로서 인간의 필요에 의해 만들어졌다.

나는 우주의 일원으로 과거에 존재했고 지금 존재하며 미래에 존재할 것이다. 죽음 이후에 현재의 나를 이루고 있는 형체, 성격, 관계와 똑같은 나는 죽음을 넘어 존재하지 않는다. 사후의 나는 현재와는 다른 형체, 성격, 관계로서(질료로서) 존재할 것이다. 그것은 흙, 물, 바람, 생명체의 일부일 수도 있다.

이러한 생사관에서 악한 자의 응보와 선한 자의 보상 문제는 어떻게 되느냐고 묻는다면 그것은 현생에서 인간들의 관계에서 해결되어야 하며 실재하는 세계와는 무관하다고 대답할 것이다. 자연세계에는 선악, 정의라는 개념이 없다. 따라서 인과응보를 위한 신과 또 다른 세계가 있어야 할 이유도 없다.

〈상황과 영향〉

특정한 시공간의 사건에 몰입된 자의 희로애락은 상황에 휘둘린다. 그러나 우주의 일원으로서 우주에 녹아 있는 자의 희로애락은 상황에

휘둘리지 않는다. 분리된 소량의 물을 데울 수는 있지만 바다 전체를
데울 수는 없다.

〈지성의 희생〉

"신이 가장 기뻐하는 희생은 지성의 희생이다(시지프스의 신화 - 철
학적 자살)."—인간이 신을 창조했다는 증거이다. 전능한 신이 본래 존
재한다면 신은 인간의 지성보다 훨씬 위에 있어 신에 대한 지성의 비
판은 있을 수 없을 것이기 때문이다.—지성의 희생(사라짐)을 통한 신
에 대한 순종.

〈시지프스와 인간〉

시지프스는 끝없이 비위를 밀어 올리지만 정상에 올려진 바위는 다
시 굴러 떨어진다.

인간은 끝없이 욕망을 추구하며 살지만 욕망의 충족에 따른 행복은
순간일 뿐 또 다른 욕망을 추구한다.

〈영원한 진리〉

연역도 경험에 근거하며 현재의 진리만이 있을 뿐 영원한 진리는 없
다. 유일한 영원한 진리는 내가 우주의 영원한 일원(질료)이라는 것이
다. 이런 깨달음에서 보면 선악, 구원, 부활 등을 이야기하는 종교와 그
에 대한 신앙은 유치하다. 모든 신앙(집착, 추구)의 대상은 우상이다.

〈한없는 기쁨〉

"생각할수록 경외와 숭엄함을 느끼는 것은 밤하늘에 빛나는 별과 마

신 들 과 행 복 을 다 투 다

음의 도덕율"이라고 칸트는 말하였지만 "내가 우주의 영원한 일원이며 (존재하지 않아야 마땅하나) 이런 형태로 존재한다는 것"이 나에게 한없는 기쁨을 준다. 내가 존재한다는 것은 엄청난 사건이다.

〈행복과 보람〉

인생의 목적이 행복(쾌락)이라는 것은 자신의 행복을 추구하는 것이며 그는 행복에 다다를 수는 있어도 행복에 머무를 수는 없다. 인생의 목적이 보람이라는 것은 타인의 행복을 추구하는 것이며 그는 행복에 머무를 수 있다.

'11. 4. 17

〈행복과 극한의 철학〉

외부의 상황에 상관 없이 행복할 수 있는 처음이자 마지막 전제는 "극한"에 서는 것이다. 아무리 많은 것을 잃어도 불행하다고 생각해서는 안 된다. 본래 내 것은 없었고, 행복의 주체인 '나'조차 없었기 때문이다. 역으로, 잃을 것이 남아 있다면 행복한 것이다. 죽음이 두려운가. 죽음이 두렵다면 행복한 것이다. 살아 있으니까. 잃을 수 있는 생명이 남아 있으니까, 인간은 죽어야 비로소 본래의 상태가 되는 것이니까.

〈욕망과 인식〉

인간은 마치 자신이 원하는 만큼 소유해야 하고 또 그것이 행복이고, 내가 살아 있어야 하는 것이 당연하다고 생각하지만 그것이야말로 터무니 없는 욕망(착각)일 뿐이다. 자연은 인간에게 행복을 보장해 주지 않는다. 자연은 그럴 의무가 없다. 세계를 정확히 인식하고 나를 정확히 파악하고 세계와 나의 관계를 올바로 깨닫는 것이 행복의 초석이다.

〈불이(不二)〉

모든 것은 우주의 이치(섭리)일 뿐이라는 것을 깨달을 때 고통과 행복, 번뇌와 지혜는 不二다. 우주의 이치에 대해 인간이 고통스러워하고 행복해하는 것이다.

'11. 4. 30

〈한 고통에 대한 변〉

1. 곧 죽을 병의 고통에 시달리고 있고, 2. 사고무친의 아이들을 찬 바람 부는 세상에 두고 가야 한다면 어떤 자세로 그 고통과 죽음을 맞아야 할까.

1. 세상에는 사소한 것으로부터 엄청난 고통에 이르기까지 무수한 고통이 산재해 있어. 고통의 바다야. 그런데 고통이 있다는 것은 그 고통을 겪어야 하는 사람이 있다는 것이지. 내가 겪는 어떠한 고통도 이 세상 누군가는 담당해야 할 고통이기에, 다른 사람을 대신해서 꿋꿋하게 짊어지고 가야 한다고 생각해. 주어진 배역을 충실히 연기해야 하는 거야. 성자, 현인, 범인이라는 호칭은 다름이 아니라 자신에게 주어진 고통을 얼마나 잘 견디고 그 역할을 훌륭하게 수행했는가에 따라 주어지는 것이라고 생각해.
그리고 큰 고통을 당하고 있는 사람일수록 타인의 고통을 짊어지고 있다는 자부심을 가져야 하며, 우리는 주변에 그런 고통을 당

신들과 행복을 다투다

하는 사람에 대해서는 불쌍히 여기기 보다는 나를 대신해 고통을 당하고 있음을 깨닫고 고마워해야 해. 따라서 고통 당하는 이들에게 주는 금전은 동정의 표시가 아니라 고마움의 표시여야 하고.

2. 그러면 내 심적 고통의 원인인 남겨지는 아이들은 어떻게 하나. 내가 아이들의 유일한 보호자라고 생각해서는 안 돼. 진정한 보호자는 우주의 섭리야. 부모는 우주의 섭리의 대행자 중의 하나일 뿐이고. 자신이 없으면 아이가 불행해질 것이라고 생각하는 건 무지야.

나를 떠나 다른 인연에 의해 세상으로 나아갈 때 그들에게 더 나은 운명이 펼쳐질 수도 있어. 아이들을 억지로 마음속에 잡아 두지 마. 세상은 내 생각보다 더 좋을 수도 있는 것이니까. 그리고 나의 부재로 인해 아이들이 겪어야 할 심적 고통에 대해서는 너무 염려하지마. 그들은 어리기 때문에 새로운 환경에 잘 적응하여, 내가 생각하는 것만큼 나를 애타게 찾지 않을 것이고, 지금 내가 애타하는 것만큼 진정으로 나를 그리워할 때쯤이면 아이들은 이미 세상을 짊어질 수 있는 성인이 되어 있을 거니까.

누구나 예외 없이 자신의 역을 수행해야 하는 것이고 또 할 수밖에 없는 거야.

'11. 5. 5

〈무아(無我)〉

자아는 육체에도, 두뇌에도, 마음에도 없다. 자아는 내/외부에 사고의 대상이나 자극이 있어야 나타난다. 순간만 존재할 뿐이다. 자아는 의식의 흐름이다. 매 순간 자아는 생겨나고 동시에 사라진다. 탄생의 순간도 죽음의 순간도 그런 순간들 중의 하나이다. 삶과 죽음은 변화 전후에 붙여진 이름일 뿐, 동일한 변화의 과정을 나타내는 말이다. 삶과 죽음은 같다. 우리는 삶에는 많은 가치를 부여하고 죽음에는 아무런 가치도 부여하지 않지만 사실은 동일한 가치의 변화의 과정들일 뿐이다. 지속하는 나는 없다. 매 순간 죽고 동시에 태어난다.

세계는 변화이다. 나도 변화이다. 나는 지속되지 않는다.

〈인식의 한계〉

직관과 오성 없이는 어떤 대상도 인식할 수 없지만, 직관과 오성이 대상을 온전히 인식할 수 있는 것은 아니다.

인간은 어떤 대상을 개념화하여 인식한다. 그 개념은 결코 대상의 전체를 포함할 수 없다. 인간은 대상을 보는 것이 아니라 개념을 본다. 결국 개념이라는 창을 통해서는 대상의 실재를 인식할 수 없는 것이다. 문자화된, 언어화된 개념 속에 집착하면 실재를 인식하지 못한다.

〈나〉

나는 '순간'만을 실재(존재)한다. 그러나 그 순간은 지나간다. 결국 그 '순간의 나'와 같은 '나'는 그 순간 외에는 없다. 변화의 과정 속에서 나는 순간적으로는 존재하지만 순간 존재하는 나를 인식할 수는 없다. 순간은 무수히 쪼갤 수 있으며 결국은 無의 시간이 되기 때문이다. 따라서 나는 존재인 동시에 비존재라고 부를 수 있다.

신들과 행복을 다투다

〈불이(不二) 1 - 자유 의지와 필연〉 - 개념의 초월, 인식의 〈초월〉

어항 안의 물고기는 자유 의지대로 움직여 위치하지만

결국은 어항 안에 있다.

인간은 자신의 의지에 따른 결과가 크게 상이하다고 생각하지만

결국은 같다.

- 우주의 법칙이 규정한 경우의 수 안에 존재한다.

- 인간의 자유 의지가 아무리 광범위해도 신(우주 법칙)이 정해 놓은

  범위를 벗어날 수 없다.

나의 입장에서 보면 자유 의지이며 신의 입장에서 보면 필연이다.

〈불이(不二) 2 - 행복과 고통〉

우리는 절대 고통과 절대 행복이라는 양 극단의 스펙트럼 속에 놓여 있다. 우리가 위치한 지점이 양 극단이 아닌 이상, 어디든지 더한 행복과 더한 불행 사이에 있게 된다. 고통 속에서도 더한 고통에 대비해 볼 때 그 고통은 곧 행복이다. 어떤 행복이든지 그 행복은 절대 행복에서 볼 때는 고통이다. 우리가 스펙트럼상의 어떤 위치에 있든지 그 지점은 고통이자 행복이다. 결국 행복과 고통은 동일한 것을 바라보는 시각의 차이일 뿐, 不二다.

원하는 행복을 얻을 수는 없으나 다가오는 고통을 받아들일 수는 있다.

〈불이(不二) 3 - 번뇌와 보리〉

어떤 번뇌에 빠졌을 때, 그 시점, 그 상황에서는 번뇌이지만, 시공간

전체의 시각에서 볼 때 그 번뇌는 지혜의 원인이다. (한 순간의 어떤) 번뇌는 (전체) 보리의 한 조각이다.

〈불이(不二) 4 - 지옥과 극락〉

인간은 자신이 경험한 세상의 악과 고통을 개념화하여 지옥이라는 개념을 만들어 냈다.

인간은 자신이 경험한 세상의 선과 행복을 개념화하여 극락이라는 개념을 만들어 냈다.

지옥과 극락은 별개인 것처럼 생각되지만 같은 세상을 서로 다른 관점에서 본 개념이다.

〈불이(不二) 4 - 생(生)과 사(死)〉

세계는 변화이다. 생과 사 또한 시시각각 일어나는 무수한 순간의 변화 중의 하나이다. 어떤 변화 이전의 상태를 생이라 하고 이후의 상태를 사라 한다. 반대로 어떤 변화 이전의 상태가 사이고 이후의 상태가 생이기도 하다. 생과 사는 동시에 발생하는 어떤 변화의 다른 이름일 뿐이다.

〈자아〉

나의 본질은 없다. 상황 속에서 드러나는 대자적 개념이다.

지나가는 **나그네**, 아이에 대한 **아빠**, 부인에 대한 **남편**… 어느 것도 나의 본질은 아니다.

그리고 아무리 많은 개념을 더해도 나를 표현할 수 없다.

〈죽음〉

본래 나에게 속한 것은 없었고, '나' 또한 없었다. 나는 죽음으로서 아무것도 잃을 것이 없다. 어떻게 나에게 속하지 않은 것을 나에게서 앗아가는 일이 가능하겠는가.

〈어느 보스의 철학〉

조직원 여러분! 세상 사람들은 우리를 조폭, 깡패라고 부르며 쓰레기 취급을 하고, 악의 앞잡이라고 매도합니다. 그렇지만 우리가 없다면 우리로 인해 먹고 사는 경찰이나 법조계 분들이 당장 곤란할 것이고, 우리가 사라진다면 선악의 균형을 위해 흡연이나 침 뱉기 등이 우리를 대신해서 새로운 악으로 등장할 것입니다. 따라서 사람들의 행위도 더욱 구속될 것입니다.

더구나 악이 없다면 선이 어찌 있을 것이며 왜 선만이 있어야 한다고 생각합니까. 죽음이 있어야 생명이 태어나는 것처럼 악 또한 세상의 소금 역할을 하는 것입니다. 따라서 우리는 우리 역할을 충실히 하고 경찰은 경찰의 역할을 충실히 할 때 이 사회는 제대로 굴러갈 것입니다. 신은 창조도 하고 유지도 하고 파괴도 합니다.

조직원 여러분! 여러분은 긍지를 가져야 합니다. 우리는 사회에 꼭 필요한 악의 역할을 하고 있는 것입니다. 선은 좋은 것이고 악은 나쁜 것이라는 생각은 인간의 짧은 생각입니다. 자연에는 선이 필요하듯 악도 필요합니다. 교회 잘 나가는 사람만이 세상의 소금입니까? 우리도 소금입니다.

또한 여러분 중에는 자신의 부침 많은 처지를 비관하는 사람이 있습니다. 비관하지 마세요. 당신이야말로 인생을 파노라마처럼 제대로 살고 있는 것이니까요. 유복한 가정에서 태어나 범생이로 자라서 안락한 삶을 살아가는 사람이 부럽습니까? 그들의 삶은 밋밋한 삶입니다. 그들은 삶의 단맛밖에 모르고 사는 불쌍한 인간들입니다. 모처럼 태어난 세상에서, 가장 밑바닥에서부터 최고 상류까지의 삶을 다 맛보는 것이 최선의 삶입니다.

여러분! 싸우다가 죽는 것이 두렵습니까? 죽음의 고통이, 남겨진 가족이, 또 다른 무엇이 여러분을 두렵게 합니까? 죽음에 이르는 과정이 고통스러울지는 모르지만 죽음 자체는 고통스럽지 않습니다. 가족은 당신이 없어도 잘 살아갑니다. 당신은 가족을 가장 책임을 져야 하는 제1의 책임자가 아닐뿐더러 당신은 가족을 책임질 수도 없습니다. 당신이 없어도 제1의 책임자인 자연의 섭리가 가족들을 보호할 것입니다.

죽음이 있기에 우리는 더욱 용감히 싸울 수 있고, 죽음 때문에 이 삶을 지탱해 나갈 수 있는 것입니다. 왜냐구요? 죽음은 삶의 구원이기 때문입니다. 역설처럼 들립니까? 아는 사람은 알겠지만 소크라테스는 죽음을 피할 수 있었음에도 불구하고 기꺼이 죽음을 택했습니다. 그는 바보가 아닙니다. 최고의 지혜로운 철학자입니다.

삶은 우리를 붙잡지만 죽음은 우리를 잡아 끌지 않습니다. 나를 모르는 긴 잠과 깨어 있는 이 삶 중에 어느 것이 더 평안하던가요? 삶에 취한 자는, 술 취한 자가 술을 찾듯, 삶을 움켜쥐고 놓지 않으려 합니다. 의리에 취해 있지, 결코 삶에 취해 있지 않은 우리 조직원들은 더 이상 삶의 환상에 빠져 있지 않으리라 생각합니다.

우리는 일부러 죽음을 선택할 필요는 없지만 결코 죽음을 두려워할

　　　　　신들과 행복을 다투다

필요는 없습니다. 알고 보면 죽음은 삶의 이면이자 또 다른 생이니까요.

〈관심의 범위와 행복〉

사람은 관심 갖는 주제에 따라 지혜의 삶 또는 공허한 삶을 살게 된다. 그러나 지혜로운 자는 관심 갖는 주제가 많지 않다.

〈가능성의 역설〉

가능성은 희망을 갖게 하지만 결국 성취감을 주기보다는 좌절감을 준다. 모두가 성취할 수 있는 것이라면 가능성이라고 표현하지 않을 것이다. 그 가능성을 성취한 자는 소수이고 대다수는 가능성에 사로잡혀 현재를 소비하다가 결국 좌절한다.

우리는 불투명한 가능성을 향해, 성공이라는 미명하에 얼마나 많은 격정과 고뇌의 세월을 보냈던가. 세월은 젊음, 정열과 함께 가능성을 거두어 간다. 그것은 슬프기만 한 것은 아니다. 오히려 안온한 평화를 가져다 준다. 맹인의 평화로운 얼굴.

〈유대교와 파생 종교〉

유대교, 기독교, 이슬람교 등 대다수 인격적 유일신교의 교리는 무식하다. 유일신에 대한 교리도 억지고 포교도 억지스럽다. 대부분 무력을 앞세운 강제적 포교의 역사를 가지고 있다. 더구나 그런 종교에 대한 신앙을 가진 사람들은 확실한 우상(유일신)을 섬기고 있다. 그들은 자신의 신앙의 대상에 대해 한 번이라도 진지한 회의를 했는지 모르겠다. 그들의 교리는 회의를 죄악시한다. 최소한의 이성이라도 자신들의 신을 향해 질문하는 이성이라면 결코 용납하지 않는다. 고등 종교가 아니다. 인간의 불완전함을 이용하는 사기다.

'11. 5. 27

〈섭리와 운명〉

우주의 섭리, 개인의 운명. 나를 둘러싼 내 운명의 무수한 원인을 어찌 다 알 수 있으며, 어찌 설명할 수 있으리요. 발생한 것은 발생했기에 운명으로 받아들여야 한다.

자유 의지에 따라 내 상황이 변할 수는 있으나 어떤 결과라도 이미 운명(섭리)의 범위 내에 있는 것이다. 의지는 무수한 원인 중의 하나일 뿐이다.

〈우주 속의 나〉

나는 자연의 일부이다. 우주 속에 녹아 있다. 만원 지하철에서 밀리지 않으려고 손잡이를 꽉 잡고 용쓰는 것처럼, 세계와 대결하면서 상황을 바꾸려고 투쟁하고 있는가. 손잡이를 놓으라. 곧 쓰러질 것 같지만 결코 쓰러지지 않으리니. 자연에 맡기라. 자아를 우주 속에 녹이라. 자신을 우주와 분리시키지 말고 우주 자체가 되라. 자아가 사라지고 우주만이 존재할 때 진정 평화로우리라.

'11. 6. 1

〈상실의 고통〉

소유한 경험이 있을 경우 상실에 대한 고통이 뒤따른다. 당초 소유하지 않고 경험하지 않았다면 상실의 아픔은 없다. 따라서 지속되지 않는 것은 소유하지 말아야 하며, 영원히 지속되는 것은 없으므로 소유물에 대한 애착을 버려야 한다. 소유물과 나를 분리시켜야 한다.

〈원하는 삶〉

반복되는 일상, 반복되는 행복에는 무감각해지지만, 반복되는 고통에는 언제나 새롭게 고통스러워 한다. 원하는 삶은 무엇인가. 일상의 밖으로 나가 세상을 관조하는 삶. 자신의 희로애락을 관조자로서 구경하는 삶. 가능한 한 중생을 구원하는 삶. 완전한 관조자.

〈자유〉

중요한 것은 나와 자연과의 관계이며, 인간적 관계는 부차적이다. **자유는 타인과의 관계로부터의 초월이다.** 재산, 지위, 명예 모두가 타인과의 관계상에서의 가치이다. 타인의 손가락질에는 물론, 현자의 비난에조차 무심해야 한다. 최소한의 필수적 소유물만으로 나의 삶을 살아가야 한다.

〈창조물에 구속되는 창조자〉

선은 악이 없으면 정의되지 않는다. 빛과 어둠처럼. 행복과 고통도 마찬가지의 관계다. 당초 선악(빛/어둠, 행복/고통)의 구분은 없었다. 인간은 선악에 대한 개념을 분별하여 만들고 언어로 분리하여 표현했다. 그리하여 마치 선과 악이 따로 분리되어 있는 것처럼 생각하는 것이다. 자연과 개인 사이에는 선악은 없다. 타자와의 관계에서 선악이 필요했던 것이다. 결국 인간은 자신이 만든 개념에 구속되어 살아간다.

〈자연의 일원으로서의 삶〉

자아의 벽을 허물고 소유의 둑을 무너뜨려 자연과 하나가 됨으로써 더 이상 잃을 것 없는 완전한 소유와 평안을 찾기를… 자아가 생김으로써 자연과 분리된 삶을 사는 인간은 언젠가는 죽음으로써 다시 자연과 하나가 되기 마련, 현자는 죽음(자아가 사라진 삶)을 미리 사는 자이다.

〈인식의 한계〉

꽃밭에 가면 꽃을 자세히 보기 보다는 꽃 이름 푯말을 자세히 본다. 그리고는 꽃밭에서 꽃을 보았다고 생각하고 꽃 이름에 맞는 꽃을 상상한다.

〈의지와 섭리〉

인간은 삶에의 의지가 허락되는 한 신(우주)의 섭리를 깨닫기 어렵다. 시간이 그의 모든 의지와 가능성을 거두어 갔을 때에야 비로소 신의 섭리를 깨닫게 된다. 그때의 깨달음은 죽음을 목전에 둔 자의 회한이 된다.

다양한 삶의 현상과 그에 따른 칠정은 삶에 대한 참된 인식을 가린다(마야). 삶에 취하게 한다. 평생 깨어나지 못한 채 죽음의 팔에 안기게 한다.

〈깨친 자의 연극〉

깨친 자에게 이 삶의 연극, 연극 같은 삶은 무슨 의미가 있는가. 이 연극을 무슨 의미로, 언제까지 계속해야 하는가.

〈나, 타자, 세계〉

현실의 세 가지 구성 요소. 나, 타자, 세계. 부, 지위, 명예, 권력 등 나를 현실 속으로 밀어 넣으며 욕망에 사로잡히게 하는 모든 것은 타자와의 관계에서 비롯된다. 나와 세계와의 관계는 소박하고 평화롭다. 타자에 대한 인식을 제거한 삶은 평온하다.

〈무의 고통 VS 상실의 고통〉

소유의 행복 보다는 상실의 고통이 크다. 소유의 행복은 잠시. 상실의 고통은 기억이 남아 있는 한 계속된다.

무의 고통보다는 상실의 고통이 크다. 본래부터 소유하지 않았던 것에는 고통을 느끼지 않는다. 소유하고 향유했던 행복이 고통을 낳는다.

고통을 낳을 것을 소유하지 않는 것, 언제 상실해도 평정을 유지할 수 있는 것만을 소유하는 것이 지혜다.

〈한 잔〉- 「고문진보」 중에서 엮음

바람이 비질하여 구름마저 스러진 밤
푸른 달빛 머금은 잔 가슴속에 기울이면
뼛속 깊이 시린 마음은 그대까지 적시리.

〈운명에의 합일〉

인생은 우주의 섭리라는 바다를 향해 흐르는 운명의 강을 헤엄치는 것이다. 일어난 일은 물론 일어날 일에 대해서도 합일하여야 한다. 어떤 운명이든지 우주의 섭리 안에서 연유한 것이기에…

〈증오〉

증오는 운명에 대한 무지이며 집착의 일종이다. 지혜의 한계.

〈직장의 상사 VS 인생의 상사〉

직장의 상사는 직장의 상사로서의 행동만을 해야 한다. 인생의 상사로서의 행동을 하려면 상대의 무언의 동의가 우선이다. 두 가지 사이의 경계를 정확히 구분하는 것도 지혜이다.

〈나와 육체〉

육체는 내가 아니다. 곧 시들어 버릴, 상실할 소유물이다. "당신은 아름답습니다."가 아니라 "당신은 아름다운 몸을 소유하고 있습니다."라고 해야 한다. 우리는 타인을 그의 육체, 목소리, 버릇 등으로 인식한다. 그러나 그것들은 변하고 사라진다. 나는 무엇인가.

〈지혜〉

부보다 먼저 지혜를 얻기를… (깨친 자의 만원은 무지한 자의 백만 원보다 크다.)

배우로서 배역에 취하지 않기를… (나는 인생이라는 연극의 배우이고 배역은 내가 잠시 맡은 역할일 뿐.)

〈외로움〉

외로움은 무엇에 대한 사랑의 결핍이다. 외로움의 배후에는 언제나

신들과 행복을 다투다

사랑받고 싶은 대상이 있다. 해결의 열쇠는 사랑하는 대상의 존재와 그 대상의 사랑이다. 대상 없는 외로움은 없다. 존재의 쓸쓸함으로 표현되는 외로움조차 그 대상이 있다. 그것은 운명.

〈평정의 칼과 방패〉

외적 상황에 대한 평정의 칼은 스토아 철학. 내적 갈등에 대한 평정의 방패는 불교 철학.

〈깨달음 VS 깨침〉

깨달음은 대상이 있으나 깨침은 대상이 없다. (~에 대한 깨달음, 우주 전체에 대한 깨침.)

서양 철학(스토아 철학 등)은 수많은 대상에 대해 하나 하나 깨달아 간다(각개 격파).

동양 철학(불교 철학, 도가 철학 등)은 전체를 한번에 깨친다.

'11. 6. 12

〈길이를 사는 자 VS 깊이를 사는 자〉

인생의 길이를 사는 자: 눈앞의 외부 상황에 반응하며 사는 자.

인생의 깊이를 사는 자: 외부의 세계와 자신의 내면을 통찰하며 사는 자.

〈추천 직업〉

사람은 상대하는 직업이 아닌 사물을 상대하는 직업을 택할 것. 사람을 상대하는 직업은 피곤하며 자신을 교활하게 만든다.

〈깨침〉

자유의지와 운명, 삶과 죽음, 선과 악, 행복과 고통, 지혜와 번뇌가 다름이 아니고, 나와 타자와 세계가 다름이 아님을 인식하는 것. 그 차이와 동일성을 한 눈에 보는 것. 시공간 전체의 존재의 무수한 변화를 동시에 통찰하는 것. 깨친 자는 인간의 눈이 아닌 신(자연)의 눈으로 대상을 본다. 깨친 자에게 더 이상의 깨달음은 있을 수 없다.

〈존재적 변화 VS 인식의 변화〉

세계의 변화, 대상의 변화, 존재적 변화보다는, 나의 변화, 인식의 변화가 더 완전하다. 세상의 모든 것을 붉게 만들려면 세상의 존재들을 모두 붉게 만드는 것보다는 붉은 색 안경을 쓰는 것이 더 완전하다. 세상을 어둡게 만들기 위해 빛을 제거하기보다는 눈을 감은 것이 더 완전하다.

〈인식의 각도〉

누군가의 깨달음을 들을 때, 그 내용의 진위가 아닌 그의 인식의 각도(차원)를 생각해야 한다. 그렇지 않으면 운명의 강 밖으로 나올 수 없다. 깨달음은 새로운 인식 능력, 통찰력이다.

〈깨달음과 무아〉

나는 변화하는 존재, 깨달음이 깊어갈수록 존재의 기간이 점점 짧아져(찰나멸) 결국 무아가 되고 만다.

〈자유 의지와 운명〉

자유 의지의 최대치는 운명이다.

〈사과나무를 심다〉

"내일 세상의 종말이 오더라도 오늘 사과나무를 심겠다."는 스피노자의 말에 대한 해석.

- 어떠한 상황에서라도 희망을 가져야 한다(교과서적 해석).

- 내일 세상의 종말이 온다면 그것은 내가 부정할 수 없는, 내가 합일해야 하는 자연의 섭리이다. 어떠한 상황에서도 나는 내가 해야 하는 일을 한다. 그것이 사과나무를 심는 일이든지, 사과나무를 베는 일이든지(자연의 섭리와의 합일).

〈신, 나, 타인과의 관계〉

본질적이고 삶의 규준이 되는 것은 신(세계)과 나와의 관계이다. 대부분의 사람들은 인간 관계(나와 타인과의 관계)를 최우선시하지만 그러한 삶은 타인의 생각과 자신의 욕망—'자신의 욕망'이라고 생각하는 그 욕망 자체도 타인이 원하는 '타인의 욕망'일 수도 있지만 —이라는 파도 위를 떠다니는 삶이 된다. 끝없는 흔들림. 그러나 신과의 관계에는 그 관계를 더 견실하게 하고자 하는 욕망 외에는 다른 욕망이 자리할 곳이 없다. 오히려 소박하다. 금전, 권력, 명예 등 인간 욕망의 대부분은 타인과의 관계에서 비롯된다. 욕망을 버린 삶이란 신과의 관계를 견고히 정립하고 그것을 규준으로 하는 삶이다.

신과의 관계를 규준으로 살았던 사람들에게 타인과의 관계는 부차적인 것이었으므로 오히려 더 많은 삶의 시련을 받았으나 그에 따른 흔들림은 적은 삶이었으리라.

평정의 삶과 희로애락의 삶 가운데 어떤 삶을 살 것인가.

〈경험 전달의 한계〉

깨달음이든 관념이든 자신의 경험을 타인에게 전달할 때는 그의 경험을 통해 전달해야 한다. 그렇지 않다면 공허할 뿐이다.

〈평정을 향하는 자, 평정에 이른 자〉

평정을 향해 가는 자는 희로애락을 피하지만, 평정에 이른 자는 희로애락 자체를 흔쾌히 받아들인다.

〈부자의 몸 사림〉

많이 가진 자는 망설인다. 소유물로부터 자유롭지 못하다. 생이 많이 남은 자도 그러하다.

〈삶과 연기〉

세상은 주관의 세계다. 그러나 사람들은 객관의 시각을 강요한다. 나는 객관을 연기하며 주관의 삶을 산다.

〈일상〉

막걸리 한 병에 무너지다.

〈선악〉

선과 악의 창조자는 누구인가.

신들과 행복을 다투다

신은 선과 악의 창조자가 될 수 있는가.

나는 선과 악의 창조자가 될 수 있는가.

'11. 6. 27

〈운명〉

생로병사의 고통과 그 원인을 여실히 볼 때, 현재 자신이 처해 있는 한 가닥 운명이 아닌, 자신이 처할 수 있는 운명 전체를 깨달을 때, 우주의 섭리를 깨달을 때, 인간은 진리를 인식함으로써 운명을 벗어난다. 시공간을 넘어선 인과를 통찰함으로써 운명을 받아들임과 동시에 운명을 벗어나는 것이다.

〈불교 철학〉

불교 철학은 존재의 철학이 아니라 인식의 철학이다.

공간에 사물이 있음에도 공하다는 것은 시간 전체로 볼 때 그것은 변하여 또는 사라져 없는 것과 같다는 것.

〈대상과 개념〉

선과 악. 개념은 분리되나 대상은 분리되지 않는다. 인간은 하나의 대상을 두고 좋은 면을 모아 선이라는 개념을 만들고, 나쁜 면을 모아 악이라는 개념을 만든다. 그리고 선과 악이 별개의 존재인 양 생각한다. 그러나 선악은 동일한 대상에 대한 인식의 차이일 뿐이다.

개념은 대상과 분리되면 공허하다. 행복의 개념만으로는 행복해질 수 없다. 행복한 대상이 주어질 때 비로소 행복해진다. 그러나 큰 행복을 주는 그 대상은 언제인가 그만큼의 고통을 줄 것이다. 그러한 진리를 아는 자는 어떤 대상, 어떠한 상황에도 평정을 유지한다.

'11. 6. 28

〈의지의 행위〉

인간의 모든 의지의 행위는 자연의 선에 역행한다. 자연이 인간에게 허락한 행위는 본능적 행위에 한한다. 자연의 입장에서 인간은 자연의 역행자, 파괴자로서 누구나 악인이다. 악인인 나는 저 악인들을 어떻게 인도해야 하는지.

〈정리의 시기〉

삶과 죽음에 대한 정리는 건강하고 평화로울 때, 삶과 죽음에 대한 생각을 하지 않아도 될 때 해야만 한다. 병에 걸리거나 사고를 당한 후에는 이미 그것에 휘둘린다. 그때는 이미 늦은 때다. 의연한 삶과 죽음을 위해서는, 죽음을 전혀 고려할 필요가 없다고 여겨지는 그때, 미리 죽음을 깊이 고려하고 죽음에 대한 자신의 입장을 정리해야 한다.

'11. 7. 6

〈무제〉

현재의 행복을 즐겨야 하지만 극한의 철학자는 그것에 연연하지 않는다.

염세주의자는 없다. 염세주의만 있을 뿐이다. 염세, 비관, 낙관…. 인간성의 다양한 면을 표현하는 것일 뿐.

신들과 행복을 다투다

〈침잠〉

성공, 열정, 투지, 도전… 세상의 경쟁으로, 타인과의 투쟁으로 내모는 어설픈 가치에 피로감을 느낀다. 좀 더 침잠하고 싶다. 눈부신 태양 아래 활기찬 소음으로 약동하는 풍경보다는 인적 없이 고요한 안개로 맞는 호젓한 풍경이 좋다. 비 오는 호수공원, 피어오른 물안개 너머 아스라히 보이는 병풍처럼 둘러쳐진 아파트, 나에겐 동양화 속의 험산절경이다.

〈구속과 자유〉

물안개 짙은, 비 내리는 호수,
온몸 젖어 더 이상 젖을 것 없을 때,
이제껏 구속이었던 쏟아지는 비는 오히려 자유입니다.

나를 구속하는 나의 소유물…
젖을 것이 남아 있는 한 비를 피하려고 하는 것처럼,
소유물이 남아 있는 한 그것이 구속할 것입니다.

한줄기 (무소유의) 바람은 나의 구원이었습니다.

〈관조〉

대상은 객관적으로 바라보면서 왜 자신은 객관화하지 못하는가. 나 또한 자연의 이치 속에서 변화하는 하나의 사물인 것을. 마치 자신이 본래 존재했었고 이후에도 계속 존재해야 하는 실체로 생각하는 어리석음.

〈섭리와 의지〉

당신이 자연의 섭리를 깨닫는다면 당신의 의지를 버리리라. 당신은
이미 자연과 하나이며, 의지를 갖든지 버리든지 그것은 섭리 안에 있
는 것이고, 자아와 의지가 사라짐으로써 자연은 더 완전해진다는 것을
알리라.

〈고(苦)〉

고(苦)는 생(生)으로부터 시작된다. 생사, 존재의 유무가 더 이상 의
미 없고 차이 없음을 깨달음이 해탈이다. **자연 속의 나는 무아이나, 타
인과의 관계 속에서 나는 나타난다.**

〈지식 더미〉

양적 지식을 질적 지혜로 변화시키지 못하면 그 지식은 무의미하다.
지혜로 변화되지 못한 지식 더미는 맹목이다.

〈소유가 필요한 이유〉

소박한 삶에 필요한 것은 많지 않다. **우리가 집착하는 소유물은 대
부분 타인과의 관계에서 필요한 것이다.** 비교하는 삶을 버리면 욕망도
집착도 사라질 것이다.

〈인식의 철학〉

음식물의 맛은 그 음식물에 있는가, 나에게 있는가. 인간의 지고의
가치인 자유와 행복. 대부분의 사람들은 그것을 외부의 조건과 환경에
서 구하지만 사실은 자신 안에 있다.

내 안의 불성. 존재의 철학이 아닌 엄청난 인식의 철학, 불교 철학.

〈실존주의의 오류〉

사물은 본질이 존재에 우선한다는 실존주의는 오류를 내포하고 있다. 책상의 본질은 인간의 입장에서의 본질일 뿐, 책상 자체의 본질은 아니다. 책상을 이루는 나무는 본래 책상으로 만들어지려고 존재한 것이 아니었다. 인간이 그렇게 만들었을 뿐. 인간은 어떤 사물을 자신의 의도대로 만들어 놓고 자신의 의도를 그것의 본질이라고 한다. 만물의 각각의 존재 이유는 인간이 정할 수 없다. 그것은 엄청난 월권이다.

〈인생〉

허락된 생, 소중한 생, 즐거운 생, 기쁜 생.

〈필요와 반복〉

불필요한 욕망과 필요한 욕망의 대상을 구별하는 핵심은 반복에 있다. 반복되어도 지속적인 행복을 주는 것이라면 그 대상은 꼭 필요한 것이다. 반복됨에 따라 그 대상이 주는 행복이 줄어든다면 그 대상은 꼭 필요한 것이 아니다.

〈자아관〉

회사, 단체, 사회, 국가(인위적 집단) 안에서의 '나'가 아니라 세계, 우주 안에서의 '나'로서 생각하고 행동하라. - 회사의 대리로서 과장이 되는 것을 목적으로 살지 말고 우주의 구성원으로서 어떤 사고와 행위를 해야 하는가를 생각하며 살라.

'11. 7. 18

〈반복되는 일상〉

생의 굴레, 반복되는 생, 사육되는 생, 무의미한 생. 스스로 시지프스의 생을 살고 있는지도 모른다. 과감한 일탈을 두려워하는 것은 무엇인가. 타인 또한 일탈을 하지 못하는 이유는 무엇인가.

〈극한에 서다〉

우리는 우주 속의 주체가 아닌 객체, 기껏해야 어항 속을 휘젓고 다니는 물고기, 세상이라는 한정된 감옥에서 생활하는 수인이라고 생각해야 한다. 그럼으로써 어떤 상황에서도 자신의 한계를 견딜 수 있어야 한다. 극한에 서야 한다.

인간은 악하다. 자신 선을 베풀지만 타인은 그렇지 않을 수도 있다. 타인이 그 자신을 위해 나에게 피해를 주는 것을 당연하게 여겨야 한다. 반대로 인간이 선하다고 생각하면 엄청난 혼란과 실망에서 벗어나지 못할 것이다. 극한에 서야 한다.

'11. 7. 21

〈세상으로의 귀환〉

이제는 세상으로 귀환할 때가 되었는가. 깨달음을 얻었는가.
세상사를, 인생을 놀이로서 즐길 만큼 비워져 있는가.

〈흔들림〉

잠시, 나의 환경, 소유에 대해 원래부터 가진 것인 양 착각했다.
잠시, 평정을 잃었었다.

나의 의지와 욕망이 없다면

세계는 영화처럼 아름답고 조화로울 것이다.

더위와 추위를 벗어난 날씨의 가치를 아는 자 얼마나 되리.

〈섭리/운명/자유 의지〉

우리는 우주의 섭리라는 바다를 향해 흐르는,

운명의 강을 자유 의지로 헤엄치고 있다.

자유 의지는 운명에 속해 있고 운명은 우주의 섭리에 속해 있다.

〈정의에 대한 인식〉

옳고 그름과 상관없이, 권력자의 편애를 받는 자는 선인이 되고 미움을 받는 자는 악인이 된다면 정의의 측면에서 당연히 부당하다고 생각할 것이다. 그러나 사회 속에 사는 우리는 대부분 그것을 받아들이고 있고, 오히려 스스로 그렇게 생각하는 경향이 있다.

〈삼위일체론〉

당초 기독교의 신은 여호와 하나였으나 예수를 신격화하기 위해 신을 성부와 성자로 이원화하였고, 예수의 사후, 현실적으로 존재하는 신이 필요해지자 성령이라는 신격을 만들어 내었다. 성부, 성자, 성령 즉 삼위일체의 신은 시종 인간의 필요에 의해, 아니 신을 팔고 살아가는 자들에 의해 창조되고 변형된 것이다(밀라노 공회… 입 맞추는 회의).

〈불교와 기독교〉

불교는 고통에서의 해방을 추구한다. 현실적이고 경험적이다. 기독

교는 죄에서의 구원을 추구한다. 관념적이고 비약적이다. 기독교의
죄(선악과)라는 것은 당초 신이 만든 것. 병 주고 약 주는 격.

　종교적 타력구제는 그저 인간의 욕망일 뿐이며, 더구나 육체의 구제
는 인간의 욕망을 이용한 종교의 교묘한 상술이다. 나는 우주의 일원
임을 깨닫는 것으로 모든 구제를 대신한다.

'11. 7. 27

〈불안한 인생〉

　깨달은 자도 깨닫지 못한 자도 절벽에 걸린 나뭇가지를 잡고 있는
인생이긴 마찬가지다. 불안할 수밖에 없는 인생을 어떻게 생각하느냐
에 그 차이가 있다. 불안을 인생의 보편적인 성격으로 받아들일 것이
냐, 나만의 특수한 상황으로 받아들일 것이냐.

〈섭리와 목적〉

　자연(신)의 섭리에는 어떠한 목적도 의지도 없다. 그저 섭리 자체만
있을 뿐. 자연의 섭리에 의지와 목적이 있다고 생각하는 것은 인간의
바람이다.

'11. 8. 3

〈자연과의 합일〉

　무아는 곧 자연과의 합일. 자아가 사라져야 자연의 일부가 되고, 우
주의 완전한 일부가 됨으로써 우주 자체가 된다. 브라만의 일부가 되
어야만 아트만이 된다.

〈자아 관념〉

자아 관념은 기억의 덩어리. 기억이 없다면 나는 없다. 기억을 잃어버린 기억상실증 환자에게 나라는 관념은 없다.

'11. 8. 15

〈가능성과 고통〉

"할 수 있음"(능력, 가능성)이 오히려 고통의 원인이다. 가능성 때문에 의지는 끝없이 무엇인가를 추구한다. 세월이 가능성을 거두어 갈 때 비로소 평안해진다. 본래 전오식과 육식(안의비설신의)이 없는 존재였더라면 고통을 몰랐으리.

〈행복과 고통〉

행복이란 차라리 몰랐으면 좋을 것일 수도 있다. 새로운 행복을 경험할수록 더 많은 고통에 노출된다. 지속되지 않는 행복, 그래서 결국은 상실될 수밖에 없는 행복에 의해 고통을 겪는다. 행복과 고통은 不二다.

(지속되는) 행복은 없다. 행복이 나를 떠나거나 내가 행복을 떠난다. "~라면 행복할 것이다."라는 행복관은 상황에 종속된 불안한 행복관이다. "~일지라도 행복할 것이다."라는 극한의 철학만이 견고한 행복관이다.

〈윤회와 인간〉

윤회가 있다면 전생에 가장 악업을 쌓은 것이 인간으로 환생할 것이며, 따라서 인간은 항상 인간으로 환생할 수밖에 없다.

〈사소함〉

시공간을 통찰할 때, 생사조차 사소하거늘, 어찌하여 더 사소한 일상사에 매달려 있는가.

〈디오게네스의 Pride〉

알렉산더 앞에서 "햇빛을 가리지 말라."고 말한 디오게네스의 Pride의 원천은 세계(우주)에 대한 통찰과, 아무것도 필요 없고 자신의 존재조차 없어도 상관없는 견고한 그의 인생관(행복관)에서 연유할 것이다.

〈인생이라는 짧은 휴가〉

내일 전장에 나가는 자에게 하루 휴가의 의미는?
곧 사라질 존재에게 인생이라는 짧은 휴가의 의미는?

〈본능과 깨달음〉

인연과 연기, 무상과 화엄을 깨달았음에도 색성향미촉법를 쫓는 인간의 본능. 집착하지 않는 한 본능은 자연의 이치로 여겨야 할 것이다. 깨달음과 함께 전오식, 육식에 의한 욕망도 사라지리라.

〈대오(大悟) 2〉

아름다운 풍경화의 미는 그 풍경화 속에 있는 것이 아니라 화가의 마음속에 있다. 연기, 공의 깨달음도 연기, 공을 대상으로 관찰함으로써 깨달을 수는 없다. 자신이 부처의 마음이 되어야 하는 것이다.

달을 가리키는 조사의 손가락을 보아서는 안 된다. 달을 보아서도 안 된다. 조사의 마음을 보아야 한다. 아니 그 마음을 대상(객체)으로 보아서도 안 된다. 스스로 그 마음이 되어야 한다. 그가 되어야 한다. 객체, 대상이 아니라 그 깨달음의 주체와 일치되어야 한다. 불립문자. 견성성불.

깨달은 자가 "사람이 나무"라고 한다고 "사람이 왜 나무일까." 아무리 생각해 봐야 알 수 없는 것. 무엇에도 의지하지 않고 혼자 갈 수밖에 없는 구도의 길. 선(禪). 부처를 죽일 수밖에.

〈깨달음과 해탈〉

연기, 공에 대한 깨달음을 통해서 해탈해야 하는가, 해탈해야 연기, 공을 깨달을 수 있는가. 깨달음과 해탈은 불이(不二)이리라. 동시적 개념.

〈즐기는 자〉

연휴의 마지막 밤을 즐기는 자들은 어떤 자인가. 내일이 걱정 없는 견고한 인생을 사는 자인가, 인생을 초월한 자인가, 아니면 내일 이후를 통찰할 능력 없는 단세포 인간인가.

'11. 8. 17

〈공(호)과 분별〉

만물이 공한데 어찌 분별이 있으리.

〈범인과 현자의 행복과 고통〉

범인에게는 고통 없이 행복도 없다. 고통 없는 행복은 권태일 뿐이다. 고통, 행복, 권태 중의 한가지 상태에 있다. 평정이 없다.

현자에게는 행복도 없고 고통도 없다. (범인에게는 권태처럼 느껴질) 평정만이 있을 뿐이다. 우주의 섭리를 인식하기에 행복도, 고통도 평정 속에 묻힌다.

〈인생이란〉

인생이란 화엄(연기)과 무상의 변주곡이다. 시공간 전체를 한눈에 통찰할 때 생 자체는 바다에 이는 하나의 물거품처럼 무상하나, 현재의 생은 장엄한 꽃과 같이 아름답고, 무한한 인연으로 연기된 것이기에 소중하다.

생이 아름다운 이유는 생이 곧 사라지기(덧없기) 때문이다. 청춘이 바라보는 생보다는 노년이 바라보는 생이 더 아름다운 이유이기도 하다. 청춘의 생은, 무한한 가능성이 있고 그것을 성취하여 보다 멋진 인생을 살고자 하는 욕망으로 싸여 있기에, 세계는 아름다운 자연이기보다는 끝없이 경쟁해야 하는 전쟁터이다. 노년의 생은 세월이 이미 가능성을 거두어 갔기에 보다 평온하게 생을 바라볼 수 있는 것이다. 얼마 남지 않은 붉은 저녁 노을… 어찌 아름답지 않겠는가.

'11. 8. 22

〈오늘의 생각〉

생각은 삶을 이끌지 못하고 삶에 매달려 있다. 삶에 매몰되지 않고 삶 자체를 초연하게 바라볼 수 있는 사람을 만나고 싶다.

신들과 행복을 다투다

〈생사불이(生死不二)〉

불이란 둘이기도 하고 하나이기도 한 것. 생사불이… 생에 취한 자에게는 둘이고 생을 떠난 자에게는 하나이며 동시에 둘이다.

〈현자의 평안〉

현자일수록 가까운 미래의 평안까지도 걱정하지 않는다. 현재 느끼고 있는 평안 이외에는 보장될 수 없음을 알기 때문이다. 아울러 운명은 나를 동정하지 않는다는 것과 우주는 나를 위해 있지 않다는 것도.

〈외부에 대한 의지〉

외부의 것에 의지하지 않고 사는 연습을 해야 한다. 부귀영화는 물론이고 한 끼의 식사량도 줄여야 한다. 최대한 외부의 것에 영향받지 않도록. 필요하다는 것은 외부에 의지한다는 것. 만족한다는 것은 필요가 없는 것.

〈단상〉

비행은 자유이자 고립.
성욕은 생에 대한 의욕.
지나친 소유는 구속.

'11. 8. 27

〈형이상학적 가치〉

자유와 행복 등 모든 형이상학적 가치는 외부에서 제공되지 않고 자신의 내부에서 생성되는 것(솟아나는 행복).

정의, 도덕 등 형이상학적 가치는 인간의 욕망, 현실의 이익 앞에 너무나 무력하고 멀리 있다. "허기를 채우기 위한 빵을 위해서는 밤을 새울 수 있어도, 정의와 선행을 위해서 밤을 새우기는 어렵다." 인간은 현실의 이익을 위해서는 가속할 수 있다. 욕망이라는 엔진 때문이다. 그러나 형이상학적 가치를 위해 가속하려면 욕망 보다 더 강한 의지가 있어야 한다. 이것이 철학자와 현자를 존경해야 하는 이유이다.

〈신앙과 신〉

신앙은 형이상학적 가치라기 보다는 욕망의 결과다. 보편적 정의 추구보다는 자신의 안녕이 신앙의 출발이자 기저이기 때문이다.

신은 인간이 명명한 개념이다. 정의, 행복, 사랑 같이 어떤 현상에 대해 인간이 느끼는 개념화된 인식일 뿐 존재하는 실체는 아니다. 인간은 개념을 만들어 이념화하고 그 이념을 실체인 양 추구한다. 이성은 경험 내에 안주하지 않는다. 끝없이 경험을 뛰어넘어 신, 영혼, 정의 같은 형이상학적 대상들을 만들어 낸다. 그 모든 것은 결국 허구다.

〈대속〉

기독교의 대속. 누군가 자신의 죄를 대신해 준다는 것. 인간의 진정한 바람이다. 신이 당초 존재하여 대속을 약속했다기보다는 인간이 자신의 바람대로 신의 대속이라는 개념을 만들어 냈다고 보는 것이 자연스럽다. 인간의 욕망과 전략적으로 결탁한 교리.

〈선악과〉

선악과는 분별의 열매. 선악과를 먹음으로써 신의 명령을 어겼기 때문에 고통(벌)을 받는 것이 아니라, 분별을 인식하게 됨으로써 스스로 고통 속으로 들어간 것이다. 태초에는 선도, 악도, 정의도 없었다. 모든 것은 인간의 필요에 의해서 인간이 창조한 것이다.

〈문화와 노장사상〉

인간이, 욕망이, 문화가 반자연적인한, 노장사상과 불가 사상은 반문화적, 반사회적일 수밖에 없고 인간의 욕망과 권력에 의해 배척당할 수밖에 없다.

〈무아〉

무아. 본래의 자연의 한 조각으로 돌아가는 것. 무지의 분별심으로 인해 '자연에서 분리된 독립적, 상대적 존재라고 생각하는' 환상에서, 깨어나는 것.

〈무고통과 욕망〉

공(空) - 텅빈 충만. 무고통의 상태인 지금, 술이나 섹스 같은 욕망은 얼마나 추가적인 쾌락을 가져다 줄 것인가.

〈진리와 불이〉

"산은 산이고 물은 물이다."도 진리이다.

"산은 산이 아니고 물은 물이 아니다."도 진리이다.

"산은 물이고 물은 산이다."도 진리이다.

상황에 적합한 것은 모두 진리이다. 그러나 변하지 않는, 영원한 의미의 진리는 없다.

진리는 도처에 있기도 하고, 진리는 없기도 하다. 불이.

〈대상과 욕망〉

대상은 아무것도 스스로 가져다 주지 않는다. 먼저 원해야만 볼 수 있고 찾을 수 있고 얻을 수 있다. 목적 없는 이룸은 없다. 우리는 결코 원하는 것 이상을 얻을 수 없다.

〈인식의 한계〉

범인은 지구의 자전과 공전을 결코 느낄 수 없듯, 시공간에 갇힌, 현상을 넘어설 수 없는 시각과 생각으로는 제행무상(諸行無常), 제법무아(諸法無我)를 인식할 수 없다.

〈이태백의 시「춘야연도리원서(春夜宴桃李園序)」에 붙여〉

부 천지자만물지역려 광음자백대지과객 이 부생약몽 위환기하…
(夫 天地者萬物之逆旅 光陰者百代之過客 而 浮生若夢 爲歡幾何…)

덧없음과 소중함
- 인생은 화엄이기도 하고 무상이기도 하나, 화엄이라 여겨서도 안 되고 무상이라 여겨서도 안 된다. 몸은 인생에 묶여 있으나 마음은 인생에 비껴서 있어야 화엄에도 무상에도 그 중간에도 머물지 않을 것이다. 마음이 인생 안에 있으면 화엄이나 무상, 또는 그 중간 어디엔가 위치할 것이기 때문이다.
  마음이 대상에, 환경에, 상황에, 시공간에 머물지 않고 완전히 관조하는 것이 禪적인 깨달음이리라. 인생의 강 속에 있는 한 인생

신들과 행복을 다투다

은 화엄이거나 무상이거나 그 중간의 무엇일 수 밖에 없다. 생 안에서 바라보는 자는 생 전체를 볼 수 없다. 생을 떠난 자만이 생 전체를, 자신의 운명을, 우주의 섭리를 볼 수 있다. 인생의 강을 건너다. 해탈.

〈해탈〉

은산철벽을 깨부수는 깨우침, 부서지는 것은 은산철벽이 아니라 자신. 그 상황이 공함을, 자신도 공함을 깨우침. 무아의 완전한 관조! 아공법공(我空法空)!

불이를 떠남. 공(空)을 떠남. 연기(緣起)를 떠남. 모든 현상과 실체와 관념을 떠남. 모든 해탈의 도구를 떠남.

〈가을에〉

가을은 이미 와 버렸다. 없는 바람을 느낄 수 없듯 인식은 존재에 선행할 수 없음이다.

나는 욕망을 추구하는 사람들로 붐비는 소란한 곳이 아니라 인적 없는 조용한 곳을 원했다. 사람이 아니라 자연을 원했다.

'11. 9. 12

〈나의 부재〉

아무도 나의 부재를 슬퍼하지 않는 세계. 나의 부재를 슬퍼하는 자는 오직 나의 존재를 필요로 하는 자뿐이다. 나의 부재를 슬퍼하는 자만이 나를 사랑하는 자이다. 나를 필요로 하도록 살아야 하는가, 바람처럼 살아야 하는가.

〈삶, 죽음, 운명에서 비껴 서기〉

인생은 운명과의 싸움, 신과의 싸움이다. 그러기 위해서는 모든 것을 버리는, 생마저 포기하는 극한에 설 수밖에 없다.

〈신(우주)적 인식/신적 존재〉

나의 행복과 고통을 내 입장에서가 아니라 세계의 입장에서 보고 인식해야 한다. 나의 시각이 아닌 신의 시각에서 대상과 사건을 볼 때, 현상/개별이 아닌 물자체/보편을 인식할 수 있다.

대상과 사건에 대한 인식에 있어, 시공간을 한번에, 동시에 통찰하고, 그 의미와 영향을 나 개인의 입장이 아닌 세계 또는 신의 입장에서 생각할 수 있을 때 비로소 개인의 운명을 벗어나 자유로울 수 있고 우주의 섭리를 깨닫게 될 것이다. 더불어 인간의 한계를 초월할 수 있을 것이다.

신적 존재란 무소불위의 능력을 가진 의지의 신이 아닌, 우주의 섭리. 나, 우리, 인간의 입장이 아닌 만물, 우주의 입장에서 보고, 생각하고, 행동하는 존재. 나의 운명이 우주의 섭리의 일부분임을 아는 존재.

〈화엄과 무상〉

현재밖에 살 수 없는 인생으로서 현재에 올인해야 하지만, 곧 사라질 현재에 올인한다는 것은 무의미하다. 결국 무상한 존재임을 인식한 상태에서 현재를 불꽃같이 살아야 하는 것이 인생이다.

화엄과 무상은 인생을 보는 두 균형추이다. 화엄은 인생이라는 배의 돛이고 무상은 그 닻이다. 현재의 행복을 향해 돛을 올리고 항해하지만 그 행복은 무상하며 배는 곧 닻을 내려야 함을 깨달아야 한다. 생을 향해 매진하는 것은 동시에 죽음을 향해 매진하는 것이다.

〈모순된 인간〉

인간은 자신을 위해 자연과 대립하도록, 자신을 위하여 타인을 전략적으로 이용하도록 운명 지어진 존재. 자연에 순응하지는 못하면서 (자연을 파괴하며), 동시에 자연과의 조화를 이루어야 함을 인식해야 하는 모순에 처해 있는 존재.

〈단상〉

본능은 죽음을 두려워하나 의지는 죽음을 무릅쓴다.
가능성은 욕망의 근원, 세월이 가능성을 거두어간다는 것은
곧 욕망을 거두어 간다는 것.
나에게 필요한 시간은 오직 하루, 그러나 나에겐 이틀이 주어져 있다.

〈극한의 철학과 섭리〉

어떠한 운명에도 굴하지 않도록 극한에 서있다는 것은 우주의 섭리를 깨달았다는 것이다. 섭리를 깨닫지 못한 자는 극한에 서있을 수 없으며, 섭리를 깨달은 자는 극한에 서 있을 수 밖에 없다. 극한의 철학은 곧 섭리이다.

그러나 섭리 자체를 직접 알 수는 없다. 섭리는 이성 너머의 것이며 인간의 인식 능력 밖에 있기 때문이다. 단지 우리는 다가온 운명으로부터 섭리를 유추할 수 있을 뿐이다. 섭리를 깨닫는다는 것은 섭리의 한 갈래로서의 운명을 받아들인다는 것이다.

〈연기와 불이〉

통찰할 때, 행복의 원인은 고통, 고통의 원인은 행복이다. 시간적 인과가 아닌 상대적 인과. 결국 행복과 고통은 불이. 동일한 대상에 대한 구별.

연기 - 시간성이 아닌 상대성.

〈한기와 술〉

피부라는 감관을 통해 직관되는 한기는 오성을 통해 존재의 고독으로 개념화되고 구상력은 한 잔 술을 떠올린다. 이성은 가장 분위기 맞는 사람을 찾아 전화를 건다.

〈삶의 두려움〉

사람들에게 두려운 것은 죽음이 아니라 삶인지도 모른다. 죽음은 멀리 있고 삶은 눈앞에 펼쳐진다. 먼 죽음을 통과하는 것보다는 가까운 삶을 통과하는 데 훨씬 많은 에너지가 필요하기 때문이리라.

〈통찰력〉

통찰력이란 시간적으로 먼 미래의 사건을 현실로서 보고 공간적으로 먼 곳의 사건을 눈 앞에서 일어나는 것을 볼 수 있는 능력. 시공간 전체의 존재와 사건을 지금, 여기에서 한눈에 볼 수 있는 능력.

〈자아 형성〉

자아 형성이란 나를 개체인 나 안에 가두는 것. 나라는 자아를 벗어나 무한의 우주로 확장될 때 비로소 무아.

<단상>

타자의 사상은 나의 사상을 건설하는 도구. 나의 사상 없이 타자의 사상을 논하는 것은 화가가 자신의 그림이 아닌 물감이나, 붓에 대해 논하는 것과 같다.

기대, 상상을 뛰어넘는 예기치 못한 일들이 많은 삶이 풍요로운 삶이며 숭고한 삶이다.

관념은 경험 위에 세워지는 구조물이다.

인식되지 않는다고 없다고 결론 내릴 수는 없다.

개념상의 존재가 현실적으로 존재함은 아니다.

'11. 9. 15

〈견고한 삶〉

견고한 삶은 더 이상 잃을 것 없는 무소유, 더 이상 바랄 것 없는 무욕, 어떠한 상황이 와도 두렵지 않은 극한의 마음에 있다. **잃을 것 없고 바랄 것 없고 두려울 것 없는 삶.**

〈원초적 기쁨〉

본래 나는 無였으나 지금 存在한다는 것. 본래 내 몫 보다 더 많이 누리고 있다는 것.

〈나와 세계〉

품에 안겨 오는 아침의 세계. 세계에 흡수된 나. 나는 없고 세계만 존재한다. 무아.

〈상황과 배역, 배우〉

내 주변의 가족을 포함한 모든 사람, 사물, 처한 상황은 내가 배역을 맡은 연극 속의 등장인물, 무대 장치, 설정된 상황이다. 배역으로서의 나는 주변의 모든 것들에 끊임없이 영향받지만 배우로서의 나는 결코 영향받지 않는다.

〈불성〉

불성은 내 집 어딘가에 숨겨진 보물단지. 사람들은 보물이라면 만사를 제쳐 두고 그것을 찾으리라. 내 안의 불성은 보물보다 더 중요하다. 가능하면 일찍 찾아 누려야 한다. 죽음에 임박해서 보물을 찾는다 한들 누릴 시간이 없지 않은가.

'11. 9. 16

〈취한 자/깨어난 자〉

7년 전과는 달라졌다. 기존의 사고와 가치관에서 벗어난 지금, 아직도 삶에 취해 있는 자들과는 어떻게 소통할 것인가. 그들을 어떻게 삶에서 깨어나게 할 것인가. 취한 자는 깨어난 자를 비정상으로 생각한다. 예전의 나도 그러했으니… 분명, 취한 상태와 깨어난 상태를 모두 겪은 자의 판단이, 취한 상태만 겪은 자의 판단보다는 옳으리라.

〈절대 자유〉

세상이라는 감옥, 삶이라는 구속. 탈속하지 않는 한 자유는 없다. 세상, 삶에서의 자유는 상황에 의지한, 깨지기 쉬운 조건부 자유일 뿐이다. 어떤 시공간, 어떤 상황하에서도 견고한 절대 자유, 절대 행복에 도달해야 한다. 그것은 극한의 삶, 무아.

〈일체개고(一切皆苦)〉

제행무상, 제법무아를 깨달은 자에게 일체개고는 사족이다(삼법인에서 제외됨).

우리는 다가온 고통의 원인과 결과를 알고 있으면서도 괴로워한다. 알기에 괴로운 것인가. 본능 때문에 어쩔 수 없이 괴로워하는 것인가. 무상과 무아를 깨닫지 못해서인가.

〈형이상학을 하는 이유〉

형이상학을 하는 이유는 경험의 세계의 학문, 즉 과학 등은 사실을 알려줄 뿐 존재의 이유와 삶의 방향을 제시하지는 않기 때문이다. 경험과학은 진로를 찾음에 있어서는 자본과 같다. 효율과 합리가 최우선 가치이다. 인류의 멸망, 자연의 멸망은 고려하지 않는다.

〈경험 세계의 쾌락〉

허기를 채우는 것이 최대의 쾌락이라고 말한 에피쿠로스는 옳았다. 경험의 세계에서 얻을 수 있는 확실한 쾌락은 먹는 것뿐. 피해야 하는 최대의 고통은 허기, 갈증, 추위.

〈영생〉

본능은 영생을 원하고 지혜는 일생을 원한다. 지혜는 영생이 재앙이며 오히려 죽음이 좋은 것임을 안다. 영원히 늙어 가며 살아야 함을 생각해 보라. 늙음 뒤의 죽음은 휴식이며 구원이다.

〈삶〉

나에게 주어진 60만 시간 중 이미 40만 시간은 지나갔다. 나는 돌이킬 수 없는 시간의 길을 가고 있다. 자신의 의지대로, 원하는 대로 산 기간, 그리고 무아로 산 기간 이외의 기간은 진정한 삶의 기간이 아니다.

〈생의 기쁨〉

생의 기쁨의 원천은 지금 숨쉬고 있다는 것, 존재한다는 것. 깨달은 자의 기쁨은 죽음도 존재의 기쁨을 가져갈 수 없다는 것에 대한 확신. 사나 죽으나 우주의 일원임은 변함없으니.

〈희로애락〉

사람들은 주로 타인으로 인해 희로애락한다. 만나도 평정을 잃지 않을 사람, 만나면 기쁜 사람을 만나야 한다. 현자는 누구를 만나도 평정을 유지할 것이다.

만남의 기쁨은 서로의 마음을 아는데 있는데, 나에게는 어찌하여 지기지우가 없는 것이냐. 나 홀로 너무 깊이 와 있는 것 아닌가. 사람들과의 대화에서 기쁨을 느낄 수 없으니 경험의 세계에 대한 얘기, 겨울에 눈 내리는 얘기는 의미 없고 지루할 뿐.

〈삶 아닌 삶〉

세월이 빠른 삶. 밀려 사는 삶. 삶에 취한 삶. 자각 없는 삶. 변화 없는 삶.

그냥 넘어갈 문제가 아니지만 사람들은 어찌할 바를 모른다. 그저 그렇게 떠밀려 생각 없이 살다가 죽음 앞에 선다. 그리고 눈을 감는다.

'11. 9. 18

〈신, 종교인〉

신이 없다면 종교인의 윤리적 형사적 책임은 어떻게 물어야 하나. 무형의 근거 없는 평안의 대가로 유형의 재화를 거두는 행위. 엄청난 사기.

〈신앙의 불안〉

본인도 확신할 수 없는 신에 대해 이성을 포기하고 비이성적 신앙을 붙잡고 있는 불안.

〈행복은 멀리서만 보이는 것〉

무지개를 쫓아가 보면 아무 것도 없듯 행복 자체를 추구하다 운 좋게 그것을 얻는 순간 행복은 사라지는 법. 무욕의 삶을 정진할 때 모든 것이 행복으로 다가오리라.

'11. 9. 20

〈다행이다, 내 운명〉

다행이다. 유한한 생명체라서, 무상한 운명이어서, 돈과 능력이 많지 않아서, 생이 무상임과 동시에 화엄임을 알아서, 희로애락 할 수 있어서, 행복하지만은 않아서, 무지의 자아가 원하는 것이 주어지지 않아서, 신이 아니라서.

나를 속박하는 운명, 욕망이 충족되지 않는 운명에 대해 감사한다. 내 인생관은 나의 한계와 내가 처한 상황에 대한 무한한 긍정과 깊은 감사에서 시작된다. 나의 운명—"영원, 불멸, 권능, 신"과 반대의 운명—이 최상의 것임을 안다.

'11. 9. 22

〈철학〉

철학은 상식의 전복이어야 한다.

사랑하고 싫어하는 모든 대상과 지금 이 시간이 마지막인 양 대한다. 오늘이 마지막 남은 하루임을 깨닫는다. 나는 시간의 분절—그것이 한 시간이든 하루든—만을 살 뿐이다.

〈사색의 주제〉

직관과 투영, 배우와 배역, 이기적일 수밖에 없는 사랑의 한계, 욕망과 가능성, 타인의 욕망.

〈세계 속의 나〉

모든 존재는 자기 자신을 위해 있다. 결코 나를 위해 있지 않다. 가족도, 강아지도, 책상도… 불편한 진실.

세계가 만물의 객사라면 세월과 함께 나도 짧은 생의 과객이다. 나는 소유한 모든 것을 버리고 세계의 과객으로서 하늘을 지붕 삼아 떠날 준비가 되었는가. 인생의 처연한 여정을 그 무엇의 도움 없이도 홀로 나아갈 수 있는가.

신들과 행복을 다투다

〈젊음과 중년〉

젊음은 인생을 과대평가하고, 중년 이후는 인생을 과소평가한다.

〈왜 아직〉

왜 아직 내 안의 성격과 본능에서 허우적거리며, 내 밖의 인과에 얽매여 있는가.

〈여행과 철학〉

여행은 낯선 대상을 경험적으로 음미하는 것. 철학은 낯선 사실을 관념적으로 사유하는 것. 여행은 육체의 여행, 새로운 감각의 체험, 철학은 정신의 여행, 낯선 사실의 사유.

〈새로운 관계〉

세상은 얽혀 살아감을 미덕으로 여긴다. 모든 세상의 관계를 떠남으로써, 모든 것과 우주적 자아로서의 새로운 관계를 맺음은 어떠한가. 나는 할 수 있겠나.

〈성형〉

성형. 조작 가능한 미는 더 이상 미로서의 가치가 없다. 성형 불가한 내적인 미가 더욱 중요시되는 시대가 왔다.

——— '11. 9. 26

〈독단〉

독단, 무의식의 방해, 상대의 생각을 내 생각대로 예단, 원 플레이어

게임.

〈삶의 두려움〉

우리가 남은 삶을 걱정하고 더 잘 살려고 애쓰는 것은 남은 삶 동안
에 닥칠지도 모르는 외부의 고통이 두렵고 제어할 수 없는 자신의 본
능과 욕망이 두렵기 때문이다.

〈삶과 죽음〉

소크라테스에게 있어서의 죽음은 생의 종말이 아니었기에, 스스로
택한 죽음의 길을 무심함으로 표표히 떠날 수 있었다. 그의 주변인에
게 있어 죽음은 영원한 이별이요, 생의 절멸이기에 한 없는 슬픔과 절
망으로 죽음을 바라보았다. 풍경, 사람, 인생, 죽음, 운명. - 멀리서 보
아야 하는 것. 삶과 죽음이 하나임을 나만 알면 어찌하랴. 내 가족, 내
주변 사람이 모르는데.

〈내가 원하는 것〉

나는 사람들이 원하는 것을 원하지 않는다. 사람들은 내가 원하는
것을 원하지 않는다. 내가 원하는 것은 삶에서 깨어나는 것, 삶의 초
월. 사람들이 원하는 것은 삶에 취하는 것, 삶 속의 행복. 삶이란 현실
에 최선을 다해야 하는 것인가. 나는 내 삶에 취하고 싶지 않다. 나는
내 삶의 현실에 최선을 다하고 싶지 않다. 그 결과로서 내 앞에 펼쳐지
는 삶이 최선이 아니라도 좋다. 고단한 삶이라도 좋다. 다양한 삶은 최
고의 삶 보다 낫다.

신들과 행복을 다투다

〈환희의 깨달음〉

별이 총총한 밤하늘과 고요하고 아름다운 세상을 볼 때, 가슴속 깊은 환희와 감사를 느낀다. 내가 이 우주의 시작과 끝을 함께 하는 우주의 영원한 일원임을 깨달았기에. 이 깨달음 이후의 삶과 죽음은 늘 바꿔 입는 옷과 같은 것일 뿐이다.

〈비판자의 자격〉

상대의 말에 대하여 지적 오만, 또는 궤변이라고 비판할 수 있으려면 지적 수준이나 깨달음, 사유의 깊이가 상대보다 우위에 있어야 한다. 그렇지 못한 자는 비판할 능력이 없다. 그런 비판은 무지에서 연유하며, 상대의 말을 이해할 수 없음에 대한 거부감의 표시일 뿐이다.

〈내 안의 불성〉

내 안의 불성, 그것은 삶과 죽음, 행복과 고통, 선과 악이 내 삶의 기준이 아니라는 것, 그것들은 단지 인간이 만든 기준일 뿐이라는 것. 우주의 순리(섭리)가 진정 따라야 할 삶의 기준임을 깨닫는 것.

'11. 9. 30

〈삶의 연료〉

식욕과 성욕은 육체적 삶의 연료, 존재와 사유의 기쁨은 정신적 삶의 연료.

〈자유〉

비질한 듯 깨끗한 하늘, 투명한 햇빛 아래, 서늘한 바람 있으니 어찌

상쾌하지 않으리.

또한 이 아름다운 세계에 미련 없으니 어찌 자유롭지 않으리.

〈생사의 본질〉

삶과 죽음은 이 세상에 집착하는 인간들의 구분일 뿐, 우주의 입장에서는 차이 없는 것. 삶과 죽음은 잠시 잠들었다 깨어나고, 깨어났다 잠드는 하루의 일상임을 왜 모르는가.

'11. 10. 1

〈또각또각〉

또각또각… 여자의 소리

〈불이(不二)〉

불이는 언어의 구별에 따른 존재론적 불이가 아닌,

언어의 구별을 초월한 인식론적 불이.

열반이란 어떤 존재적 공간이 아니라 섭리,

사법인을 깨달은 평정한 마음 상태.

윤회와 열반, 그것은 동일한 대상에 대한 인식의 차이, 깨달음의 차이.

〈시간〉

시간은 보편적이며 유한한 무형의 재화. 누구에게나 골고루 주어진 시간, 흘러 사라지는 아까운 시간을 의식하지 못한 채 우리는 무엇을 위해 어디로 바삐 가는가.

〈만물〉

만물은 무상 속의 화엄, 무상의 바다에 이는 파도.

〈점과 철학〉

점을 보는 것은 불행한 상황을 피하고 행운을 얻으려는 것. 철학을 하는 것은 외부에 어떠한 상황이 닥치든 불행해 하지 않고 평정을 유지하는 삶의 자세를 익히는 것.

'11. 10. 5

〈약화와 양화〉

사람들의 대화에서는 가십이나 性 이야기가 신, 정의, 운명 같은 형이상학적 이야기를 구축한다. 사고에서도 육체적, 물질적 결핍이나 걱정이 있으면 그 생각을 벗어나 형이상학적인 사고를 하기가 어렵다. - 대화나 사고에서도 약화는 양화를 구축한다.

〈반성〉

아직도 외부의 정신적, 육체적 상황에 영향받는 나. 아직도 놓지 못하는 것이 많은가. 더 나빠짐을 두려워하고 있다. 극한에 서지 못하고 있다. 극한에 서기에는 가진 것이 너무 많다. 버려야 할 것이 너무 많다.

한편 본래 내가 있었고 내 소유가 있었던가. 모든 것이 연기에 의해 잠시 나타난 것인 바, 소유한 것이 무엇이고 잃을 것이 무엇인가.

사는 동안 우주의 섭리, 그 하나 만을 깨닫기를 소원하며, 존재감 없이 조용히 지내기를 바랄 뿐이다. 오히려 갈 길이 많이 남아 있음이 다행이다.

'11. 10. 14

〈단상〉

목적에 얽매인 삶 보다 목적 없이 즐기는 삶이 어떨지.

세상은 나를 보듬지 않는다. 내가 세상을 보듬어야 한다.

어부는 물고기를 낚고 정치인은 사람을 낚고, 철학자는 생각을 낚는다.

〈자연의 섭리〉

자연 앞에 서다. 자연은 섭리에 따를 뿐 자신의 의지가 없다. 자연은 감정이 없다. 인간은 섭리의 방향이 자신의 의지와 일치하면 기뻐하고 다르면 슬퍼한다. 인간만이 스스로의 의지에 못 이겨 버둥거린다 (희로애락 한다). 대부분의 인간은 실상 보다 (필요 이상으로) 더 환희하고 더 좌절한다. 실상은 희로애락 할 것이 전혀 없으며, 그저 섭리의 현현일 뿐이다. 우리는 섭리의 선상에 서 있을 뿐이다.

〈섭리와 나〉

완전한 판단은 우주를 관장하는 섭리의 시각으로 현상과 사건을 보고 판단하는 것이다.

70억 명 중 하나인 나. 70억 명 각각은 자신의 고통만이 고통이지만 우주의 입장에서는 나의 고통은 아무 것도 아닌 것. 나의 불행을 타인의 불행 같이 생각해야 한다. 그 같은 경지에서는 진정 슬퍼할 불행은 없다. 순리를 내가 불행이라고 생각할 뿐.

〈예전의 불안〉

젊은 시절에는 행복한 상태에서도 늘 불안했다. 행복 이후에 곧 다가올 고통을 생각했기 때문이다. 그리고 예상처럼 어김 없이 고통은 찾아왔다. 그때는 고통이 행복의 동반자, 인생의 동반자임을 몰랐다.

〈소음 속 적막〉

오후 두 시의 안양천변. 움직임 없는 풍경. 소음 속 적막. 다들 어디에서 수고로운가. 무엇을 위하여 수고하는가.

〈노예의 삶〉

극한의 철학을 생각함에도 불구하고 현재의 근심과 우울의 원인은 무엇인가. 나의 배역에 너무 깊이 빠져 있기 때문일 것이다. 연극의 대본, 즉 세상의 가치, 세상의 좋고 나쁨을 마치 나의 가치로 받아들이고 있기 때문이다.

세상의 가치, 기존의 도덕에 순응하는 한 진정한 나의 기쁨은 없다. 세상이, 타자가 조작한 기쁨만이 있을 뿐이다. 왜 내가 세상이 정한 연극 대본에 진정으로 희로애락 해야 하는가. 그저 연극 속의 충실한 역할 연기로 끝나야 한다. 나는 배역이 아니라 배우이다.

경제적 문제는 어느 정도 해결되어 있고 극한의 삶도 기꺼이 살아야 한다는 철학을 갖고 있음에도 왜 기존의 습관적 사고(연극의 대본 - 한 예로, 사회 생활에서 상사의 의견과 기분을 맞추어야 한다는 생각, 그래야 먹고 살 수 있다는 생각.)에서 벗어나지 못하는가.

〈초인과 노예〉

초인 - 구조주의적 세상에서 실존적 삶을 사는 인간. 나의 욕망마저 나의 욕망이 아닌(타인의 욕망, 세상의 욕망인) 이 세상에서, 진정한

자신만의 욕망을 추구하는 자.

노예 - 기존의 가치, 세상의 가치, 타인의 가치에 순응하려 애쓰며 사는 인간.

이제야 비로소 내가 구조주의적 노예의 삶을 살고 있었음을 깨닫는다. 이제는 세상이 원하는 삶이 아닌 내 삶을 살아야 한다. 세상의 욕망이 아닌 내 욕망을 추구해야 한다. 주어진 시간이 얼마 남지 않았다.

'11. 10. 19

〈고통과 위안〉

내가 우주라는 바다의 하나의 물방울인 것처럼 나의 고통은 세상이라는 고통의 바다의 하나의 물방울이다. 누구나 겪고 또 겪을 수밖에 없는 보편적인 것이다. 나에게만 일어난 개별적인 것이 아니다. 또한 내 외부의 누구도, 무엇도 나의 고통을 위로해 줄 수 없다. 고통에 대한 스스로의 깨달음 외에는.

'11. 10. 21

〈속초에서〉

먹구름 드리운 잿빛 하늘, 잿빛 바다. 낚싯배에서 수평선을 바라보다. 자신의 행위의 의미와 목적을 생각할 수 있음은 자신이 평안한 상태에 있기 때문임을 안다. 죽을 때까지, 상념에 잠길 수 있는 우수와 우울, 고독이 남아 있기를 바란다.

'11. 10. 23

〈인간의 즐거움〉

인간은 죽음의 신의 인내에 의지하여 어린 아이처럼 까불며 즐거워
한다.

〈인간의 한계〉

상황에 따라, 이익에 따라, 주어진 역할에 따라 상반된 행동을 하는
인간성을 어떻게 합리화해야 하나. 인간 역시 자기 보전을 위해 살아
가는 동물에 지나지 않음을 인정해야 한다.

〈목적 없는 삶〉

아무런 목적 없는 행위와 시간, 어떤 이에게는 권태와 무의미일 뿐
이고, 어떤 이에게는 자유와 깨달음의 장이다. 목적에 몰입할수록 그
목적의 도구, 노예가 된다. 목적이 자신을 지배하지 못하는 삶, 자신이
목적을 지배하는, 자신이 주인인 삶을 살아야 한다. 그 무엇에도 마음
을 빼앗기지 않는, 어떤 행위에도 자신을 빼앗기지 않는 삶. 절대 배우
로서의 삶. 절대 관조의 삶.

'11. 10. 25

〈평정〉

젊은이(범인)에게 평정은 권태이고 늙은이(현자)에게는 행복 이상
이다. 인생을 사는 인간은 누구나 학생이다. 고통과 불행의 극한에 서
있을 수는 없지만 극한에 서는 연습을 끝없이 해야 하는 학생. 시지프
스의 신화. 스토아적 평정.

해탈한 자에게는 고통도, 불행도, 극한도 없으리라. 불교적 평정.

〈통시적/우주적 관점〉

어떤 사건 A가 나에게 발생했거나 내가 A라는 행위를 했을 때, 현재의 시공간에서 보면 A가 나에게 크고 작은 결과를 주었겠지만, 통시적/우주적 관점에서 보면 A든 A가 아니든 그로 인한 결과는 비슷하다. 즉 어떤 사건이나 행위의 결과에 대해 일희일비할 필요 없다. 중요한 것은 세상 사에 대한 관조의 거리이다. '상념을 얼마나 배제할 수 있는가.'이다.

'11. 10. 27

〈종교〉

천국과 지옥은 세상을 바라보는 인간의 욕망과 상상력에 의해 정제된 허구적 개념.

종교는 신, 천명, 심판, 정의 등 나쁘지 않은 개념들을 동원해 인간을 교묘하게 노예화한다.

〈개념화의 한계〉

어떤 대상을 A라고 정의하고 개념화할 때, 그 대상 A는 A가 아닌 것이 된다. A로는 정의되지 않고 개념화되지 않은, 더 많은 부분이 그 대상 안에 남아 있기 때문이다. 그리하여 그 대상 **A는 A가 아님에도 불구하고 A이며, A임에도 불구하고 A가 아닌 것이다.**

도가도 비상도… 도는 천지에 널리 있으나 그 무엇을 도라 하는 순간 그 도는 도가 아닌 것이다. 도는 모든 것을 포함하기에 말 또는 어

신들과 행복을 다투다

떤 것으로도 표현할 수 없다.

한 바가지의 바닷물을 떠서 그것을 바다라고 정의하는 무지.

이제 허상으로 이루어진 지식 체계는 모두 부수어 버리고 대상을 있는 그대로 응시해야 한다. 마야의 베일을 거두고 실상을 보아야 한다. 내 마음에 비친 상이 아닌 공을 인식해야 한다.

〈연기(緣起)〉

한 송이 저 꽃은 어디에 있었는가. 어디에도 있지 않았다. 모든 것의 연기에 의해 저 꽃은 생겨났고 또 그 연기에 의해 사라질 것이다. 나조차 연기한 무상한 존재인데 내 안의 희로애락은 얼마나 무상한 것이랴.

이 순간, 현상의 세계, 경험의 세계를 절대 관조할 수 있는 순수 정신으로 거듭나다. 평정 안으로 들어오다. 극락 언저리에 도달하다.

'11. 11. 1

〈존재의 부재〉

아무도 나의 부재를 슬퍼하거나 노여워하지 않는다. 인간은 자신의 존재와 부재에만 신경을 쓸 뿐이다. 인간에게 있어서 자신 이외에, 대상과 세계는 고명이다.

〈인생의 양념〉

늘 따라다니는 걱정, 불안, 불만, 불편… 누구에게나 존재함에 따른 보편적인 인생의 양념이다. 나와 세계가 분리되어 있는 한, 세계는 내 의지가 극복해야 할 장애물일 수밖에 없다. 내가 세계에 합일할 때까지 이런 관계는 지속될 것이다. 자신 밖을 바라고 사는 한 계속될 것이다.

〈대오(大悟) 3〉- 나는 내가 아니다.

나… 나는 무엇인가. 사고하는 것은 두뇌이다. 나는 두뇌 작용이 만들어 낸 상상의 개념이다. 3인칭 대상으로서의 사고하는 홍길동은 존재하지만, 1인칭, 즉 사고하는 나로서의 홍길동은 존재하지 않는다. 두뇌는 스스로 상상의 자아를 만들고 그 생성된 자아는 자신이 실제 존재하는 양 의지를 휘두른다. 한낱 두뇌 작용이 만들어 낸 허상의 놀음이다. 인간 자신이 만든 신에 스스로 노예가 되듯(일부 인간에 의해 이용당하듯) 두뇌는 자신이 만든 허상을 앞세워 칠정에 휩싸인다.

개념으로서의 나는 존재하지만 사고의 주체로서의 나는 실재하지 않는다. 실재하는 것은 사고하는 '그'이다. 즉 '나'라고 생각하는 나는 사실은 '그'인 것이다.

실재하는 나는 없다. 나는 허상, 개념일 뿐이다. '나'의 의지는 그'의 의지이며 '나'의 희로애락은 "그'의 희로애락이다.

아… 이로써 나는 3인칭의 '그'로서 우주의 일원이 된 것인가…

〈실존주의의 나〉

실존주의가 말하는 "나는 내가 아니다."라는 말은 실존하는 주체로서 "나는 과거의 내가 아니다."라는 뜻.

'11. 11. 2

〈생이 두려운 이유〉

가진 것이 많은 인생은 두렵다. 두렵지 않은 인생은 없다. 누구나 가진 것이 많다.

가진 것이 없다면 두렵지 않다. 죽음의 두려움 또한 살아 있기 때문이다.

신들과 행복을 다투다

〈통찰한다는 것〉

시공간을 한눈에 지금, 여기에 펼쳐 보는 것. 삶과 죽음 등 모든 구별이 不二임을 인식하는 것. 기존의 지식과 개념이 허상임을 깨닫는 것. 나는 '내'가 아니라 '그'임을 인식하는 것. 범인으로서는 마야로서의 세계, 마음에 비친 상만을 볼 수밖에 없음을 깨닫는 것.

모든 책, 선 지식은 깨달음의 도구, 근기에 따른 방편, 무지의 강을 건너는 배.

깨닫지 못한 삶은 허상을 추구하는 허상의 놀음.

'11. 11. 3

〈공포와 관조〉

삶의 의지가 강할수록 죽음에 대한 공포가 강한 것처럼, 삶을 관조할수록 죽음도 관조할 수 있다. 오늘도 일상에 파묻혀 걷다.

'11. 11. 4

〈신과의 합일〉

신과 합일한다는 것은 자아를 지우는 것, 의지에서 벗어나는 것, 자연의 일부가 되는 것, 우주의 일원이 됨으로써 우주 자체가 되는 것.

인간은 자아의 발현으로 인해 우주와 분리된다. 자아의 의지는 맹목이다. 끝없이 자신의 본체인 자연과 싸우며 고통에 빠진다. 더욱 안타까운 것은 목마른 자가 바닷물을 마시듯, 자신의 고통의 원인을 모르고 그 원인을 더욱 심화시키려 매진한다는 것.

〈도〉

도란 육체의 지배자/보존자로서의 의지인 '자아'와, 우주의 영(관조자)로서의 '나'를 분리시키는 것. 관조 자아의 생성 정도, 그 수준이 도의 수준이며 신과의 밀접도이다.

〈단상〉

존재는 인식에 선행한다.

선악은 없다. 더 좋고 덜 좋음이 있을 뿐이다.

선악, 도덕, 행복 등 기존의 모든 가치는 없애 버려라. 내가 새로이 창조한다. 모든 가치의 창조자는 나다.

〈구도〉

'운명의 강' 밖으로 나가는 것은 물고기가 강 밖으로 튀어 나가는 것과 같다. 그러나 진정한 구도자라면 운명의 강을 벗어나 섭리 자체, 곧 신과 합일해야 한다.

이제는 더 이상 철학자가 아니다. 구도자이다.

〈범인, 철학자, 구도자〉

자신과 세계를 모르는 자, 목전의 생을 쫓는 자 - 범인, 중생.

자신과 세계와의 관계, 세계의 법칙, 인간이 추구하는 가치와 문화의 이면을 꿰뚫는 자 - 철학자.

신(우주)의 섭리(도)에 근접한자. 관조의 영이 생성된 자 - 구도자.

신들과 행복을 다투다

〈개념의 소유〉

사물을 배타적으로 소유하듯, 개념을 소유하려는 욕망이 있다. 소유에는 배타적 개념이 내재한다. 경험적, 형이상학적 대상에 대한 개념화 또한 그 대상을 소유하려는 욕망이다. 그러나 대상을 개념화하는 순간 그 개념은 실제 대상과 다른 것이 된다.

〈욕망과 인식〉

좋은 것만 보려는 욕망은 사실과 대상을 왜곡해서 본다. 사실이 사실이지 않기를 바라는 욕망은 사실을 사실로 인식하지 못한다. 세상이 낙관적이기를 바라고 회의와 염세를 꺼리는 인간의 본능. 그러나 세상은…

'11. 11. 5

〈생사〉

아무리 인생사 복잡해 보여도 삶과 죽음은 단순하고 허허로운 것. 숨쉬면 살아있고 안 쉬면 죽은 것.

〈현상의 분별〉

칸트적 (실체(물자체)의 세계가 아닌) 현상의 세계를 기반으로 한 분별은 허상에 기초한 분별이다. 그 분별은 실체의 모사로서의 현상을 분별의 기준으로 삼음으로써, 근사값끼리의 분별이요, 개인적, 주관적인 분별이 될 수밖에 없다.

〈마야의 세계〉

물자체에 의해 촉발된 현상의 세계와, 추상화된 관념의 실체(물자체)의 세계 중 과연 어느 것이 마야인가.

〈사구계〉

그 무엇도 사구계의 예외일 수는 없다. 그렇기에 모든 것은 공하다. 모든 것은 그것이 아니다. Neti… 명칭과 개념에 실제의 내용을 담을 수 없기 때문이다.

〈시시비비와 평안〉

나의 진리는 옳고 그름을 가리는 것인가, 그것을 넘어 모두의 평안인가. 이제는… 옳음뿐만 아니라 그름도 세계의 일원임을 인정해야 한다.

〈도〉

도, 깨달음이란 이미 내가 알고 있는 것. 그것 외에는 별개가 없음을 깨닫는 것.

신념, 진위를 구별하는 분별심을 버려야 한다. 뭐 그리 중요한 것이랴. 나의 진리의 칼로 무엇을 벨 것인가. 숫제 내가 베임이 낫지 않겠는가. 이제는 분별의 칼을 거두어야 한다. 이로서 자아를 버리게 되는 것이다.

〈분별〉

선악, 진위에 대한 인간의 분별은 허상간, 근사값 간의 분별이다.

한때는 내 이성의 판단을 확신하고 나는 나의 분별이 곧 진위가 되

신들과 행복을 다투다

는 심판관으로 생각했다. 이제는 내 판단의 재료들이 실상이 아니고 나 자신 또한 특정 구조에 매몰되어 있는 사회 구조 속의 일원일 뿐임을 알았다. 진리에 대한 나의 자세와 심경이 변했다. 내 이성이 칼은 부당하게 사용될 수도 있다.

나의 분별은 어린아이의 말다툼이었다. 나의 진리, 분별이 얼마나 많은 다른 진리들을 거짓으로 몰아갈 것인가. 마야의 삶 속에서의 진리, 분별이 무슨 의미가 있으랴. 어서 마야의 꿈속에서 벗어나야 한다. 궁극의 깨침이 내게 가져다 주는 것이 고통일지라도.

〈진리의 산〉

진리의 산을 오른다는 것은 허망한 일이다. 오르기도 어렵거니와 애써 오른다 해도, 결국 '이 산이 아니네.'로 끝날 것이기 때문이다. 또 다른 진리의 산을 오른다 해도 마찬가지다. 그 이유는 애써 찾는 그 진리가 마야 세계의 진리이고 자아의 욕망이 투영된 진리이기 때문이다. 마야의 잠에서 깨어나지 않는 한 세계는 마야의 세계이고 마야의 세계에 참진리는 존재하지 않는다.

〈즐김〉

나는 권태롭지 않은 채 매일을 즐길 수 있다. 나의 정신이 매여 있지 않기 때문이다. 막걸리 한 잔만 있다면.

'11. 11. 6

〈대오(大悟) 4〉

칸트의 미학(무관심에 기초한 미, 숭고)이 특정 계층만의 미적 기준

(one of them)이라면 열반의 삶(평정의 삶이라고 가정) 또한 특정 부류만의 주장(one of them)이 아닐까. 무지해서 윤회의 삶을 택하는 것이 아니라 윤회의 삶(고통을 포함한 희로애락의 삶)이 좋아서 기꺼이 택하는 자도 있지 않을까.

윤회와 열반의 가치를 구분하여, 고통과 번민이 있는 윤회는 나쁘고 평정의 열반이 좋다고 하는 것은 한 부류의 주장일 수도 있다. 물론 고의로 평정을 물리치고 고통과 번민의 삶을 살려는 자는 드물겠으나 죽음을 앞세운 극한의 삶을 추구하는 자에게는 평정만의 삶 보다는 희로애락이 함께하는 삶이 더 가치 있을 수 있다. 극한의 철학자는 언제나 영원한 평정을 내 것으로 할 수 있기 때문이다.

윤회와 열반에 얽매이지 않는 삶. 열반조차 초월하는 삶. 윤회와 고통마저 기쁨으로 수용할 수 있기에 열반에 연연하지 않는 삶. 그런 삶이 있음을 깨닫다.

'해탈', '구경'의 개념은 각각 실제의 '해탈', '구경'을 모두 담고 있지 못하다. 개념적 해탈이나 열반이 진정한 구경은 아니다. 진정한 해탈이란 이 모든 것을 무심히 응시하는 것이리라.

'11. 11. 8
〈세상이라는 무대에서의 인생이라는 연극의 의미〉

첫째, 출연자의 입장에서는 배우로서의 주어진 역할을 연기(演技)하는 것. 단지 연기일 뿐 본심이거나 그 역할이 실재 자신이 아니라는 것.

둘째, 연극의 무대(세상)은 실재이나 배우로서 우리가 인식한 세상은 허상이라는 것. 우리는 참이 아닌 재료로 참이 아닌 생각을 하고 참이 아닌 대화를 하고 참이 아닌 행위를 한다는 것. 우리는 배우로서는 참을 인식할 수 없기 때문. 무대 자체가 참이 아니라는 것이 아니라 대상에 대한 배우의 인식 내용이 참이 아니라는 것. 분별의 무의미. 분별을 잊다. 자아를 잊다. 좌망(坐忘).

〈공의 의미〉

첫째, 존재하는 대상은 연기(緣起)한 것. 시간 축 선상에 잠시 존재하다 사라지는 것.

둘째, 그 대상이 존재할 때조차 우리는 그 대상 전부를 온전히 인식할 수 없고 그림자만을 상으로서 인식한다는 것.

〈익숙한 길〉

익숙한 길을 걷듯 네게 일어나는 모든 것을 당연시하라. 놀라거나 지루해하거나 희로애락하지 말라.

눈앞의 대상도 온전히 인식하지 못하는 인간이 신을 인식한다?

〈애절함〉

그 누구도 나에게 애절하지 않으니 그들의 생은 애절함이 없어 다행이다. 상대에 대한 나의 애절함이야 정진을 통해 달래고 있지만 그 애절함은 더해만 간다.

〈가능성과 욕망〉

가능성은 욕망을 내포하고 있다. 가능성을 포기한다는 것은 욕망을 버린다는 것.

〈존재의 역할〉

이미 숭고함을 느낄 수 없는 을왕리 바다이지만 그래도 좋다. 달조차 없어 지평선이 사라진 암흑의 바다. 바다는, 파도는 타고난 제 역할을 하는데, 나는 내 존재의 역할을 하고 있는 것인가. 나는 내 존재의 역할이 무엇인지 알고나 있는 것인가. 최소한 그것은 나와 주변의 안락이어서는 안 된다.

〈극한의 철학〉

유쾌함의 근원은 어디인가. 결국 외부의 괴롭힘 없음에서 기인한 것인가. 아니면 인생의 깊은 통찰의 결과인가. 전자라면 그는 슬픈 인간이다.

극한의 철학은, 극한에 서 있음으로써 자유, 주어진 일상적 자유를 초월하는 자유, 고통의 자발적 수용을 포함한다. 이는 운명의 강을 넘는 것이고, 나를 둘러싼 구조를 부수는 것이고, 나아가 평안의 삶을 거부하는 것이다.

인생 최고의 목적인 행복, 철학의 지고의 상태인 평정, 불교와 기독교의 염원인 해탈과 구원, 이들은 나의 궁극적 목적은 아니다. 단지 내가 원하는 상태의 일부분이다. 번민과 고통도 내 인생의 중요한 부분이다.

〈의식과 존재〉

그의 마음, 의식 속에 살아 있는 것은 그에게 현존하는 것이다. 그의 외부에 있는 어떤 것도 그의 의식 속에 없다면 그에게는 존재하지 않는 것이다.

신들과 행복을 다투다

〈삶이 자유로운 자〉

자신의 삶을 선택할 수 있는 자는 그나마 자유가 있다. 왕, 권력자, 재벌, 암흑가의 보스 등은 자신의 삶을 선택할 수 없는 부자유한 자이다. 그들에게는 삶을 포기할 자유만 있다.

〈권태〉

권태는 고통에 의해 행복으로 변한다(고통에 의해 권태가 사라지면 비로소 권태가 행복이었음을 깨닫는다). 권태에서 고통으로의 변화에 의해 행복이 의식(인식)되는 것이라면 현자는 권태 상태의 유지를 선택할 것이다. 현자에게 권태는 없으며 다만 평정만이 있을 뿐이기에.

〈철학의 기쁨〉

쇼펜하우어는 "문학의 독자는 인생을 즐기려는 자이고 철학의 독자는 인생을 배우려는 자"라고 했다. 그러나 인생을 배우는 기쁨은 인생을 즐기는 기쁨을 포함하고도 남는다.

'11. 11. 17

〈나는 왜 고독한가〉

막상 만나면 진부한 대화와 삶에 취한 모습에 싫증을 느끼면서도 왜 고독해하며 타인을 그리워하는 것인가. 나는 왜 나의 생각을 타인에게 이야기하고 그의 동의를 구하고 싶어하는가. 왜 독작에 쓸쓸해하는가.

〈인간의 근원적 불안〉

인간의 근원적 불안은 우주로부터의 분리, 세계로부터의 소외에서 연유한다. 자아가 생기면서 나는 우주와 분리되고, 자연과 대상으로부터 나를 보호하고 나아가 나의 유익을 위해 그들을 지배해야 한다고 생각한다. 이러한 대결적 구도에서 자아는 패배감과 불안을 느끼게 된다. 독립된 개체로서 느끼게 되는 칠정, 그것을 스스로 증폭시키지 않는다면, 그것이 기쁘다 한들 얼마일 것이며, 슬프다 한들 얼마나 되랴. 어차피 무아의 삶이 아니라면 칠정을 두려워하며 살 것인가, 즐기면서 살 것인가.

'11. 11. 19

〈행복의 조건으로서의 결핍〉

배고픔이 없으면 먹는 즐거움이 없다. 시장기는 먹는 행복의 필요조건이다. 결핍은 행복의 전제조건이다. 결핍된 상황이 없이는 행복한 상황이 이루어질 수 없음에도 왜 이리 결핍된 상황을 두려워하는 것인가. 결핍을 해소하지 못하는 상황이 두려운 것이리라. 욕망과 구별된 결핍이라면 소박하게나마 해소할 수 있으며 그럴 자신이 없다면 눈을 감는 편이 낫다.

〈찻집〉

찻집에 홀로 앉아 있으면 어김 없이 누군가에 대한 설렘이 앞선다. 새로운 사람을 만날 때에만 찻집에 가곤 했기 때문이다. 창문을 뚫고 들어오는 아침 햇살과 햇살에 실린 먼지조차 상쾌했던 그 기다림의 설레는 느낌.

신들과 행복을 다투다

'11. 11. 22

〈새벽〉

새벽에 활동하는 자는 삶에 치여 사는 자이거나 삶을 이끌어 가는 자이다. 그러나 어느 경우든지 생을 낭비하지는 않는 자이다. 오늘도 겨울밤 내내 빛나고 있는, 가슴 시리게 푸른 나의 새벽 별, 오리온좌를 보며 집을 나선다.

〈참즐거움〉

우리는 즐거워해야 할 때 우울해하고 우울해해야 할 때 즐거워한다. 사실은 부족함이 없음에도 우울해하고 고통의 씨앗을 얻었음에도 즐거워한다. 쾌락에서 깨어날 때 슬퍼하고 쾌락에 취할 때 즐거워한다. 욕망하는 것이 나를 평안으로 이끌 것인가, 고통으로 이끌 것인가를 통찰해야 한다.

다행히 태양은 떴고 다행히 나는 살아 있다. 더 이상 무엇을 바라랴. 더구나 육체적 고통마저 없다면 나는 무조건 즐거워해야 한다. 그것은 나를 실존하게 한 신 또는 자연에 대한 의무이다. 내 존재에 대한 예의다. 지금 신은 나에게 정언적으로 명령하고 있다. "행복하라.", "즐거워하라."

'11. 11. 28

〈마음의 상을 보다〉

마음의 상을 본다는 것은 실재의 대상이 아닌 자신의 욕망의 투영을 본다는 뜻이다. 깨달음 후에 보는 대상은 투영이 아닌 무상한 실재를 볼 것이다. 연기에 따라 생겨나고 사라지는, 임시적이어서 무상한 존재.

'11. 12. 3

〈범인과 깨친 자〉

범인에게는…

현재는 소중하지만 미래가 더 소중하다.

"현재를 즐기라.", "미래를 걱정하지 말라."는 말은 무의미하다.

현재 보다 더 나은 미래가 필요하기 때문이다.

어떤 대상이 필요하면 그것에 집착할 수밖에 없다.

욕망의 결정체인 돈. 자신보다 자신의 욕망이 더 소중하다.

그에게는…

미래의 희망, 행복은 고명이다.

행복과 고통, 생과 사, 천국과 지옥은 다르지 않다.

현재의 행복도 필요 없고 현재라는 시간조차 필요 없다.

이미 현재, 과거, 미래의 시간 밖에 존재하고 있다.

모든 공간과 대상, 자아조차 불필요하다.

눈부시게 아름다운 이 세계를 즐기지만 결코 연연해하지 않는다.

지금 당장 이 세계를 떠나도 괜찮기에 현재를 살 수 있다.

자신이 이 세계에 존재하든지 존재하지 않든지 무관하다.

자신에게 이 세계가 있고 없고 조차 무관하다.

시간 전부터 시간 후까지, 여기에서 우주 너머까지,

시공간 전체를 한눈에 통찰한다.

그는 이미 이룬 자, 깨친 자이다.

신들과 행복을 다투다

〈공〉

대상을 존재 그대로 여여(如如)하게 보려면 아상(我相)을 없애야 하고, 그러려면 무아(無我)의 상태가 되어야 한다. 무아의 상태에서는 만물이 공(연기(緣起))함을 본다.

우리는 나라는 필터를 통해 세계를 인식한다. 나라는 필터를 제거하고 세계를 보라. 무심의 응시. 세계는 세계일 뿐, 모든 분별이 사라지고 공(무아)함을 볼 것이다.

모든 것(모든 이름, 개념, 상)은 공하다. 모든 것은 그것이 아니다. (명칭과 개념에 내용을 담을 수는 없다.)

〈무지〉

죽음을 슬퍼하려거든 먼저 탄생을 슬퍼하고, 계절이 바뀜을 슬퍼하라. 변화는 자연의 섭리이고 생사는 자연의 수많은 변화 중의 하나이다. 섭리를 슬퍼함이 우습지 않은가. 만물은 자연의 섭리를 따르는데 어찌하여 너는 섭리를 따르려 하지 않는가. 자신을 세계와 분리된 특별한 존재라고 생각하는 무지를 극복하라.

〈불교 경전〉

제 불교 경전은 연기, 공, 무아에 대한 변주곡이다.

〈자성/불성〉

불성의 깨달음이 곧 해탈은 아니다. 해탈로 나아갈 수 있는 자격이 주어진 것이다. 그것은 해탈의 토대를 만들어 놓은 것과 같다. 이제부터 정진할 자격이 주어진 것이다.

〈여여한 세계〉

어떻게 여여한 세상을 볼 수 있는가. 무아의 눈, 무심의 마음으로 보아야 한다. 나의 눈이 아닌 그(제 3자)의 눈으로.

아! 바로 지금 보고 있는 이 세계가 그대로 여여한 세계이구나. 여여한 세계가 달리 있는 것도 아니요, 달리 보이는 세계가 아니었구나…, 라고 깨닫게 될 것이다.

〈희망〉

어두운 길 한 시간을 걸어 한강에 도달하다.

이 순간, 희망이란 나약한 인간의 자기 위안임을 깨닫는다.

등줄기에서 만들어진 열이 온몸으로 퍼지듯,

현자는 열과 같은 깨달음이 있기에 희망 없이도 현재에 자족한다.

〈인생의 의미〉

자연의 무한한 시공간에서 볼 때 저기 날아가는 새와 내 인생이 다른 것은 무엇인가. 자연이 나의 인생에 부여한 인생의 의미는 없다. 다만 내가 내 인생의 의미를 부여할 뿐이다. 인간은 주관적인 자신만의 의미를 부여한 주관적인 삶을 살 뿐이다.

하나의 몸짓에 지나지 않았던 이름 없는 식물이, 이름을 불러 줄 때 꽃이 되듯, 어떤 산길이 둘레길로 불려질 때 의미가 생기듯, 본래 무의미한 인생이지만 자신이 의미를 부여함으로써 의미 있는 인생이 된다. 내 인생을 불러 보자.

인생의 의미가 객관적이지 않듯, 깨달음 또한 내 밖에 있는 것이 아니요, 객관화할 수 있는 것이 아니다. 외부의 객관화된 수준으로 평가할 수도 없고, 서로 비교할 수도 없다는 것.

〈객관적 자아, 주관적 세계〉

세계 속의 나를 볼 때에는 내가 우주 속의 한 구성원임과 동시에 티끌임을 깨달음으로써 나를 객관화해야 하고, 내가 세계를 볼 때에는 보이는 세계가 나 중심의 주관의 세계임을 통찰해야 한다. 그리고 시공간 전체를 한눈에 통찰해야 한다.

'11. 12. 23

〈운명〉

자연은 나의 무화를 요구하고, 나는 존재 유지를 위해 자연과 투쟁한다.

나는 평생 동안 자연에게 승리하지만 마지막 결전에서 결국 패할 수밖에 없는 운명이다. 이 사실을 알면서도 내 앞에 벌어진 작은 전투의 승리(올 한해도 무사히 잘 살았다는)를 자축할 수밖에 없는 것 또한 운명이다.

〈단상〉

겨울 바람이 불면 부는 것일 뿐, 내가 추워해서는 안 된다.

'11. 12. 24

〈세계에 대한 통찰〉

하나에 얽매임으로써 그 하나 이외의 무수한 것을 놓쳐 버리다.

집착은 나의 일상에 속속히 스며들어 있다. 일상이 집착이다. 나의 모든 행동이 집착을 통해 행해지기 때문이다. 초월은 집착(욕망)을 버리는 것.

과거와 현재(현재의 상황)와 미래(곧 올 것)에 대한 집착을 버려야 지금 여기에 펼쳐진 무수한 선물들을 향유할 수 있다.

〈대상에 대한 통찰〉

A는 A가 아니다.

- A에 대한 명칭과 개념은 A의 실제를 담을 수 없다.
- 대상에 대한 인식은 그 대상의 실제에 대한 인식일 수 없다. (대상의 일부만을 인식한다.)
- 내가 보는 것은 나의 생각, 나의 마음이다. 나는 실제를 볼 수 없다.
- A를 A라고 하는 순간 A는 A가 아닌 것이 되고 만다.

〈인식에 대한 통찰〉

대상의 무수히 많은 요소 중 나는 몇 가지만을 인식한다.

방법, 생각, 관념, 주의… 어떤 것이든, 그것을 이루고 있는 무수히 많은 요소 중 내가 취할 수 있는 것은 몇 가지뿐이다. 따라서 내가 취한 그것만이 옳다고 하는 순간 "One of them"의 함정에 빠지게 된다.

〈현재를 보다〉

무아로서 무심하게 지금 여기에 있는 그대로의 대상을 보다.

나는 과거의 내가 아니고(무아), 대상은 과거에 생각했던, 알고 있던 대상이 아니다.

과거의 기억, 미래에 대한 기대 없이, 주체와 대상 모두 현재 이 순간 조우하는 것.

이제까지처럼 "과거의 나로서, 기존에 알고 있었던 것으로서의 대상을 보는 것"과 "무아, 무심으로 새로운 것으로서의 대상을 보는 것"의 차이 - 새로운 세상을 볼 수 있는 새로운 시각, 자세.

"참된 자유, 혹은 해탈은 우리가 타자를 기억이나 기대로 만나는 것이 아니라 현재의 삶으로 응대할 수 있을 때 가능하다."

〈통찰〉

피나는 정진으로 깨닫는 삶과 죽음의 통찰 VS 자연의 순리로서 깨닫는 삶과 죽음의 통찰.

〈행복〉

잃어버린 행복과 기쁨을 찾기 위해서는 신의 뜻(우주의 섭리, 자연의 법칙)을 깨달아야 한다. 그것을 깨달음으로써, 나를 둘러싼 모든 고통과 불행이 너무나 당연한 섭리 안에 있는 것이며 따라서 그것은 더 이상 나에게 고통과 불행으로 인식되지 않는다.

'11. 12. 25

〈본질〉

인간은 자신이 부여한 본질에 열광한다(월드컵, 선악, 정의, 이념).

〈보편적(유일한) 진리는 없다〉

우리는 이러이러한 특정한 경우와 사실 만을 진리라 생각하지만 그 진리는 많은 진리 중의 하나일 뿐이다(One of them).

진리는 유일한 진리라고 규정되는 순간 진리가 아닌 것이 된다.

기독교적인 삶과 천국, 불교적 삶과 해탈 등은 삶의 궁극적 진리일 수 있다. 그러나 타락이라 불리는 탐닉과 집착의 삶, 그에 따른 고통의 삶도 진리일 수 있다. A가 진리인 것처럼 B, C, D…도 진리일 수 있다. 보편적 유일한 진리는 없다. 그것은 진리 중의 하나일 뿐이다.

〈극한의 철학〉

극한의 자유, 자유를 넘는 자유, 고통의 자발적 수용

운명의 강을 넘다. 구조를 부수다. 평안의 삶을 거부하다.

〈노동에 대한 세뇌〉

구조주의/산업자본하에서의 노동은 필요한 것, 즐거운 것,

의무, 소명…

그러나… 노동은 신의 형벌.

'11. 12. 28

〈내가 바라보고 생각하는 것〉

나는 세계를 바라보고 대상을 생각한다고 여기지만 실제로는 나만을 바라보고 나만을 생각할 뿐이다.

〈임종을 지킨다는 것〉

인생은 자연에서 왔다가 언젠가는 돌아가는 것이라 생각하며 죽음에 대한 이해와 대비는 할 수 있지만 죽음에 대한 감정의 문제는 남는

신들과 행복을 다투다

다. 죽음을 앞에 두고서, 죽음이 두려운 것이 아니라 홀로 쓸쓸히 죽는 것이 싫은 것이다. 엄마 품에서 잠들기를 바라는 아이처럼, 사랑하는 사람들의 따뜻한 전송을 받으며 떠나고 싶은 것이다.

그래서 임종을 지킨다는 것은 산 자 보다는 죽는 자에게 중요한 것이다.

내가 사랑한 사람의 임종은 나를 위해서 지키는 것이고
나를 사랑한 사람의 임종은 그를 위해서 지켜주는 것이다.

5. 2012

'12. 1. 2

〈적당한 나이의 죽음〉

인간의 수명을 고려하여, 적당한 나이에 죽는 것을 원한다면 죽음의 원인이 병이든 자살이든 무슨 차이가 있을까. 오히려 생을 스스로 마감할 수 있는 자살이 죽음에 이르는 괴로운 고통의 시간을 단축함으로써 본인이나 주변의 괴로움을 덜어준다는 면에서 더 낫지 않을까.

〈자유〉

소유와 애착에서 벗어나다. 죽음을 등에 지고 서다. 운명에서 자유로워지다.

〈극한의 철학〉

극한의 철학으로 무장한 자는 치열한 삶을 전개하지만 어떤 결과와 상황에도 흔들리지 않는다. 극한의 철학이란 최악의 극한에 서 있음으로써 어떤 외부의 상황에도 내적 평정을 지킬 수 있는 철학이다.

'12. 1. 17

〈죽음 앞에서의 지혜〉

죽음 앞에서의 지혜는 무엇일까. 그것은 최소한, 부귀영화처럼 죽음에 대항하게 하지는 않을 것이다. 자연의 순리를 받아들이는 것이 지혜이며 추구할 가치가 있는 것.

〈진리〉

유일한 진리, 영원한 진리는 없다. 조건하에서의 진리만이 존재한다.

신들과 행복을 다투다

〈인생〉

비록 치열한 삶을 연기하지만, 결과에는 담담하라. 결과가 좋든 나쁘든 간에 인생은 한바탕 연극이기에. 내 인생의 목적은 삶을 배우는 것. 정진. 깨달음.

수많은 외적 고통과 내적 고통(분노, 슬픔, 두려움)이 어찌 오지 않기를 바란단 말인가. 오더라도 그저 묵묵히 헤쳐 나가기를 바랄 뿐이다. 숨쉬지 않고 살기를 바랄 수 없듯, 고통이 오지 않기를 바랄 수는 없다. 다만 고통을 이겨 낼 용기와 지혜를 바랄 뿐이다.

〈정진하는 이유〉

정진하는 이유는 실재하는 세상을, 대상들과의 관계를, 있는 그대로 인식하고 나는 어떻게 살 것인가를 깨닫고 실행하기 위해서다. 다행인지 불행인지 사람들은 세계(대상)를 제대로 보지 못하고 세계는 스스로를 드러내지 않는다. 누구나 세상을 바로 보고 세계 또한 저절로 드러난다면 정진은 불필요할 것이다.

'12. 1. 19

〈실상과 아상〉

가로등 불빛이 불꽃놀이의 폭발된 불꽃으로 보인다. 전자는 실상, 후자는 아상이다.

〈나는 존재하지 않는다〉

나는 생각한다. 그러나 나는 존재하지 않는다. 존재하는 것은 내가 아니라 생각하는 그이다. 내가 나라고 생각하는 것은 실재하지 않는 기억의 덩어리일 뿐이다.

육체도 없고, 소유도 없고, 관계도 없고, 아무것도 없는 무화된 관조의 영으로서 세계를 보라.

'12. 1. 26

〈신세계〉

내가 알고 있는 사과가 실제의 사과가 아닌 것처럼 내가 인지한 세계(World)는 자연(Nature) 그 자체가 아닌 자연의 일부일 뿐입니다. (개념은 그 대상을 포함할 수 없으니까요.) 나의 세계는 나의 의지와 경험, 사고로 표상된 세계입니다. 두 사람이 동일한 시공간에서 마주 앉아 술 한 잔을 하고 있어도, 서로 다른 세계 속에 살고 있습니다. 보다 많은 경험과 사고가 실제에 근접한 세계를 표상하게 하며, 그 차이에 따라 서로 다른 해상도의 세계를 보게 됩니다.

멀리서 바라보아야 제대로 볼 수 있는, 세상이라는 그리고 인생이라는 거대한 모자이크 구조물 앞에서, 그 중 한 조각의 모자이크 속을 헤매며 그것이 나의 세계이고, 인생인 줄로 알고 살아가고 있지는 않는지요…

새로움은 곧 가치입니다. 정체된 세계, 반복되는 세계를 뚫고 "신세계"를 발견하시길 기원합니다. 그리고 당신 주위의 모든 것들이 그 방법을 당신에게 보여 주고, 말해 주고 있다는 것도 꼭 기억하시길 바랍니다.

〈금전과 행복〉

'새가 둥지를 틀려고 큰 숲속으로 들어가도 정작 필요한 건 몇 개의 나뭇가지'이듯, 우리에게 반드시 필요한 금전은 얼마 되지 않습니다. 금전은 행복에 필요한 많은 요소 중 하나일 뿐이며 금전으로 치환할 수 있는 어떤 것도 나의 사소한 우울함을 사라지게 할 수는 없습니다.

행복은 지갑 속이 아닌 머리 속에 있습니다. '날아가는 와인 맛의 인생을 살 것인가, 그윽하고 두터운 와인 맛의 인생을 살 것인가.' 또한 나의 사고에 달려 있습니다. 아무리 좋은 와인이라 해도 맛을 모르는 이에게는 무의미합니다.

〈자본주의〉

인류를 멸망시킬 것은 과학도 아니고 천재지변도 아닌 바로 자본주의. 그것은 이미 인간을 지배해 가고 있다. 자본주의하에서는 인간도, 생명도 돈 앞에 무가치하다.

〈세계관〉

1. 공간적 존재(대상)과 인식
   - 인식 주체에게 인식되지 않은 대상(존재)은 없는 것과 같다. 또한 대상(존재) 없는 그 대상의 인식은 불가능하다.
   - 인간은 각자의 다른 세계관을 갖는다. (**주관적으로 세계**를 인식한다.)

2. 시간적/불교적 존재(대상)와 인식
   - "글1"에서 인식하는 대상은 일시적인(연기한) 것일 뿐이다(**대상의 변화**).
   - 개인이 인식한 세계관도 연기한 대상을 인식한 것이기에 시간

에 따라 변한다.

- 더구나 주체인 그의 생각도 시간에 따라 변함(**주체의 변화**).

- 공한 세계.

〈세계관의 수〉

세계관의 수 = 사람 수 × 대상 변화의 수(무한) × 주체 변화의 수(무한) = 무한

〈단상〉

하나의 존재는 수많은 인식(의미)으로 분별된다.

살아 있어야 세상을 알 수 있고 세상을 알아야 살아남을 수 있다.

죽음의 극복을 원하는 인간의 (부당한) 소망이 (부당한) 종교를 만든다.

'삶과 죽음은 자연'이며 '나는 자연의 일부'라는 섭리의 인식이 종교에 의지하지 않는 평온을 가져온다. 종교는 아무 것도 줄 수 없음을 알기 때문이다.

어떤 믿음이 간절히 진리이기를 소망한다고 해서 그 믿음이 진리가 되지는 않는다. - 신념은 진리의 충분조건이 될 수 없다.

〈진리〉

진리는 더 나은 생존을 위해 어떻게 살아가야 하는가에 대한 해답이다.

다음관 같은 이유에서 영원한 객관적, 보편적 진리는 없다.

1. 대상이 변하고 2. 인식 주체가 변한다. 3. 월인천강(진리는 주관적 인식) 4. 개념은 실제를 포함할 수 없다.

신들과 행복을 다투다

〈가치〉

가치는 어떤 대상에 (속해) 있는 것이 아니라 나에게 속한 것이다.

〈진리와 삶〉

절대적 진리, 선, 정의는 없다. 모두 One of them(여럿 중의 하나)이다. 개인의 삶과 자유는 어떤 진리에라도 매몰될 수 없다. 그 자체가 최고의 진리이기 때문이다

〈꿈〉

꿈은 삶에의 매몰이고 삶의 관조는 꿈에서 깨어남이다.
우리는 깨어나서야 자신이 꿈꾸고 있었다는 것을 안다.

〈사유〉

한 문장의 글이나 책에서 남들이 의식하지 못하는 특별한 것을 보고 해석하는 사람은 남들보다 많은 사유의 도구들을 가지고 있는 것이다. 보다 많은 의문을 가진 것이다.

'12. 1. 30

〈통찰과 칠정〉

대자연의 섭리를 통찰한 자로서 어찌 칠정의 투정을 부리랴. 투정을 부린다 한들 누구에게, 무엇에게 부릴 것이냐. 가슴에 묻을 수밖에.

〈인식〉

인간의 인식이란 달리는 차에서 날아가는 새를 향해 부러진 화살을

쏘는 격. 진리는 없다. 나의 믿음은 나의 욕망의 투영이다. 그러한 조건하에서 진리다.

조사의 말에 집착하지 마라. 외부의 불빛에 의존하지 말고 너의 등불을 켜라.

극한에 설 때 이전의 고통은 기쁨이 될 것이다. 고통의 바다에 나의 고통은 없다.

'12. 2. 2

〈삶의 에너지〉

삶에서 희망이 주는 에너지보다는 절망이 주는 에너지가 더 근원적이다. 기쁨, 즐거움보다는 슬픔, 괴로움의 에너지가 크고 삶의 동인으로서 쾌락의 힘보다는 의무의 힘이 강하다. 단 동인으로서의 후자들(절망, 슬픔, 고통…)을 극복한 경우에. 삶에서 가장 큰 에너지는 오기, 戰意.

'12. 2. 5

〈단상〉

그까짓 주말과 휴일에 목메어서야, 즐거워해서야 되겠는가.
부럽거나 두려우면 지는 거다.

〈인식에 대한 고찰〉

인식의 불이 - 같은 대상을 다른 각도, 다른 차원에서 인식함. 즉 동일 대상, 상이 인식.
의문 - 상이한 인식이 결국은 같은 인식이 될 수는 없는가. 극한에

신들과 행복을 다투다

선 자에게 어떠한 고통도 같은 즐거움이듯, 어떤 상이한 인식도 결국 동일한(마찬가지의) 인식으로 수렴하는 인식 방법이나 인식 자세는 없는가.

- 빨간색 안경을 쓰면 모든 색(것)은 붉게 보인다.
- 눈을 감으면 모든 것(색)은 검게 보인다.

〈섭리 안의 칠정〉

깨달은 자는 세상을 있는 그대로 보고(여여한 우주의 섭리를 깨닫고) 칠정을 무지의 호들갑으로 여기지만 무지한 자의 칠정은 당연한 것이기에 무지한 자의 칠정 또한 섭리로 받아들인다.

〈끝없는 욕망〉

현재에 큰 불편이 없어도 인간은 왜 더 낳은 상태를 욕망하는가. 코나투스 때문인가, 권력에의 의지 때문인가. 그러한 욕망은 본능인가, 문화병인가. 인간은 끝없이 더 좋은 것을 스스로 정의하고(만들고) 그것을 욕망한다. 문화와 자본의 생존 방식이다.

'11. 2. 11

〈사랑〉

맹목적이지 않은 사랑은 사랑이 아니다.

젊은이의 사랑은 폭발적이다.

특히 여자의 몸에 대한 젊은 남자의 사랑은…

여자는 이렇게 말하고 싶다. '제 몸보다 제 영혼을 사랑해 주세요.'

〈고통받는/관조하는 나〉

고통받는 나, 그러한 나 또한 어쩔 수 없는 인간임을 동정의 눈으로 지켜보는 나. 정진한다는 것은 관조 자아를 확대하는 것.

〈가장무도회〉

가면 속에 자신을 숨기려 하는 사람. 더 좋은 가면을 찾아 분주한 사람. 가면을 벗으면 공허해지는 사람. 그러나 가면이란 언젠가 벗어 버릴 수밖에 없는 것. 가면을 벗었을 때 자신의 얼굴이 없다면?

〈행복하기 위한 지혜〉

"인생은 고통과 권태 사이를 왕복하는 시계추와 같다."는 쇼펜하우어의 말은 일견 옳다. 그러나 이 말은 극한이라는 철학적 초심을 벗어났을 때 통용된다. 작은 방심은 극한의 자세를 흩뜨리고 현재의 상태가 본래 나의 것인 양 착각하게 만든다. 그 착각 속에서 고통과 권태가 생겨난다.

왜 범인은 고통과 권태를 왕복하는 시계추 같은 인생을 살 수밖에 없는가. 그것은 스스로가 행복하려고 하지 않기 때문이다. 외부의 환경에게 자신을 행복하게 해 보라고 말하기 때문이다. 마치 개그맨에게 웃겨 보라고 하는 것처럼. 진정 행복을 원하는 자는 이미 행복을 소유하고 있다. 존재의 행복. 극한의 행복. 지금의 행복을 느끼는 자는 행복하다.

〈인생〉

인생은 본래 무(자연). 연기에 의해 잠시 유가 되었다가 다시 무로

신들과 행복을 다투다

돌아가는 것. 이 사실을 깨달은 이상 항상 즐거울 수밖에.

〈섭리와 운명〉

섭리는 일어날 수 있는 모든 경우 자체이다. 섭리는 특정한 경우를 지칭하는 말이 아니다.

섭리 중 어떤 일이 나에게 발생하면 그것은 나의 운명이다.

"나의 섭리"라는 말은 오류다. "나의 운명"이라는 말이 있을 뿐이다.

〈내 마음속의 불성〉

불성은 외부에서 얻을 수 있는 것도 아니고 없던 것을 생기게 하는 것도 아니다. 이미 내 맘에 있는 불성을 그냥 보기만 하면 되는 것이다. 나는 이미 불성을 보고 있다. 불성은 존재의 대상이 아닌 단순한 인식의 대상이다. 불성을 얻고자 하는 자는 이미 불성을 갖고 있다. 내가 존재함이 곧 불성! 불성에 대한 생각을 하고 있음이 곧 불성!

〈나는 세계〉

자연의 산물로서의 나. 나는 자연이다. 자연은 내가 섬겨야 하는 어머니. 그러나 그 어머니를 해쳐 가며 사는 인간. 나는 세계. 세계는 나. 나와 세계는 존재적 하나이지만 사람들은 분리하여 인식한다.

〈새벽 길〉

현재의 따뜻함을 뒤로하고 추위 속으로 나아가는 고통. 해가 뜬 후의 '고통을 보상하고도 남는' 기쁨을 확신하기에 과감히 나아가다.

〈섭리, 도〉

인간이 자연의 섭리를 알 수는 없다. 섭리는 일어날 수 있는 모든 경우이며 그것을 인간이 안다는 것은 불가능하기 때문이다. 우연조차 섭리 안에 있다

도는 자연의 섭리이다. 도는 통칭 대명사일 수밖에 없다. 도를 특정한 것으로 표현할 수 없다. 도는 특정한 것은 물론 그 이외의 모든 것을 포함하고 있기 때문이다. 즉 도가도 비상도이다.

〈자아와 무〉

1인칭 나(홍길동)의 '자아인 나'는 없다. 홍길동은 내가 아니다. 3인칭으로서의 홍길동이 존재할 뿐이다. 나의 의식, 나의 의지는 없다. 홍길동의 의식, 홍길동의 의지만이 있을 뿐이다. 홍길동의 자아로서의 나는 홍길동의 그림자일 뿐이다.

그(지금까지 나라고 알고 있었던)는 생각한다. 고로 그는 존재한다. 나, 자아는 없다. 3인칭으로서 그가 있을 뿐이다. 나는 가상의 개념이다. 나는 그를 지배하는 의지로서의 자아가 아니다. 나는 그의 기억의 덩어리이며 잠시 뭉쳐진 신기루 같은 것이다.

자아는 기억의 덩어리, 의식의 대상, 기억 없는 곳에 자아도 없다.

〈정통성 싸움〉

스토아 학파와 에피쿠로스 학파 간의 갈등. 기독교도와 회교도 간의 투쟁 - 유사한 학설과 교리를 가진 다른 집단 간의 정통성 싸움이라 더욱 격렬할 수밖에 없었다. 승자는 정통성을 쟁취하고 패자는 사이비가

되기에.

〈솔직함〉

자신의 삶에 솔직한 자만이 대화가 가능하다.

나는 아직도 자연의 혹독함을 두려워하는가. 순수한 자연 속에서의 삶을 두려워하는가.

내 마음은 스토아와 에피쿠로스 사이를 왕복하는 시계추이다.

내 이성이 따르고 싶은 것은 스토아 철학이나 감정은 어느새 에피쿠로스 곁에 가 있다.

'12. 2. 21

〈대오(大悟) 5〉

내 마음의 상, 선험적 오성이 구축한 세계로서의 세상, 의지와 표상으로서의 세계… 이들을 깨닫기까지 얼마나 많은 시간이 필요했는가. 존재적 세계가 아닌 인식적 세계.

존재적 세계에는 모순이 없다. 섭리만이 가득 차 있다. 그곳에는 '나'가 없다.

욕망과 불의로 가득 찬 세계, 그래서 철학과 정의가 필요한 세계, 그 세계는 인식적 세계이다. '나'가 있는 내가 인식한 세계.

무아의 기쁨. 무아의 세계, 여여한 세계를 보는 기쁨! 내려놓으라는 것, 버리라는 것이 욕망인 줄 알았다. 그러나 그것은 무아를 깨닫는 것이었다. 내가 없으니 버릴 것도 내려놓을 것도 없다.

인식의 세계를 벗어나 존재의 세계로 들어오다.

나는 이제까지 내 마음속에서 살았다. 이제야 내 마음속을 벗어난다. 마음 밖의 세계, 무아의 세계로! 내 그림자의 세계를 벗어나 밝은 빛의 세계로… 내 밖의 세계는 여여한 세계. 우주의 섭리로 가득 찬 세계.

불이를, 극락과 지옥이 다르지 않고 행복과 고통이 다르지 않음을 깨닫다. 그것은 아상의 세계와 무상의 세계와의 차이임을…

생사를 떠난 무아로서의 내가 연기(緣起)하여, 아상(我相)을 떠나 진여(眞如)의 세계를 보다. 이 기쁨 앞에 다시 무엇을 의심하랴.

〈'그'의 세계〉

나를 버려라. 자아를 죽여라. '나'가 아닌 '그'로서 살라. 왜 있지도 않은 아상에 사로잡혀 평온치 못한 삶을 사는가. 의지를 가진 '나'는 없다. 세상은 '그'의 세상이고 삶도 '그'의 삶이다. 행복, 고통도 그의 것이다. 죽음 또한 그의 죽음이다. 나는 그의 삶을 응시할 뿐이다.

이제 '나'로서의 나는, '그'로서의 나, 즉 '그'를 떠난다. 자신 밖 세계에서는 인과율에 따라, 자신 안에서는 성격에 따라, 세상이라는 무대에서 멋진 연기를 할 배우로서의 그를 남겨 두고, 나는 삶과 죽음을 너머 저편을 인식한다(나는 과거의 나를 떠나 우주의 일원—관조의 영—이 된다).

이제 남겨진 그의 인생은 완전한 보너스 인생이다. 즐거움 자체다. 나는 이미 관조의 영이 되었고 그의 삶은 선물이기 때문이다.

1인칭이 아닌 3인칭으로 바라보는 세계. '그'를 통해 보는 '그'의 세계. 아상이 사라진 세계. 섭리만이 존재하는 세계. 있는 그대로의 여여한 세계.

〈섭리로서의 불성〉

불성은 섭리. 내 안에도 있고 내 밖에도 있다. 천지에 가득하다. 나의 움직임, 나의 생활, 지나가는 개의 어슬렁거림… 모두가 불성이요 섭리다. 불성은 자아도 무아도 포함한다. 다만 자아의 눈에는 잘 보이지 않을 뿐이다.

〈무아에 대한 보충 설명〉

자아는 인식론적 대상이다. 존재론적으로는 나, 즉 홍길동은 구분되지 않는 "몸과 마음"으로 이루어져 있다("몸과 마음"이라는 것도 이미 인식한 대상이다). 즉 홍길동의 자아는 별도로 존재하지 않는다. 다만 인식될 뿐이다. **인식론적으로는 자아이지만 존재론적으로는 무아이다. 자아는 아상이요, 아상은 환상이다.**

〈아상(我相)의 삼단논법적 증명〉

개념에 실제를 담을 수는 없다.

인식은 개인적 개념으로 이루어진 구성체이다.

내가 인식한 세계는 실제가 아니다. 그것은 내가 구성한 나만의 세계 즉, 我相이다.

〈개념화의 2가지 오류〉

1. 개념은 실체를 포함하지 못한다. - 사과라는 개념에는 실제 사과를 담을 수 없다.
2. 개념은 사물간의 차이를 등치시킨다. - 사과라는 개념은 사과 1, 사과 2의 차이를 반영하지 못한다.

〈대상, 인식, 배경〉

숲을 보려면 숲 밖으로 나와야 한다. 배경과 대비되는 숲이라야 비로소 인식할 수 있다.

배경 없이는 대상을 인식할 수 없다. 고통의 배경 없이는 행복을 인식할 수 없다.

'12. 2. 25

〈섭리와 인식〉

사건의 결과를 모르거나 사건의 시작 시점에서는 자유의지론을, 사건의 결과를 알거나 사건의 끝 시점에서는 예정설을 주장할 수 있다. 그러나 우주의 섭리는 예정도 자유 의지도 아니다. 인간은 자신이 인식한 범위 내에서 자유 의지, 예정 등으로 분별하고 규정할 뿐이다. 섭리는 인간의 인식 밖에 있다.

〈삶의 환경과 의식〉

삶은 꿈이다. 꿈속에서는 내 의지가 아니라, '나' 밖의 알 수 없는 의지/환경에 의해 즐거워하기도 하고 가위눌리기도 하지만 깨어나 보면 꿈속의 환경은 내가(내 무의식이) 만들어 낸 것이다. 실제의 삶에서의 환경도 내 의식(인식)과 무의식에 의해 구성된(투영된) 환경이다. 즉 모든 것은 내 안에 있고, 내 의식과 의지의 영향만을 받는다. 외부 환경의 직접적인 투영은 없다.

신들과 행복을 다투다

'12. 2. 29

〈인식의 한계와 신〉

인식의 한계. 밤에 하늘에 보이는 반짝이는 것은 '반짝이는 별'로서만 인식될 뿐이다. 마치 지구 밖에서 보는 지구가 반짝이는 별로서 인식될 뿐, 지구 안에 있는 무수히 많은 것들에 대해서는 전혀 인식할 수 없듯이. 그나마 별은 보이기나 하지만 형이상학적 관념들은 경험할 수도 없다. (그가 인식할 수 없는 것은 그에게는 존재하지 않는 것이다.)

신의 긍정/부정의 문제… 신의 존재를 인식할 수 없으므로 신의 존재를 부정해야 하는가. 어쩌면 인간의 인식 능력의 한계 때문에 신을 인식할 수 없는 것은 아닌가. 신의 존재 유무는 알 수도 없고 또한 중요하지도 않다. 중요한 것은 신에 대한 표상이다. 신이 의지를 가진 신이 아니라, 선 혹은 정의, 우주의 섭리 같은 개념적 표상으로서의 신이라면 삶의 신념으로, 철학으로 삼고 사는 것도 나쁘지 않다.

'12. 3. 2

〈사랑〉

대부분 사람들에게 가장 강력한 영향을 미치는 것은 형이상학/철학보다는 이성 간의 사랑이다. 정신의 활동 이전에 육체의 보존이 필수적이듯. 그러나 사랑에 대해 사유하지 않음은 왜인가. 연애 가능성이 없어서인가, 이미 알고 있는 너무 뻔한 주제여서인가. 어쨌든 사랑에 대한 깊은 사유와 정리가 필요하다.

〈고독과 불안〉

늦가을 저녁에 느끼는 고독은 무의식 속에 발현한 생존의 불안에서 연유할지도 모른다. 반대로 초봄의 따뜻함에 느끼게 되는 생동감은 생존의 불안에서의 해방 때문인지도 모른다.

〈절제와 위안으로서의 죽음〉

기쁨의 절제는 다가오는 죽음에 대한 사유로, 고통의 위안도 다가오는 죽음에 대한 사유로. 삶과 또 다른 삶의 막간으로서의 죽음에 대한 사유를 통해서.

'12. 3. 4

〈죽음 너머〉

죽음에 대한 하나의 견해 - 죽음은 불의 장막이다. 장막 뒤에는 더욱 평화로운 세계가 있을 수 있다. 인간은 불의 장막으로 보이는 죽음 그 자체를 두려워하여 죽음 이후의 세계를 생각하지 않고 피하려고만 한다. 아기의 기쁨을 아는 여자가 산통을 각오하고 임신을 하듯, 사후의 평화를 믿는 자는 죽음마저 행복이다. 하물며 행복을 예비하고 사는 우리의 삶은 말할 것도 없는 행복의 정수다.

〈목적과 즐거움〉

목적 있는 자는 현재의 존재 자체를 즐기지 못하고, 현재의 존재 자체를 즐기는 자는 목적이 없다. 걷기도 건강이든 사유든 목적을 부여하면 일이 된다. 걷기 자체가 즐거움이어야 한다.

〈지옥과 천국〉

지옥은 따로 없다. 스트레스받으며 괴로워하면서 사는 삶이 지옥이

신들과 행복을 다투다

다. '생명을 유지하고 잘 살아야 하는 자아'가 없어진 삶, 지금 죽든 살든 관계 없는 삶, 그런 즐겁고 허허로운 삶이 천국이다.

〈섭리 안에서〉

나무들은 자라고 사람들은 걷고 아이들은 뛰놀고 차들은 달리는, 이 여여한 세계에서 지금 이 시간이 아까워 천천히 걷고 있다. 우주의 섭리가 가득한 이 세계를 걸음으로써 우주의 섭리를 수놓고 섭리를 실현하고 있다.

〈소유〉

가능한 것만을 원함으로써 모든 것을 소유하다.

아무리 부와 권력이 많은 자라도 자신이 원하는 것 이상을 누릴 수는 없기 때문이다.

소유했다가 없어지면 고통받을 것은 구하지 않다.

〈자유와 섭리〉

내가 우주요 우주가 나인데, 굳이 나를 우주에서 분리할 필요가 있을까.

그냥 우주를 구성하는 분자로서 우주 속에 녹아 있는 것이 더 자유롭지 않을까.

자유란 자아의 의지의 실현이 아니라 우주의 섭리에 따르는 것.

무아. 자유 그 자체. 그는 가장 자유로운 자. 가장 평화로운 자.

자아 의지의 자유 끝에는 평화가 없다. 의지의 자유 넘어 섭리를 따르는 평화.

이제와 보니 **인생은 고통의 바다가 아니라 행복의 바다였다.**

〈단상〉

업과 과보는 있지만 그러나 그것을 만드는 자는 없다(무아와 윤회). 우주에 각인된 내 삶의 궤적.

〈자아와 무상〉

오늘도 아상의 세계와 무상의 세계를 오간다. 무상은 무념이 아니다. 언제나 무상의 세계에 머물 수 있으려나. 아… 자아! 고뇌의 덩어리, 고뇌의 창, 고뇌의 근원.

'12. 3. 9

〈주관의 세계와 객관의 세계〉

우리에게 객관의 세계는 주어지지 않는다. 주관의 세계에 살 뿐, 객관의 세계에 들어갈 수 없다. 단지 정진을 통해 근접할 수 있을 뿐이다.

〈존재의 행복〉

자신이 처한 상황, 주변의 여러 가지 문제들, 각각을 보면 고민, 고통이지만, 이 세상에 내가 존재한다는 총체적 관점에서는 축복이요 행복이다. 크고 작은 고통과 행복으로 구성된 내 인생과 존재 자체가 자연의 선물이기 때문이다. 행복은 주어지는 것이 아니라 깨닫는 것이다.

'12. 3. 10

〈행위와 사상〉

한 인간이 말과 행동이 일치하지 않은 삶이나, 진실하지 않은 삶을 살았다고 해서 그의 말이나 글 자체가 진리가 아니거나 오류라고 매도할 수는 없다.

인간을 통찰할 때, 한 인간의 삶(행위)와 그의 사상은 별개로 인정할 수밖에 없다.

'12. 3. 11

〈무아〉

무아. 나라는 불변의 실체는 없다. 나는 우주라는 커다란 모자이크 그림을 이루는 모자이크 한 조각. 바다를 이루는 한 파도. 나는 자연에 녹아있다. 무아라는 단어에 무아의 실제를 담을 수는 없다. 달리 표현할 수 없어 그저 무아라고 하는 것이다.

우리는 언어로 생각하지만 언어에 생각을 담을 수는 없다.

〈헛된 진리〉

당신이 진리라고 굳게 믿는 신념으로 쌓아 올린 바벨탑을 스스로 무너뜨려야 한다. 헛된 진리의 싸움터에서 승리한다 한들 그 승리 역시 헛된 진리 가운데 있을 뿐이다.

불교. 불교라는 숲 안에 있는 한 해탈은 없다. 다른 종교도 마찬가지다. 자각 없는 믿음은 맹신이다.

〈세계와 나〉

일요일 오후의 호수공원. 청아한 세계를 바라보며 나와 세계는 본래 하나였음을 다시금 되새기다. **이 세계에 흔적 없이 왔듯, 흔적 없이 가리라.**

〈좋은 아내〉

곁에 있으나 내 평온을 흐트러뜨리지 않는 아내. 나를 너무 의지하지도 않고 너무 좋아하지도 않는 아내. 너무 좋지도 않고 싫지도 않지만 음식 맛있게 하는 아내. 술 마시지 말라는 잔소리 없으면 더욱 좋을 아내.

〈체념의 긍정〉

긍정에는 어느 정도 체념이 포함되기 마련이다. 체념에는 욕망이 앙금처럼 녹아 있다. 그러나 섭리를 깨달은 자의 긍정에는 체념이 없다. 그의 자아는 섭리 안에 녹아 있기 때문이다.

'12. 3. 14

〈결과〉

일을 할 때는 최선을 다하는 배우의 역할을 한다. 그러나 관객처럼 결과에 대해서는 이미 무관하다. **결과는 나를 떠나 있고 나는 결과를 떠나 있다.** 결과는 우주의 섭리대로 이루어질 것이다.

〈철학과 종교〉

철학은 나, 세계, 타자를 선명하게 인식하게 하고 삼자간 관계의 가려진 비밀을 파헤치지만 삶을 어떻게 살아야 하는가에 대해서는 침묵

한다. 반면 **종교는 스스로 나서서 당위의 삶의 길을 역설하지만 그 길
은 작위적이고 황당하다.**

〈인간의 불행〉

인간의 욕망이 신념으로 발전하고 신념이 진리화되는 것.

〈권력〉

인간의 권력은 땅, 금전 등 세계의 일부를 지배할 수 없다. 그러한
대상을 지배한다고 믿는 것은 권력자의 착각이다. 권력은 오직 타인에
대한 권력일 뿐이다. 권력은 타인의 비자발적 복종만을 강요할 수 있
을 뿐이다.

〈이백과 두보〉

이태백은 시간을 통찰했고 두자미는 공간(현상)을 통찰했다. 그래
서 전자는 시선이고 후자는 시성이다.

〈본능과 욕망〉

자신의 존재를 유지하려는 의지는 본능으로서 허용되어야 한다. 그
러나 그 이상은 욕망으로서 제거되어야 한다.

'12. 3. 20

〈진리〉

결정적인 진리, 확고한 진리, 영원한 진리는 없다. 진리는 Open되어
있다.

〈기쁜 삶의 배경〉

극한에 서 있는 자여! 죽음 앞에 선 자여! 노래하라! 살아 있음을! 존재의 기쁨을!

죽음이 먼 자의 삶은 지루하고 괴롭다. 인생의 참기쁨 그것은 존재의 기쁨이며 그 기쁨은 죽음과 대비될 때 비로소 선명해진다. 저녁 회식의 쾌락을 위해 점심을 굶듯 선명한 삶을 위한 배경으로서 죽음을 곁에 둔다. 날마다 죽음을 연습하는 이유로서 더 중요한 것은 죽음을 두려워하지 않기 위함 보다 기쁜 삶을 살기 위함이다.

〈행복의 근간〉

부귀영화와 욕망의 실현은 행복의 맛을 내는 양념일 뿐. 행복의 근간은 내가 존재한다는 것. 양념을 제거한 음식 맛을 아는 자만이 진정한 맛을 아는 자(행복할 자격이 있는 자)이다.

〈인간의 몸, 신의 정신〉

나의 몸은 인간이지만 세계와 시공간을 통찰하는 나의 정신은 신이다. 신으로 살 것인가, 인간으로 살 것인가. - 유한한 인간으로 살겠다.

〈정진〉

뛰어가든, 걸어가든, 절며 가든 어떻게 가느냐는 중요하지 않다. 중요한 것은 간다는 것이다. 몸에 필요한 것은 음식 자체이지 양념이나 조리법이 아니다.

신들과 행복을 다투다

〈고독한 술맛〉

무엇으로도 포장되지 않은 순전한 야성의 감정으로 술을 마셔 본 적이 언제던가.

삶의 까닭 없는 비애, 우울함, 그리고 고독을 술에 타서 마시면 머리 속의 그 감정들이 몸 속으로 체화되곤 했다. 술맛은 좋았다. 그 술에 취하고 싶다. 조만간 SB를 만나야겠다.

'12. 3. 23

〈현재를 살다〉

현재를 산다는 것은 미래와 과거로 끊임없이 달아나는 의식을 현재에 붙잡아 두려는 부단한 노력의 결과다. 따라서 현재를 살려는 의지와 노력 없이는 결코 현재를 살 수 없다.

시공간을 통찰한 자만이 현재를, 현재를 영원히 살 수 있다.

〈소요의 행복〉

책을 읽고 또 사유할 수 있다는 것은 물려받은 두뇌와 성격, 자신이 만든 습관, 그리고 평안한 환경, 이 세가지가 모두 갖추어져야 가능하다. 책을 읽고 사유하며 소요할 수 있다는 것은 현자가 누릴 수 있는 최고의 행복.

〈친구〉

밤 늦은 시간, 보고 싶다며 술 한 잔 하자는 친구. "네 생각 나서 왔다."는 갑자기 찾아온 친구. 이런 친구들이 있다면 귀찮기보다는 오히려 즐거울 것이다. 상식을 넘은 우정 어린 행동에 내심 기뻐하지만 막상 자신은 그런 행동을 하지 못하고 그런 친구를 기대만 하는 나, 우리들.

〈인위적 세계〉

인간은 자신이 만든 세계와 사태의 감옥에 갇혀 산다.

〈결혼〉

결혼은 외로움과 고독의 완성이다.

'12. 3. 27

〈단편적 진리〉

배 부르면 의욕이 사라진다.

소유한 것에는 시들해진다.

성취된 욕망은 행복을 앗아간다.

〈부처가 된다는 것〉

성불한다는 것, 부처가 된다는 것, 도인이 된다는 것, 깨닫는다는 것은 주관의 세계가 아닌 객관의 세계를 본다는 것.

부처가 된다는 것은 내 마음에 부처가 있다는 것, 내가 이미 부처라는 것. 그것은 내가 부처임을 인식하는 것. - 인식론적 부처가 있을 뿐 존재론적 부처는 없다. 누구도 내가 부처임을 증명할 수도 없고 증명할 방법도 없다. 스스로 부처임을 깨닫고 부처로 살아가는 것이다.

신들과 행복을 다투다

〈자아의 발전 단계〉

1. 자아 없는 삶 - 타인의 가치와 결정을 따라 사는 삶. 내가 나의 주인이 아니라 타인과 세상이 나의 주인. 전전긍긍.
2. 자아의 확립 - 나의 가치와 결정에 따라 사는 삶. 평판에 신경 쓰지 않음.
3. 자아를 여읜 삶 - 우주에 합일된 자아. 우주에서 독립되거나, 우주의 상대로서의 자아는 사라짐. 가치 분별의 극복.

〈무지〉

삶에 취해 희로애락하는 삶을 비웃을 것인가, 감싸 안을 것인가. 영혼의 숙주인 육체의 한계를 감싸 안을 수밖에 없듯, 사람들의 무지를 비웃을 수는 없다.

삶에 붙들려 있는 사람들. 삶에서 깨어나기를 두려워하는 사람들. 삶을 넘어선 곳의 자유와 평정을 결코 인식하지 못하는 사람들. 그래서 안쓰러운 사람들.

〈마음의 상으로서의 세계〉

마음의 상으로서의 세계와 대상은 실재하는 세계와 대상의 일부이거나 가공된 모조물이다. 그리하여 자신이 바라보는 세계는 죽음과 함께 사라지지만 실제의 세계는 남는다.

〈생동하는 삶〉

내 앞에 있는 대상과 내 앞에 펼쳐진 세계와 현상이 당연하게 생각될 때 삶은 정체되고 무료해진다. 생동하는 삶이란 외부 사태의 변화

로서 나에게 주어지는 것이 아니라 내가 나의 내부와 외부 세계에서
이제까지의 당연함이 아닌 새로움을 발견하고 깨닫는 것이다.

'12. 3. 30

〈생은 충분하다〉

또 다른 생(내세)을 원하지 않는다. 생은 현생으로서 충분하다. 바닷
물 맛을 알자고 바다 전부를 마실 것인가. 더구나 다른 생을 또 살아서
그 맛을 안들 무슨 유익이 있을 것인가.

'12. 4. 5

〈살아야만 하는 이유〉

내가 살아야 하는 이유는 무엇인가. 이유는 가언적일 수밖에 없지
만, 그래도 정언적인 생존의 이유는 무엇인가. 나는 내 의지대로 살고
있는가. 내 의지는, 나만의 욕망은 무엇인가.

〈유한한 시간〉

생각보다 빨리 돌아온, 쉴 수 있는 주말을 반기지만 그것은 죽음에
가까이 가는 것을 반기는 것. 죽음은 피하고 싶어하면서도 죽음을 향해
빨리 달려감을 기뻐하는 인간은 얼마나 큰 착각 속에서 살고 있는가.

〈생사〉

자연은 생명을 태어나게 하고 또 죽인다. 사람들은 내가 태어나고
내가 죽는다고 생각한다. 정확히 말하면 자연이 나를 생겨나게 하고
자연이 나를 사라지게 하는 것이다. 생사에 있어서 나의 의지는 반영

신들과 행복을 다투다

되지 않는다.

인류가 자연, 우주를 위해 한 일은 없다. 모든 철학 또한, 자연의 극히 일부인, 인간이라는 종의, 놀이에 불과한지도 모른다.

〈감성과 이성〉

판단과 의사 결정에 있어서 감성은 이성을 압도한다. 논리는 감정을 이길 수 없다. 인식은 의지의 시녀다.

'12. 4. 8

〈삶은 축복〉

삶에 많은 변화가 있어도 평정과 기쁨을 유지할 수 있고, 삶이 반복되는 일상이어도 권태롭지 않음은 삶 자체가 축복임을 알기 때문이다.

신에 의지하지 않은 행복. 시간(세월, 죽음)과 공간(상황, 고통)을 초월한 행복.

〈삶의 흔적〉

역사를 구성하는 분자로서의 각 개인의 삶은 얼마나 구구절절했을까만은 그들의 삶의 궤적들은 역사의 한 줄기 안에 휩쓸려 나타나지도 않고 복원되지도 않고 알려지지도 않는다. 나의 삶도 그럴 것이다. 나 또한 무궁한 시간 속에 명멸했던 수많은 생명체 중의 하나이기에… 단지 이 사실에 대한 깨달음과, 생사에 무관하게 언제나 이 우주의 한 분자로서 존재하리라는 믿음만이 내가 가질 수 있는 최선의 생각이다. (본래 생명체로서의 삶은 사후에 알려지지 않고 알려질 필요도 없다. 다만 사회적 삶이 어떤 인위적인 필요에 의해서 인간의 기록으로 남아 알려질 뿐이다.)

〈평정〉

세계는 변함 없이 굳건하다. 언제나 흔들리는 것은 인간 즉, '나'다. 평정은 수용을 전제로 하고 수용은 포기를 전제로 한다. 처연한 삶. 극한의 삶.

〈현상에의 동경〉

내 앞에 펼쳐진 현상의 세계는 무엇이길래 나는 세상에서의 성공과 안락에 유혹 당하는가. 외부의 세계에 무관하게 내부의 세계가 존재하는데도 왜 나는 스스로 그것에 만족하지 못하고 외부의 세계를 동경하며 기웃거리는가. 이 또한 육체에 기생할 수밖에 없는 정신의 운명과도 같은 이치리라.

〈가면과 배역〉

나는 가면이 아니지만 가면의 역할을 벗어날 수 없다.

인생이라는 무대에서 나는 배역이 아니라 배우지만 배역을 충실히 할 수밖에 없다.

가면을 쓴 '나'가 아닌 가면을 벗은 '나', 배역이 아닌 배우로서의 나에 대해 깊은 성찰을.

'12. 4. 11

〈사랑〉 - 영화 〈건축학개론〉을 보고

인간관계, 특히 사랑은 Open된 채로 끝나야 한다. Close된(정리를

신들과 행복을 다투다

해 버린) 만남은 복원할 여운이 남아 있지 않다. 어쩌면 중요한 것은 여운이 아니라 감정일 것이다. 재회가 이루어지든 그렇지 않든 감정이 남아 있을 때 아름답고 의미 있다.

영화의 여운은 마음 가득 남아 심연의 감정을 깨우고 있지만, 거울에 비친 내 얼굴에서는 사랑의 가능성이 보이지 않는다. **세월은 사랑의 가능성과 함께 마음속의 감정마저 거두어 갔어야 했다.**

어찌 나를 두고 간 세월을 원망하지 않으랴. 원망하면서도 받아들여야 하는 인생의 아이러니. 그리워하면서도 그리워할 수 없음을 아는 불편함. 어느 한 쪽으로만 감정을 달릴 수 있다면 오히려 답답하지 않겠다.

'12. 4. 15

〈내가 바라는 삶〉

깨달음이 있어 즐겁고, 없어도 좋은 이미 완성된 삶. 생사를 초월하여 하루를 시작하고 마무리하는 삶. 내가 있어도 좋고 없어도 좋은 삶.

〈칠정(七情)〉

칠정은 무지의 환상. 그러나 삶 속으로 깊이 들어갈수록, 대상을 접할수록 살아나는 칠정.

〈철학의 자세〉

세상의 이치를 배움에 있어, 도, 태극, 이데아, 공, 무아, 중도, 연기 등 선배들의 철학(개념)은 참고만 하라. 그들의 의도와 숨겨진 진리를 밝히려 분석하며 애쓰지 마라. 그것은 그들의 표현일 뿐이다. 네가 그들이 아닌 이상 그 의미를 전부 알 수는 없다. 네가 깨달은 바를, 너의 철학을 너의 언어로 표현하라.

〈종교에 대하여〉

종교인 - 자신의 신념을 추구하는 자. (누구나 자신의 신념을 추구한다. 즉 종교인이란 별 의미 없다.)

목사 - 별로 뛰어나지 않은 자들의 신념을 믿고 따르는 자. (작위적이고 억지스러운 교리를 신봉한다. 자신과 자신의 생각은 없다. 신과 신의 생각만 존재한다.)

승려 - 나름 뛰어난 자들의 철학 체계를 공부하는 자. (유일신교 교리보다는 훨씬 개연성 있고 정교하고 철학적이다. 그들 선배들의 철학은 신봉해야 할 것이 아니라 자신의 깨달음의 도구일 뿐이라는 면에서 불교는 유일신교 보다 뛰어나다.)

신도 - 자신의 욕망을 이루고자 하는 자. ("진정으로 원하면 이루어진다."라는 측면에서는 다소 효과가 있을지 몰라도, 진정 원하는 자—그토록 신앙심 깊은 자—가 얼마나 되겠는가.)

종교의 한계 - 종교 지도자(목사, 신부, 주지…)가 욕망을 가진 인간인 이상 그 종교의 이상은 실현될 수 없다. 인간이 신이 아니므로, 인간이 신을 대신할 수 없다. 그리하여 인간이 신을 대리하는 종교는 운명적으로 사이비 종교일 수밖에 없는 것이다.

존재의 종교, 기독교. 인식의 종교, 불교.

〈삶의 자세〉

자연은 나를 위해 있지 않다. 자연은 나를 탄생시킴과 동시에 나를 무화(無化)하려 한다.

우리는 그 중에 어떤 것은 좋은 것으로 분류하여 기뻐하고 어떤 것은 나쁜 것으로 분류하여 괴로워한다. 나의 분별일 뿐이다. 본래 좋고 나쁨은 없었다.

——— '12. 4. 17

〈행복과 고통〉

행복과 고통은 존재의 문제가 아니다. 인식의 문제를 넘어 승인의 문제다. 행복/고통을 인식했다 해도 내 의지가 그것을 행복/고통으로 승인해야만 행복/고통이 된다. 고통도 행복으로 승인하면 행복이다.

〈자연의 한 조각으로서의 나와 인생〉

나에게 오늘 또 하루가 주어졌고 나는 자연의 일부로서 자연과 하나되어, 이 눈부신 세계를 걸어간다.

인생에서의 행, 불행, 고통, 번뇌… 이 모든 것들은 자연과 나를 분리함으로써 인식되는 것.

나는(인간은) 자연의 한 조각이고 자연의 흐름과 변화 속에 몸을 맡기고 살 뿐이라는(살 수 밖에 없다는) 진리 앞에, 다른 무엇이 나를 괴롭힐 수 있으며 나는 무슨 걱정을 할 수 있단 말인가.

도인이 구름을 타고 다닌다는 말은 도인의 몸이 아니라 마음이 구름을 타고 다닌다는 말 일 것이다. 이미 자연이 된 자, 저 은하수엔들 못 갈 것이냐.

〈섭리의 통찰〉

아무리 큰 고통과 행복도 통찰한 자의 인식 앞에서는 사라진다. 그의 인식은 고통과 행복을 일으키는 모든 대상과 그 감정을 무화(無化)한다. 섭리와 필연이기에.

〈신앙〉

인격신에 대한 신앙은 어젯밤 꿈에 대한 신앙과 같이 어리석은 일이다. 신은 인간의 욕망이 만들어낸 허상이다. 이성의 오류 추리의 산물이다.

〈운명의 현재성〉

예견된 운명은 실제의 운명이 아니다. 실제의 운명은 현재성을 동반해야 한다. 운명은 현재의 시간에서 내가 맞이하는 것이다. 정해진 운명의 상황(시간 장소, 관계…)으로 내가 진입하는 것이 아니다. 예견된 운명과 실제의 운명 사이에는 시간이라는 변수가 놓여 있는 것이다. 어떤 시점에 예견된 운명은 시간에 의해 변한다.

　- 신의 경지에 있는 예언자가 1년 후의 A의 운명을 예언했을 때 그 운명의 내용은 현재에서 바라본 1년 후의 운명일 뿐, 1년 후에 가서 그때의 실제 A의 운명과는 같지 않다.

〈인생의 목적〉

나는 어디로 가고 있는가. 왜 가고 있는가. 왜 그 방향으로 가는가.

눈앞에 보이는 너무나도 당연한, 타당한 목적을 위해 가고 있지만 인생 전체의 종점에서 보면 잘못된 목적, 그릇된 방향일 확률이 크다. 인생을 잘못 살지는 않았을지라도 인생을 허비한 것이다. 인생의 허비… 그것은 사회적 죄는 아니지만 자신에게 있어서는 그 이상 큰 죄는 없다. 허비한 인생(시간)은 죽은 인생(시간)과 같기 때문이다. 나는 내 인생이라는 유한한 자원을 어디에 사용하고 있는가. 그 예상되는 결과가 진정 내가 바라는 모습이고 내 인생의 목적과 일치하는가. 나는 죽음 앞에서 내 인생에 만족할 수 있을 것인가.

〈내 삶의 내적/외적 소명〉

내가 생각하는 내 삶의 이유, 목적은 무엇인가.
- 사는 법을 배우는 것, 삶과 죽음을 여읜 평정을 얻는 것.
자연이 나에게 삶을 부여한 이유와 목적은 무엇인가.
- 자연의 보존, 중생의 구제.

〈자유〉

자유를 선고받은 인간. 가능성이 주어진 인간. 오히려 그런 것이 없었더라면 인생의 결과에 대해 후회도 아쉬움도 없이 주어진 삶을 숙명으로 받아들였으리라.

자유의 처음과 끝은 인식이다. 행위가 아니다. (자유는 행위로 완성되는 것이 아니다.) 그것은 인식, 올바른 인식, 즉 나와 세계와 모든 것과의 관계에 대한 인식(섭리의 깨달음)이다. 섭리를 인식한 자는 움직이지 않은 채 모든 자유를 느낀다. 우연과 필연, 운명을 포함한 섭리를 알고 있기에.

'12. 4. 20

〈깨달음〉

대중과 함께 나눌 수 없는(대중이 모르는) 깨달음을 얻는다 한들 무슨 의미가 있을 것인가. 그만의 깨달음. 한편, 그의 깨달음을 대중과 나누고 안 나누고(알고 모르고)가 무슨 상관인가. 그는 그의 길을 갈 뿐.

〈공허와 독백〉

공허한 영혼들 속에 있으면 나도 공허해진다. 홀로 있을 때가 가장 공허하지 않다.

여러 사람이 모인 자리에서의 대화… 나는 독백을 할 뿐이다.

〈걱정의 범위〉

불필요한 생각이나 걱정을 하지 말라. 나는 내가 할 수 있는 범위 안에서만 행할 뿐, 그 이상은 내 소관이 아니다.

〈지혜의 핵심〉

지혜의 핵심은 불이(不二)의 인식. 극락과 지옥, 우연과 필연, 생과 사…는 동일한 대상에 대한 다른 인식이다. 공 보다 먼저 깨달아야 할 지혜는 유식일지도 모른다.

〈인생과 운명〉

나는 작은 돛배를 타고 인생이라는 대해를 떠다닌다. 인생은 운명이라는 필연에 의해 99% 좌우되고 1%는 (시간의 변화에 의한) 우연과

신들과 행복을 다투다

나의 항해술에 영향받는다. 두둥실 떠다니는 배에 심신을 맡기는 편이 현명하다. 시냇물에 펄떡거리는 물고기처럼 자연과 운명을 즐기는 것이 현명하다. 즐기지 않으면 어쩔 것인가. 불가능에 마음 쓰는 것은 불필요한 낭비다. 단지 내가 해야 할 것은 모든 일이 필연임을 인식할 수 있는 능력을 가질 수 있도록 부단히 정진하는 것이다. 운명에 끌려가지 않고 먼저 가서 당당하게 운명을 맞으리라. 죽음조차도…

'12. 4. 22

〈무제〉

짙은 안개나 먼지 등으로 세계가 뚜렷하게 보이지 않으면 마음속의 생각도 뚜렷하지 않게 된다.

〈미네르바의 올빼미〉

"미네르바의 올빼미는 황혼이 찾아와야 비로소 날기 시작한다. - 헤겔 법철학 강요" 역사(사건)에 대한 철학적 인식은 회고적일 수밖에 없다는 말은 인정한다. 그러나 "나의 삶을 철학적으로 인식하게 되었을 때, 그 삶이 이미 늙어 버린 모습이 되었고 어떠한 철학적 통찰을 통해서도 그 모습은 젊어지지 않는다. - 헤겔 법철학 강요"는 것에 대해서는 답답한 아포리아를 느낄 수밖에 없다. 이것은 인생의 아이러니이자 슬픈 섭리이며, 또 내가 정진하는 이유이기도 하다. 회한 없는 삶을 위해 나의 부엉이를 시간의 굴레에서 벗어나게 해야 한다. "지나간 인생"을 철학적으로 인식하고 평가하기보다는, 먼저 스스로의 철학적인 방향을 설정하고 그 길을 따라 살아간다면 황혼이 찾아와야 나는 부엉이의 한계를 벗어날 수 있지 않을까.

〈도덕과 윤리의 잣대〉

도덕과 윤리의 잣대는 남보다 먼저 나에게 적용되어야 한다. 내가 소돔의 의인이 되지 않는 한 이 사회에 의인은 없으며 따라서 살아갈 의미도 없는 것이다.

〈영화 한 편의 인생〉

인생이란 한 편의 영화를 보는 것이다. 나의 눈은 영사기가 되어 외부의 상을 망막에 비추면, 뇌는 그 그림을 보고 칠정을 느끼고 사고를 한다. 시간이 흘러 영사기가 꺼지면 홀연히 인생이라는 극장을 떠나게 된다. 극장은 나의 오고 감에 의해 변한 것은 아무 것도 없다. 나의 흔적조차 없다. 내 자리에는 다른 사람이 앉아 한 편의 영화를 보고 또 나처럼 극장을 떠나갈 것이다.

〈화엄과 처연의 세계〉

무아의 눈으로 보면 화엄과 같이 눈부시게 아름다운 이 세계는, 자아의 눈으로 보면 언제나 처연하고 아쉬움이 짙게 남는 세계이다.

〈의지의 절멸〉

쇼펜하우어가 주장하는 생의 의지의 절멸은 죽음을 뜻함이 아니다. 그것은 자아의 절멸, 욕망의 절멸이다. 생의 의지는 욕망을 향한 의지다. 그 생의 의지의 절멸만이 평정으로 나아가는 길이다.

〈도〉

우주의 섭리는 그렇고 그러하다. 배타적인 유일한 도는 없다. 보편의 형이상학인 진과 미 등은 배타적이지 않다. 그러나 사회의 형이상학인 선, 정의 등은 배타적이다.

'12. 4. 24

〈죽음〉

6년 동안 매일 죽음을 연습했다. 그래도 죽음이 두렵다면, 죽음은 본래 두려운 것이리라.

〈산책〉

산책은 거리라는 공간을 즐기는 것이 아니라 공간을 매개(수단)로 시간을 즐기는 것.

〈완성된 삶〉

지금 당장 삶이 끝나도 삶은 완성된 삶이어야 한다. 삶의 완성을 위해서 무엇인가를 더 이루기 위한 시간이 필요하지 않아야 한다. 이 역시 (어떤 모범적인 완성된 삶이 별도로 존재하는) 존재의 문제가 아니라 (스스로의 삶을 완성된 삶으로 인식하는) 인식의 문제다.

〈인식의 필요조건 - 배경〉

나는 스토아 학파의 아파테이아보다 데모크리토스의 원자론을 인식하기 어렵다. 아파테이아를 인식(구별)할 수 있는 배경지식보다, 원자론을 인식할 수 있는 배경이 되는 지식을 상대적으로 적게 가지고 있기 때문이다.

〈삶의 불빛〉

자신이 암흑과 고통의 삶 속에 있다면, 그 삶 속에서 불빛을 만들어 (찾는 것이 아님, 찾을 수 있는 것이 아님) 자신의 삶을 비추기란 거의 불가능하다. 삶 밖으로 나와 불빛을 만들고, 그 불빛을 가지고 다시 삶 속으로 들어가 그 삶을 비추어야 한다.

〈내 삶의 긍정〉

죽음의 문턱에서 어떤 천사가 다가와 내가 살아온 삶이 잘못된 것이므로 나 스스로 지난 삶을 부정하면 천국으로 가게 해 준다고 했을 때, 내 삶을 부정할 것인가. 나는 그럴 수 없다. 내 삶을 사랑하기도 하거니와 천사의 그 말은 실현 불가능하기 때문이다. - 없는 곳에 갈 수는 없는 법!

'12. 4. 25

〈인식의 빛〉

존재의 측면에서 인간의 능력은 미약하다. 그러나 인식의 측면에서는 무한하다. 이미 누구에게나 내재되어 있는 인식의 빛. 그것은 불성(佛性)과도 같다. 그것을 발전시킨(깨달은) 자는 세사를 초월하고 세계를 통찰한다. 삶을 초월할 수 있고 신의 경지에 이를 수 있는 능력, 인식의 빛.

고통 속에 있는 자여, 너의 인식의 빛이 너를 구원하리라. 인식의 빛을 깨닫기 전에는 모든 고통과 행복조차 무지/맹목/암흑 속의 고통과 행복이다. 덧없는 삶, 동물과 같은 삶이다. 그 상태에서는 의미를 찾고 산다 한들 그 의미는 무의미의 반복일 뿐이다.

신들과 행복을 다투다

〈단상〉

맑은 아침 햇빛과 함께 솟아 나오는 것은 생의 의지가 아닌 생의 환희.

'12. 4. 28

〈지혜의 개념〉

낮아짐. 울타리. 불가능성. 처연. 지나가버림. 평안. 합일. 수용. 느림. 즐김.

운명과의 화해. 섭리.

〈현재 지향〉

가장 중요한 것은 현재의 나 자체이며 그 외의 시간, 미래의 나를 위한 추가적인 금전의 획득 등은 부수적이다. 하면 안 되는 것은 미래에 대한 걱정이다. 나는 현재만을 살 뿐이다. 기쁨도 걱정도, 행복도, 고통도 현재에 하고 현재에 느껴야 한다. 현재를 지향하는 몸을 마음이 따라가야 한다. 미래를 지향하는 마음을 몸이 따라가면 안 된다.

현재 이 순간 오감을 통해 느끼는 것, 오성을 통한 인식, 현재의 행위 자체가 목적이 되어야 한다. 미래나 다른 무엇의 수단이 되어서는 안 된다. 어쩌면 목적 없는 삶, 또는 덤으로서의 삶이 최선일 수도 있다.

〈필요악〉

고통 없는 행복, 악 없는 선을 바라는 것은 공기의 저항 없이 날고자 함과 같다. 전자는 후자의 필요조건이며 배경이다. 즉 전자가 없으면 후자가 존재할 수 없고, 배경 없이는 대상이 인식되지 않는다. 이런 점에서 창조주가 이 세상에 선 외에 악은 왜 만들었는가 하는 질문은 우문이다. (세상은 창조주가 만들지도 않았으며, 선악도 없다. 선악은 인간의 가치이며 인간의 분별일 뿐이다.)

〈깨달음의 한 현상〉

하루의 남은 시간에 대한 즐거움, 남은 여생에 대한 기쁨, 막걸리 한 잔에 담긴 행복의 양을 인식하는 기쁨.

〈조화로운 자연〉

자연은 조화롭다. 부조화와 부조리는 자연에 있지 않다. 부조화는 인간의 인식 능력이 불완전하거나 인간의 편견 때문이고 부조리는 인간 자체의 속성 즉 욕심 때문이다.

〈시간〉

시간은 전적으로 자신의(자신이 사용할 수 있는) 것이지만 자신이 소유(제어)할 수 있는 것이 아니다.

〈소유와 기쁨〉

이미 소유한 것은 인간에게 지속적인 기쁨을 주지 않는다. 당연한 것이 되어 버린다. 아직 소유하지 못한 것이 언제나 인간의 관심 대상이다. **소유한 것 안에서 기쁨을 발견하는 자는 행복하다.**

〈인식의 빛〉

지천명의 나이에, 몰랐던 것을 아는 것은 더 이상 중요하지 않다. 지식의 지평을 넓이는 것은 의미 없다. 알았던 것을 깨닫는 것이 중요하

신들과 행복을 다투다

다. 인지에서 인식으로, 지식에서 지혜로 나아가야 한다. 인식의 빛을 찾아.

인식의 빛. 참 인식. 의지 없는 인식. 의지가 소멸된 상태에서의 인식.

〈기독교 신앙〉

내게 있어서 기독교 교리가 이성적으로 옳고 그름은 문제가 되지 않는다. **종교는 (이성적) 인식의 대상이 아니라 욕망의 대상이기 때문이다.** 결국 선한 삶을 살아야 하는 우리이기에 작위적인 교리와 배타성까지도 눈 감을 수 있다. 그러나 나의 선의와 양보가 성직자의 안녕과, 부조리한 사회의 지지에 악용될 때 나는 이 신앙을 더 이상 유지할 수 없다.

〈종교에 대한 의견〉

계시는 신의 역할이라 해도 그에 대한 해석은 인간의 역할이다.

성찰 없는 신앙은 맹목이다.

선/윤리/도덕의 원천은 신이 아닌 인간이다. 신도 선해야 한다면 신은 인간의 창조물이다.

〈강요된 결핍, 불행한 삶〉

무엇인가를 욕망한다는 것은 그것이 결핍되어 있다는 것이고 결핍은 욕망의 배경이 된다. 배경이 없으면 대상이 인식되지 않기에, 욕망을 없애려면 결핍을 느끼지 않아야 한다. 그러나 현대 산업 사회는 다양한 미디어를 통해 현대인에게 불필요한 결핍을 부추기며 불필요한 욕망을 일으킨다. 자본의 속성인 자기 증식의 필요 때문이다. 결국 현대인은 불필요하고 덧없는 많은 욕망을 추구하고 따라서 점점 더 행복해지기가 어려운 삶을 산다. 산업 자본에 조종당하는 꼭두각시의 삶, 구조 속에 갇힌 노예의 삶.

〈공간을 산다면〉

자신의 삶이 시간을 사는 것이 아니라 공간을 산다고 생각하라. 어느 지점에 도달하면 생의 끝이라고 할 때, 정지할 수 없는 인생이라면, 눈 앞의 욕망을 실현시키려고 빨리 가기보다는 가능하면 천천히 가는 것이 현명하다는 것을 깨달을 것이다.

〈깨달음의 길(道)〉

모든 철학과 종교는 자신들만의 언어, 즉 깨달음의 도구가 있다. 불교의 불경도 그 중의 하나이다. 불경은 불교에서 통용되는 언어다. 그러나 그 언어를 알아야만 깨달음에 이르는 것은 아니다. 불립문자(不立文字)의 의미도 그와 같으리라. 어떤 종교를 따라가지 않고 자신만의 깨달음의 길을 가는 것도 나쁘지 않다.

〈맹목의 삶〉

인간은 덧없는 것을 쫓으며 시간을 죽음의 신에게 바친다.

많은 시간 영어 단어를 보았으나 기억나는 단어가 없음, 헛된 공부.

무엇인가를 추구하면서 바쁘게 살았으나 남은 것이 없음, 헛된 인생. 맹목의 삶.

신들과 행복을 다투다

〈단상〉

앞에 가는 사람을 제치고 걷는 빠른 걸음보다, 타인의 제침을 당하고 걷는 느린 걸음이 더 평온하고 완전하다.

저 채소는 물을 먹고 자라고 내 사유는 술을 먹고 자란다.

〈부분과 전체〉

삶의 일부, 삶의 속성에 대한 사고 VS 삶 자체에 대한 사고.

인과율 세부 항목에 대한 사고 VS 인과율 자체에 대한 사고.

'12. 5. 6

〈그리운 얼굴〉

내가 그리워하는 얼굴은 20여 년 전, 그때 그 얼굴. 돌아올 수 없는 얼굴. 만날 수 없는 얼굴. 불가능을 그리워하다.

〈평정과 의욕〉

처연한 생, 극한의 생, 두려움 없는 완전한 평정에 머물 수 있다면, 오히려 행동해도, 의욕을 펼쳐도 되지 않겠는가.

〈존재 없는 인식〉

아상(我相)이 아닌 순순 객관을 본다는 것은 나의 존재 이전에 대상을 인식한다는 것이다. 존재 없는 인식, 주체 없는 인식, 의지의 절멸, 자아의 무화, 성불.

〈존재와 인식의 두 가지 문제〉

하나, 주체는 존재하는 상태에서, '대상 없는 인식(이 가능한가.)'과 '인식 없는 대상(이 존재하는가.)'의 문제.

둘, 대상은 존재하는 상태에서 '주체 없는 인식(이 가능한가.)'과 '인식 없는 주체(는 존재하는가.)'의 문제.

〈가면의 철학 2〉

성찰이란 가면을 벗은 자신의 얼굴을 응시하는 것이다.

어느 사회도, 어느 누구도, 심지어, 지인, 친구, 가족까지도 내가 가면을 벗는 것을 원하지 않는다. 죽는 날까지 그 가면으로 살아 주기를 바란다. 배우 아닌 배역으로… 인생이 본질적으로 슬픈 이유는 이 때문이다. 이미 막이 올라간 인생이라는 무대에서 배역으로서만 살아야 하는 슬픔, 배우로서 살지 못하는 슬픔…

자유! 그것은 배역 아닌 배우의 삶. 자유롭기 위해서는 가면을 벗은 맨얼굴을 수시로 끊임없이 들여다보아야 한다. 관조…

'가면을 벗어 보지 않은 삶', '가면 속에 숨어 사는 삶', 그리하여 '가면이 그대로 얼굴이 되어 버린 삶'을 살아서는 안 된다. 그러나 사람들이 가면을 벗지 못하는 이유는 가면 뒤에 자신의 얼굴이 없다는 두려움 때문인지도 모른다. 가면을 벗어도 그 가면과 똑같이 변해 버린 얼굴을 대해야 하는 두려움…

그들의 인생이라는 무대 위에는 배우는 없다. 배역 만이 있을 뿐이다. 가면을 벗은 사람은 없다.

'12. 5. 10

〈가상의 삶〉

인생은 아이들의 소꿉놀이와 같다. 가상의 배역과 대상과 상황을 만들어 놓고 실제인 양 희로애락 하는 소꿉놀이. 자연은 인간에게 어떠한 감정도 부여하지 않으나 인간은 스스로 감정을 지어내어 자발적으로 희로애락한다. 마치 컴퓨터 게임을 만들어 내어 게임에 열광하듯.

유위 문화의 세계는 작위의 세계, 가상의 세계, 소꿉장난의 세계. 인간은 왜 자기가 만든 가상의 세계에서 허우적거리며 고통받는가. 컴퓨터 게임만이 가상의 세계는 아니다. 인간이 만든 문화의 세계도 가상의 세계이며, 그 안에서 느끼는 감정도 만들어진 것이다. 더 나아가 내가 보는 저 자연도 내 마음에 비친 상이라면 그 또한 가상의 세계이다. 여여한 실재의 세계를 언제나 볼 수 있을 것이냐. 갈 길이 멀다.

〈칠정에서 자유로〉

본래 자연에는 칠정이 없다. 인간의 생도 자연의 일부이다. 그러한 한에서 인생에도 희로애락은 없어야 한다. 그러나 칠정의 이유는 인간이 자연과 분리되어 있다고 생각하기 때문이다. 자신을 자연의 섭리 속에 맡기고 욕망과 의지를 내려놓는 순간, 자연/운명과의 합일의 순간, 비로소 칠정에서 자유로워진다.

〈무수한 진리〉

세상의 무수한 진리 중 어찌 너의 진리만이 참 진리라고 우길 것이냐. 서울로 가는 무수한 길 중 내가 가고 있는 길만이 유일한 길이라고 우기는 것과 같다. 어떠한 진리도 무수한 진리들 가운데 하나일 뿐이다. One of them.

〈인식의 빛과 무지〉

무지는 인식의 빛이 밝지 못해 눈앞의 것만 인식하는 것. 인식의 빛이 밝을수록 통찰의 범위가 넓어진다.

'12. 5. 13

〈현자의 행복〉

제왕의 인생이든 갑부의 인생이든, 인생은 본래 불행한 것이고 고통의 바다이며 신들의 놀이판임을 깨닫는다. 그러나 다가오는 운명을 처연히 수용하는 자에게 인생은 더 이상 불행, 고통, 속박이 아니다. 그에게 인생은 그 자체로서 행복이며 대자유다.

인간은 원래 불행할 수밖에 없는 운명으로 태어난다. 그래서 자신의 인생이 불행함을 당연시할 때 비로소 밀려오는 행복을 느낄 수 있고 자신이 행복의 한가운데 있음을 인식하게 된다. 이것이 역설적인 행복의 비밀이다.

한 인간이 인생은 행복의 바다라고 선언할 때, 그는 현자다. 현자는 모든 행복을 바라보고 있지만(자신에게 일어나는 모든 것을 행복으로 인식하지만) 범인은 모든 불행을 바라보고 있는 것이다(자신에게 일어나는 모든 것을 불행으로 인식한다). 서 있는 배경이 다르기 때문이다(현자는 고통을 배경으로 서 있고, 범인은 행복을 배경으로 서 있다).

범인에게 인생은 고통의 바다이지만 현자에게는 행복의 바다다. '고통의 바다'는 인식의 대상, 즉 현상으로서의 인생이고, '행복의 바다'는 인식된 인생이다.

신들과 행복을 다투다

〈감정과 세계〉

아이들이 떠나가 버린 놀이터가 쓸쓸하다. 쓸쓸한 것은 놀이터가 아니라 내 마음이다. 저녁 노을의 아름다움은 저녁 노을에 있는 것이 아니라 그것을 바라보는 내 마음에 있다. 세계, 대상, 상황, 사건은 무심하다. 칠정은 내 마음이다.

세계 자체는 차별, 구별, 감정이 없으며 인간의 분별을 넘어서 존재하는 여여한 대상만이 있다. 대상은 不二지만 내 마음이 대상을 분별하고 대상에 대해서 감정을 느낀다.

〈단상〉

이미 몽둥이를 넘어 평안을 유지할 수 있는 나를 쫓아오는 삶의 몽둥이의 의미?

남들과 다른 길을 갈 때, 살아있다는 생각이 든다.

〈어리석은 삶〉

주어진 자유를 자유라고 인식하지 못하는 삶. 주어진 행복을 행복으로 느끼지 못하는 삶.

〈애틋함에 대하여〉

오랫동안 키웠던 손주를 멀리 떠나보내는 할머니의 마음(애틋함)과 부모에게로 돌아가는 손주의 마음(즐거움) 사이의 간격.

외딴섬에서 외롭게 지내는 어린 아이와의 며칠간의 즐거웠던 시간을 뒤로 하고 아이를 떠나는 나그네의 애틋함과 하염없이 나그네를 향해 손을 흔드는 아이의 서운함의 차이.

청구회 어린이들에 대한 신영복 선생의 애틋함과 선생에 대한 어린이들의 그리움의 차이.

전자와 후자 사이에는 세월(나이)이라는 메울 수 없는 심연이 존재한다. 후자에 대한 전자의 애틋함과 그리움은 마음속에 침전되고 각인되지만, 전자에 대한 후자의 마음은 곧 휘발되어 기억 저편으로 사라진다. 전자의 사랑은 외사랑이어서 슬프다. 서로에 대한 사랑을 동시에 공유할 수 없는, 시간 차를 두고서 따로 느낄 수밖에 없는 인간의 서글픈 본능, 내리사랑.

〈인간의 운명적 슬픔〉

자신의 가면을 벗을 수 없다는 것, 가면 안에 자신의 얼굴이 없다는 것, 자아를 찾아 헤매다가 어렵게 자아를 찾지만, 그 자아를 무화시켜야 함을 깨닫는 것.

'12. 5. 19

〈고해를 건너는 힘〉

인생이라는 연극 무대 위에서 발생하는 사건을, 자신의 배역의 입장에서가 아닌 연극 전체를 연출하는 감독의 입장에서 보는 능력. 나에게 괴로운 상황이 닥쳤을 때 괴로움 속에 잠겨 몸부림치기보다는, 그 괴로움의 정도와 원인을 생각하며, 그 괴로움이 인생에서 누구나 예외 없이 겪어야 하는 인간의 숙명임을 깨닫고 처연히 받아들이는 능력.

신들과 행복을 다투다

〈마약 같은 행복〉

세속적 행복에 취함은 마약에 취하는 것. 세속적 행복에 연연하는 자는 마약의 효과가 떨어지는 것이 두려워 무슨 일이든 마다 않는 마약 중독자와 크게 다르지 않다.

〈철학과 사색을 하는 이유〉

철학과 사색을 통한 물질적 이익은 절약 외에는 별로 없다. 그러나 정신적으로는 쾌락, 풍요로움, 물질을 초월한 자유를 얻는다. 가로등 불빛 주위에서 맴도는 나방과 구만 리 장천 우주를 비상하는 대붕은 같지 않다.

〈미래에 대한 대비와 걱정〉

미래를 대비하는 것과 걱정하는 것은 큰 차이가 있다. 전자는 미래의 사건을 미리 해결하는 일정 기간의 과정이지만 후자는 아무런 결과 없이 무한정의 시간을 괴로움 속에 허비하는 것이다. 현재를 살라는 말은 최소한 후자처럼 살지는 말라는 뜻.

〈좌파의 오류〉

자본가의 몰락과 노동자의 승리를 예견했던 공산당 선언은 필연적으로 오류일 수밖에 없고 순수 좌파 진보 정당은 소수당으로 남을 수밖에 없다. 이들은 소유를 향한 인간의 욕망을 배제했기 때문이다. 대중에게 있어서 욕망은 모든 형이상학적 가치에 우선한다. 그런 욕망을 탓하는 것은 우리가 인간임을 탓하는 것과 같이 어리석은 일이다.

〈대오(大悟) 6〉 - 절대 자유의 길

 자아, 욕망… 부자유의 인과. 무아… 절대 자유의 인과. 자아가 무화되지 않는 한 자유는 없다. 구도의 길은 자아의 무화 과정. 자아를 어떻게 무화시킬 것인가.

 한 가지 길은 자신의 배역 안에서 자아의 무화를 통한 자유의 길. 자아의 무화, 구도의 극은 죽음인가. 아니다. 무화든 구도든 생을 전제로 한다. 주체 없는 자유는 무의미하고 공허하다. '자아의 무화'와 '주체 있는 생'이라는 모순은 구도자가 풀어야 할 숙명적 과제이다. 무화는 욕망의 자발적 배제와 포기. 이러한 구도의 길은 배역 내에서의 길이다.

 차원이 다른 또 하나의 길이 있다. 인생이라는 무대에서 훌륭한 배우는 각본 전체를 꿰뚫고 있듯이, 우주의 섭리에 대한 통찰을 통한 자유의 길이다. 자신의 배역 안에서 자아의 무화를 통한 자유의 길은 높은 산을 한 걸음씩 힘들여 올라가는 고행의 과정이지만, 섭리의 통찰, 인생의 통찰을 통한 자유의 길은 비행기를 타고 올라가 산 정상에 내리는 비약적 깨달음의 과정이다.

 그러나 배역 안에서 무화를 정진하는 자에게 두 가지 길은 모순되어 결코 병행할 수 없다. 실제로 전자는 인간의 본능을 철저히 금하는 거부의 길인 반면, 후자는 인간의 본능을 포함한 전체 섭리에 대한 수용의 길이다. 전자는 무아의 길, 후자는 섭리 통찰의 길이다.

 숙명적 과제는 풀렸다. 정상에 이른 자에게 두 가지 길은 모두 옳고 양립할 수 있다. 하나의 열쇠로 두 가지 자물쇠를 다 열 수 있는 것과 같다. 절대 자유의 두 가지 길. 자아 무화의 길과 섭리 통찰의 길. 두 길의 근저에는 극한의 철학이 있다. 어떤 상황과 고통도 수용할 수 있

신들과 행복을 다투다

는 극한에 서는 철학.

진여, 무아, 여여, 연기, 공, 중도, 불이, 섭리… 깨닫지 못한 자에게는 이들 각각이 구도를 향한 별개의 길이며 깨달은 자에게는 이들 모두가 연결된 하나의 길이다.

아침에 도를 들으면 저녁에 죽어도 좋다는 공자의 말은 도를 깨우친 자에게 남은 생은 여분이라는 것이다. 생사의 초월.

〈자유의 필요조건〉

인생의 최고의 가치, 자유. 자유를 위해 필요한 것은 소박한 의식주와 책. 그리고 사색.

'12. 5. 20

〈걱정 - 인생에 대한 무례〉

지금 나의 마음은 무엇에 사로잡혀 있는가. 미래에 대한 대비인가, 걱정인가. 걱정이라면 그것은 인생에 대한 무례이다. 겸손하지 못함이다. 주어진 현재도 제대로 즐기며 살지 못하면서 닿지 않을지도 모르는 미래를 걱정하다니… 인생을 낭비하는 죄이다.

〈몸과 무아〉

매력 있는 여자와 같이 앉아 있으면 먼저 반응하는 것은 몸인가 마음인가. 분명한 것은 몸은 반응하고 있다는 것. 무아의 상태라는 것은 이러한 몸의 요구를 금지하는 것인가, 허용하는(몸의 요구대로 하도록 자아의 의지를 펴지 않는) 것인가.

<정리>

섭리란 발생한 모든 일과 발생하고 있는 모든 일, 그리고 발생할 모든 일이다.

나는 지금 인생이라는 연극 무대에서 배역으로 살고 있지만 실제의 나는 연극의 각본 전체를 꿰뚫고 있는(섭리를 통찰한) 배우이다.

배역이라는 가면을 벗으면 자신의 얼굴이 있어야 한다. 자신의 얼굴이 없고 가면이 실제 자신의 얼굴인 자는 비참하다.

원인 없는 결과는 없다. 우연은 없다. 섭리를 모르기에 필연이 우연으로 인식될 뿐이다.

우주의 한 구성원으로서 필연을 볼 수 있는 인식의 지평을 넓혀야 한다. 정진해야 한다.

<구원(해탈)>

구원은 자신이 우주라는 모자이크의 한 조각임을 인식하는 것.

자신의 배역을 잘 소화함으로써 우주의 섭리를 이루어나가는 배우의 역할을 다하는 것.

구원은 구원이라는 문턱을 넘어 구원으로 진입하는 것이 아니라, 인식의 빛을 무한히 밝혀 인식의 지평을 넓혀감으로써, 인식의 빛이 온 세상을 비추어 더 이상의 확장이 무의미한 그 상태가 구원이다. 구원과 비구원이라는 분리의 차원이 아닌, 정도의 차원.

구원은 인식이다. 구원은 행위와는 무관하다. 구원은 선행과 믿음을 통해서가 아니라 인식을 통해서만 가능하다.

구원은 자신의 선언이다. 구원 즉 해탈은 타인이 평가해 주는 것이 아니라 스스로가 느끼는 것이다. 구원에는 특별한 자격도 조건도 필요

신들과 행복을 다투다

없다. 오직 필요한 것은 섭리에 대한 인식.

구원은 내생이 아닌 현생에 있다. 내생의 구원은 무의미하다.

〈예수의 설교와 교회〉

예수가 설한 구원(너희가 내 말에 거하면 진리를 알지니 진리가 너희를 자유케 하리라.)에 대한 오해, 즉 성직자들을 위한 아전인수격 해석이 기독교 교리가 되었다. 교리를 만든 이들은 신(성직자가 대행하는 신)에 의한 타력 구원을 주장했으나 예수는 자신의 말을 제대로 인식함을 통한 자력 구원을 설했다고 보는 것이 타당하지 않을까.

신앙을 가진 자는, 더 바랄 것이 있고, 신이 아니기에 인간은 불완전해야 한다고 믿는 자이다. 반면 이룬 자는 더 바랄 것이 없는 자다.

〈가치의 두 가지 지평〉

첫째, 인간 사회라는 작은 범위 내에서의 가치, 즉 선, 정의 등.

둘째, 우주라는 전체에서의 가치, 즉 있음과 없음, 섭리에의 일치와 불일치 등.

〈단상〉

특정한 것에 집착하지 않는 삶을 사는 것을 넘어 삶 자체에 매몰되지 말 것.

〈상대적 사고 절대적 사고〉

힘, 섬세함, 사물, 사태 등의 판단과 사고에 있어서 상대적 (대비의) 범주에서 인식하는 것과 절대적 범주에서 인식하는 것이 있다. 남자는 힘이 세다라는 명제는 여자라는 대상을 염두에 둔 상대적 판단에서는 참이지만 절대적 판단에서는 참이 아니다. 참이 아니라는 것과 거짓이라는 것은 같지 않다.

〈깨달음은 전할 수 없다.〉

선종의 조사들이 제자들의 물음에 '할'하거나 때리는 이상한 행위를 하는 이유.

하나. 그 대답을 말로 표현할 수 없다.

둘. 표현한다 해도 제자는 인식하지 못한다.

셋. 해답은 외부의 스승이 가르쳐 줄 수 있는 것이 아니라 제자의 마음 안에 있다.

넷. '해답은 이미 네 안에 있는데 왜 묻느냐!'

〈지혜〉

절대의 범주에서 생각하면 나는 이 세상을 잠시 다녀가는 도보여행자다. 많은 것을 지고 다닐 수는 없다. 오히려 최소한의 의식주가 좋다. 곧 두고 떠날 것에 집착하고 신경 쓰는 것은 아까운 시간 낭비다.

절대의 사고. 무한의 시공간을 배경으로 하는 사고. 우주 속의 나를 기반으로 하는 사고. 유한한 인생이라는 자원을 가장 현명하게 사용할 수 있는 사고. 지혜.

〈파도와 바다〉

나와 나의 인생이라는 파도는 끊임 없이 흔들려도 바다 자체는 변함 없이 고요하다. 파도 안에 갇혀있는 나는 파도와 함께 흔들릴 수밖에

신들과 행복을 다투다

없지만 바다(우주)의 일부인 나는 고요하다.

〈일리아드 안의 그리스인〉

신화의 등장인물들은 하나같이 자신의 운명에 초연하다. 자신의 운명이 신들의 장난에 휘둘린다는 것을 알지만 어찌할 수 없음을 수용한다. 내일의 죽음을 알고도 그 운명을 받아들이고 오늘을 처연하게 살았던 그리스인을 흠모한다. 유한한 인생이라는 허무함 속에서도 자신의 의무인 배역을 성실하게 수행해야 하는 배우로서 최선을 다해 끝까지 연기했던 사람들이다.

〈오류의 원천〉

의식의 대상인 자아가 의식의 주체인 양 의지를 자아에 복속시킴으로써 엇갈림이 시작되고 칠정과 고통이 생겨난다. 순수 의식에 자아가 복속될 때, 창조된 대상이 창조한 주체를 지배하는 것을 허용하지 않을 때, 만들어진 우상의 지배를 허용하지 않을 때, 모든 것이 제자리를 잡고 평안이 올 것이다. 무아.

'12. 5. 24

〈사후의 세계〉

종교에서 얘기하는 사후의 천국, 내생의 극락은 무의미한 약속이다. 사후, 내생에 가서도 그들은 다시 사후, 내생을 운운할 것이다. 사후에 대한 Vision 제시는 종교의 숙명이긴 하지만…

〈인간이 추구하는 가치〉

인간은 조정할 수 없는 것, 불확실한 것, 무상함, 허무함 등을 싫어한다. 선, 정의, 행복은 사회적 사고에서는 중요할지 모르지만 우주적 관점에서는 무의미하고 허무하다. 우주적 관점에서 인간이 추구하는 정신적/물질적 가치는 허무한 것인데도, 사람들은 애써 부정하고 거부한다. 허무한 가치에 아무리 도색을 한다 한들 허무함이 의미 있는 것으로 변하지는 않는다. 인생이, 인간이 추구하는 가치가 허무한 이유는 인생이 유한하고, 만물은 변화하기 때문이다. 무상함을 인정하는 것을 기본으로 가치를 재구축해야 한다. 이제는 인간적 가치가 아닌 우주적 가치를 추구해야 한다.

이제 내가 사는 이유는 행복도 아니고, 더 큰 깨달음을 얻으려는 것도 아니다. 참 이유는 내가 살아감으로써 나에게 주어진 우주의 섭리를 실현해야 하는 의무 때문이다.

〈자아〉

나는 3인칭인 "홍길동"으로서의 나를 확인할 수 있지만 1인칭 자아로서의 나를 확인할 수는 없다. **자아, 영혼, 신은 그것이 존재하기를 바라는 인간의 욕망이 만들어 낸 의식의 대상이지, 실재하는 의식, 행위의 주체가 아니다.**

〈신과 천국〉

"신은 인간의 선한 삶을 위한 공준(公準)으로서 상정(想定)될 뿐이다. - 칸트" 독실한 기독교인에게 조차도 신은 액세서리 정도인 것 같다. 사후에 천국과 지옥이 정말 있다고 하면, 제정신을 가진 인간은 천국에 가기 위해 당장 모든 것을 버리고 수도원으로 들어가야 한다. 그러나 그런 기독교인은 별로 없으며 오히려, 모든 것을 버리고 신앙에 매달리는 특정 종교 집단에 대해서는 사이비라고 폄하한다.

'12. 5. 26

〈평안의 기반〉

평안의 기반은 자신이 우주의 영원한 일원이라는 깨달음이다. 그로써 죽음도 삶도 두렵지 않게 되고 행복, 금전, 명예, 권력 등 자신 밖에서 추구하는 모든 것들이 짧은 이 생에서의 한낱 액세서리에 불과하다는 것을 깨닫게 된다.

〈현 존재의 당위성과 의무〉

이 세상에서의 현 존재로서 추구해야 하는 것은 현 존재의 당위성과 현 존재로서의 세계에 대한 의무를 깨닫고 실천하는 것이다. 존재의 당위성과 의무가 자신의 주변과의 관계를 잘 유지해 가는 것이라면 그것은 중요한 일이기는 하지만 단견이고 소견이다. 먹는 것은 중요하지만 먹기 위해서 사는 것은 아닌 것과 같다. 주변과의 관계가 아니라 세계(우주)와의 관계에서 생각해야 한다.

〈가족〉

나 홀로 걸으면 하늘을 걷고 딸아이랑 걸으면 땅을 걷게 된다. 가족은 내가 현실을 초월하지 못하도록 나를 잡고 있는 닻이다. 동시에 그 닻은 내가 파도에 전복되지 않도록 하는 역할을 하기도 한다. 그러나 닻을 벗어나 대해를 항해할지, 파도에 전복될지는 나의 몫이다.

<자아>

본래 자아는 없다. 자아는 의식이 만들어낸 허상이다. 자아는 의식의 우상이다. **의식은 스스로 만들어 놓은 대상(자아)에 지배받고 그 대상을 숭배한다.**

우리는 자아라는 스크린을 통해 세계를 본다. 자아에 의해 재구성된 세계, 마음에 비친 세계를 인식할 뿐이다. 자아의 무화 즉 세계와의 합일을 통해 자아의 눈이 아닌 무아로서 즉 세계 자체로서 스스로를 보아야 한다.

<대오(大悟) 7> - 무자유

자아는 필연적으로 세계와 분리됨으로써 성립한다. 본래 자아는 없다는 것을 인식함으로써, 자아가 사라짐으로써, 즉 자아의 무화로서 얻게 되는 자유가 있다. 그것은 우주의 섭리와 합일함으로써, 자아를 섭리 속에 잠기게 함으로서 얻는 **무자유**이다. 자유란 무엇인가로부터의 자유이며, 어떤 장애나 속박으로부터 벗어나는 개념임을 생각할 때 무자유란 장애나 속박 자체가 없기에 자유라는 개념이 성립하지 않을 때의 자유를 지칭하기로 하자. 섭리와 함께할 때 장애나 속박은 있을 수 없다. 즉 자유가 필요 없다. 무의미하다. 자유란 세계와 분리된 자아가 추구하는 무지의 가치이다. 무아로서 그 모든 것을 섭리로서 수용하는 것이 섭리 안에 사는 것이며 그럼으로써 기존의 자유는 불필요한 가치가 되는 것이다.

<우주의 섭리>

우주의 섭리란 무엇인가. 도가도 비상도라서 말로 표현할 수는 없지

신들과 행복을 다투다

만 섭리 가운데 살 수는 있다. **원인으로서의 섭리는 인식하지 못한다 하여도 결과로서의 섭리는 인식할 수 있다.** 과거, 현재, 미래에 우리 앞에 일어나는 모든 것이 결과로서의 섭리이다. 섭리는 항상 우리 앞에 현존하지만 우리는 그것을 인식하지 못한다. 오히려 그것을 섭리로서 인정하지 않으려 한다.

인간은 원인으로서의 섭리 즉 도를 알고 싶어하지만 그것은 인간의 인지 범위를 벗어난 것이며 또 알 필요도 없다. 도를 닦는다는 것, 도를 따라 산다는 것은 다름아닌 발생한 현실을 수용하며 사는 것이기 때문이다. 우리에게 원인으로서의 섭리는 주어지지 않았지만 결과로서의 섭리는 항상 주어지며, 우리가 할 수 있고 해야 하는 최선은 결과로서의 섭리를 인식하고 그것을 따르는 것이다.

세계는 우리에게 너무나 많은 것을 보여 주며 섭리를 인식하라고 말하고 있지만 우리는 액세서리를 얻기에 여념이 없다. 눈은 있으나 보지 못한다.

〈선과 악〉

섭리의 입장에서 선악은 없다. 모든 것은 섭리에 따라 발생하고 사라지는 것이다. 선악은 사회 구조에 의해 학습된 가치이거나 선천적인 개인적 감정의 호오일 뿐이다. 선악은 인간이 정한 인간의 가치일 뿐이다.

〈무신론에 대한 반성〉

자신이 직접 재배한 채소라서 안전하다고 생각하지만 씨앗 자체가 유전자 변형된 것일 수도 있다. 자신과 현상의 세계를 토대로 진리와 신을 생각하고 정의하지만 그 세계는 신이 만들어 놓은 많은 세계들 중 상당히 조악한 한 세계일 수도 있다. 또한 우리가 알고 있는 형이상학적 진리는 사회가, 권력이, 인간이 만든 조작된 것일 수도 있다.

〈섭리에 대한 감정〉

나의 감정은 섭리에 대한 감정이다. 내가 괴로워하는 것은 나의 고통이 아니라 인간의 고통이다. 지인의 죽음에 대한 서러움, 그것은 나의 죽음을 포함한 인간의 죽음에 대한 서러움이다. 우주의 변화에 대한, 섭리에 대한, 인간의 숙명에 대한 서러움이다.

'12. 5. 27

〈무심〉

1인칭 자아가 아닌 3인칭의 시선으로 내 밖의 현상과 사태에 대해서 무심하게 바라볼 것. 현상과 사태를 마음 안으로 가져오지 말 것. 그것들에 감정 이입하지 말 것.

감정이 일어남은 감정의 주체가 세계와 분리되어 있다는 것이고 섭리에 동화되지 않았다는 증거이다. 물리적으로는 세계와의 합일, 정신적으로는 섭리에의 동화. 세계와 분리된 나는 없다. 세계만이 있을 뿐이다.

인식의 빛은 내 안에서 내가 비추는 것이 아니라 내 밖에서 세계가 비추는 것이다. 내가 인식하는 것이 아니라 세계가 인식하는 것이다 (세계와의 합일).

〈무아〉

나를 나라고 지칭할 수 있는 자아는 없다. 나는 나를 지칭할 수는 없

신들과 행복을 다투다

지만 남들은 나를 OOO라고 지칭한다. 자아는 본래 없다. **무아는 무화된 자아가 아니라 없음 그 자체이다.**

'깨달았는가.'라는 물음에 '누가 있어 무엇을 깨닫는다는 말입니까.'라고 반문하다. 주체의 무, 대상의 무.

〈돈오와 점오〉

깨달음을 향한 정진의 과정에서 보면 점오점수요, 깨달음의 결과 측면에서 보면 돈오돈수이다. 그리고 깨달음 자체는 돈오일 수밖에 없다. 깨달음은 정도의 문제가 아니라 유무의 문제다. 한편, 깨달음이 있기까지의 인연을 생각하면 점오이다.

───── '12. 6. 3

〈무제〉

낮은 층위의 사유와 높은 층위의 사유의 차이는 사유의 수준과 도구와 내용의 차이이다.

세상에 깨달음의 재료는 넘쳐난다. 관건은 인식 능력이다.

〈행복에 대한 재정의〉

육체적 결핍의 해소 측면의 행복은 인정했지만 욕망의 충족 측면에서의 행복은 인정할 수 없었다. 그래서 행복은 없다고 결론 내렸다. 그때의 행복 개념의 수준이 낮았다.

이제 스토아 철학으로 행복을 재정의한다.

부, 권력, 명예 등 외부적 요인에 의한 행복은 없다. 삶과 죽음 쾌락과 고통, 운명마저도 행복과 불행에 영향을 주지 못한다. **다만 그것들**

은 호오, 선호의 대상일 뿐이다.

행복은 운명보다 높은 차원의 가치이며 그것은 오직 덕(지혜, 정의, 절제, 용기)과 덕 있는 행동에 영향 받을 뿐이다. 덕에 따라 사고하고 행동하는 한, 처한 운명과는 무관하게 행복한 것이며, 덕 있는 사고와 행동을 못했다면 아무리 건강과 부, 권세와 명예를 갖고 있더라도 불행한 것이다.

행복은 감각과 정염, 칠정으로 판단되고 느껴지고 연유되는 것이 아니다.

행복은 감성적 판단의 대상이 아니라 이성적 판단의 대상이다.

행복은 호오, 선호의 문제가 아니라 옳고 그름의 문제이다. 선과 정의의 문제이다.

행복은 쾌락과 소유, 권리의 차원이 아니라 인간으로서의 의무의 차원이다.

표면적으로 행복은 마음, 견해, 판단에 달려 있는 것 같다. 그러나 덕 있는 사고와 행동에 의한 판단에 근거한 행복이 아니라면 그것은 자의적인 행복이다. 공허한 행복이다.

행복은 기분 좋음이 아니라 떳떳함이다! 외부의 무엇으로부터 영향 받았는가, 느꼈는가의 문제가 아니라 내가 할 일을 하였는가라는 당위의 문제이다.

행복은 운명의 영향을 받지 않는다. 행복은 욕망의 실현이나 안락함 속에 있는 것이 아니라 인간으로서의 의무를 수행함에 따른 떳떳함 속에 있기 때문이다.

신들과 행복을 다투다

〈성불/해탈과 스토아적 구원〉

성불/해탈. 자신이 연기적 존재로서 공함을 깨닫는 것. 무화된 자아가 아니라 본래 무아임을 인식하는 것. 인식의 불을 켜서 대상을 비추는 것.

스토아적 구원. 자신이 우주의 일원임을 깨닫는 것. 현재라는 특정한 시공간에 속한 존재가 아니라 시공간을 초월한 영원한 우주의 구성요소임을 인식하는 것.

〈인식의 틀〉

현실을 꿰뚫을 수 있는 새로운 인식의 틀이 필요하다. 그것은 나의 외부에서 찾아지기보다는 내부에서 찾아질 것이다.

〈불이(不二)〉

태산 속의 먼지, 먼지 속의 태산.
우주 속의 먼지 같은 인간, 마음 속에 우주를 품고 있는 인간.

〈섭리와 정념〉

자신과, 자신에게 일어나는 모든 일이 섭리 안에 있음을 인식한 자에게 정념은 없다. 당연함에 칠정을 품을 수는 없기 때문이다. 현자는 평온해야 하며, 평온할 수밖에 없다.

〈인간의 장점〉

자연의 입장에서 사람이 꽃보다 아름답고 동물보다 나은 이유는 선한 마음과 동정심이 있다는 것이다. 그러나 인간의 그 장점이 발휘되는 경우는 드물다.

〈제행무상〉

가족의 부재를 두려워하는가. 모든 것이 연기에 의해 이루어짐을 잊고 그것에 집착하는가. 아무것도 소유하지 않고, 누구도 곁에 없는 철저하게 홀로된 극한의 삶을 상정하고 연습해야 한다. 그러나… 이미 그런 상황 속에 살고 있지는 않은지… 인식하지 못할 뿐인지… 제행무상인 것을… 무지…

제행무상, 제법무아를 깊이 인식하는 순간이 열반이요 해탈의 순간이다. 적정열반은 제행무상, 제법무아의 인식에 대한 결과일 뿐이다. 본래 공한데 무엇이 있어 버린다는 것인가. 무엇을 내려놓는다는 것인가. 이제야 마음에 아무 상도 맺히지 않고 그저 무심히 비치고 있음을 깨닫는다. 마음에 비친 상을 가치 있다고, 사랑한다고 느낄 때, 그 상은 마음에 맺힌다. 집착하게 된다. 공의 세계를 벗어나게 된다.

해탈은 공에 대한 주체 없는 인식이었다. 공한 세계에서 공한 관계 속에서 공한 삶을…

'12. 6. 6

〈에피쿠로스의 쾌락〉

"숱한 멸시와 비난의 표적이 되었던 쾌락주의자 에피쿠로스가 신과 같은 행복을 누리기 위해 육체를 위하여 요구하는 최고의 쾌락은 고작 굶지 않고 목마르지 않고 추위에 떨지 않는 것 뿐." - 호모에티쿠스(김상봉)

에피쿠로스 학파가 쾌락주의자라고 비판받은 이유는 은둔주의에 원인이 있다. 마치 학교에서 설치는 학생들이 조용하고 활동 없는 착한 학생들을 괴롭히고 왕따시키는 것과 같다. 인간과 사회의 악의적 본성 때문이다. 현대적 의미에서 볼 때, 오히려 **스토아 철학이 에피쿠로스 철학보다 쾌락주의에 가깝고, 에피쿠로스 철학이 스토아 철학보다 금 욕주의에 가깝다**고 판단된다.

〈아파테이아(Apatheia)와 아타락시아(Ataraxia)〉

아파테이아는 운명에 견고한 반면, 아타락시아는 운명에 무방비이 며, 불안한 평온이다.

〈기독교와 행복〉

기독교는 영생이라는 완전한 행복을 추구한다. 영생은 인간 욕망의 핵심이다. 보이지 않는 인간의 본질적 욕망과 손잡은 종교, 그러나 영 생이 달갑지 않은 자의 종교는 될 수 없다.

철학자의 행복은 이성의 인도에 따라 그 한계 내에 머무를 수밖에 없다. 그것이 진리가 할 수 있는 최대한인 것이다. 그 이상(영생 등)은 인간의 욕망에 부합하는 환상(공상)의 역할이다. 영생은 환상이 주는 행복, 아니 환상을 굳게 믿음으로써 생기는 행복이다. 인간의 한계를 외부의 신을 도입하여 넘어서는 것이다.

영원한 행복은 없다. 덧없는 행복이기에 그것을 추구하지는 않는다. 그럼으로써 오히려 행복하고 자유롭다. 추구하는 **대상을 통찰한 자는 자유롭다.**

아우구스티누스는 '스토아적 현인이 아무리 영웅적인 용기와 인내 심을 발휘한다 하더라도, 그는 참으로 행복한 것이 아니라 용감하게 불행할 뿐'이라고 말하였지만 현자는 용감하게 불행하다손 치더라도 환상에 취한 행복은 원치 않으며, 마약(환상)에 의해 이성이 폐기된 상태의 삶(행복)은 죽음보다 못함을 알고 있다.

기독교는 인간의 한계를 넘어서기 위해 인격신을 도입하고 인간의 욕망인 불사를 제공했다. 불완전한 인간이 종교를 통해 완전함을 추구했지만 신의 도움이 있든 없든 인간은 완전해 질 수 없었다.

그리스 철학은 인간의 한계를 직시하고 한계 내에서의 최상의 행복을 추구했다. 인간의 욕망의 관점에서 볼 때, 욕망의 거짓 충족을 통한 행복이 좋은 것인가, 욕망을 전부 충족시키지는 못하지만 사실에 기인한 행복이 좋은 것인가.

〈경험과 실재〉

경험하지 못했다고 실재하지 않는 것은 아니다. 경험의 부재가 실재의 부재는 아니다.

우주 밖에 존재하여 (우주를 창조한) 신이라면 실재하지만 경험하지 못할 수도 있다.

섭리도 우주 안에서 존재한다.

'12. 6. 8

〈집착〉

내가 두려워하는 것은 집착. 그것은 공에 대한 무지에서 비롯되는 것. 집착하는 대상을 영원의 관점에서('영원의 상 아래에서') 보아야 한다.

신들과 행복을 다투다

〈결과로서의 섭리의 인식〉

신이 아닌 나는 원인으로서의 섭리를 통찰할 수 없다. 결과로서의 섭리를 인식할 뿐이다. 미네르바의 부엉이는 황혼이 되어야 비로소 날지만, 황혼에라도 날 수 있음이 나의 무한한 기쁨이다.

〈소유와 대상〉

어떤 대상의 소유라는 개념은 그 대상과 내가 분리되어 있음을 전제로 한다. 이미 내 안에 있어 나를 구성하고 있는 것에 대해 소유라는 관념을 가지지는 않는다. 내가 우주의 일원으로서 내가 우주임을 깊이 인식할 때 아무것도 소유할 필요가 없다. 우주가 이미 내 안에 있기에.

〈인식〉

깨달음은 이성의 비약적 인식이며, 신앙은 욕망의 감정적 인식이다.

나는 인식의 빛을 밝히기 위해 정진하지만 그 또한 공함을 안다. 다시 그 공함을 인식하기 위해 정진한다.

'12. 6. 9

〈우연과 운명〉

'운명'은 인간이라는 프리즘을 통과한 '우연'이다.

'12. 6. 10

〈인간의 삶〉

각 인간의 사회적 높낮이의 차이는 커야 얼마나 크겠는가. 반면 각 인간 사고의 지평의 차이는 얼마나 크던가.

인간은 1%도 안 되는 좁은 삶의 방식에 다닥다닥 몰려 있다. 우리가 중요시하여 굳게 움켜쥐고 있는 사소한 것들에서 과감히 벗어날 수 있어야 한다. 생명 유지를 위해 꼭 필요한 것을 제외한 모든 것과 모든 관계는 사소한 것들이다.

〈현자의 슬픔〉

사랑하는 이의 죽음 앞에 현자가 슬퍼하는 것은 그의 죽음이 아니라 죽어야만 하는 인간의 운명과, 죽음으로 나타날 수밖에 없는 우주의 섭리이다. **현자는 현 상황을 슬퍼하는 것이 아니라 운명과 섭리를 슬퍼한다.**

슬픔이 한 개인의 죽음에 대한 슬픔이 아니라 인간 전체의 죽음에 대한 슬픔이 될 때, 죽음은 슬픔의 대상이 아니라 우주의 섭리로서의 인식(깨달음)의 대상이 된다.

나의 고통이 특정 상황에 의해 나에게만 일어나는 개별적 고통이 아니라 누구에게나 일어나는 보편적인 고통임을 깨달을 때 나의 고통은 괴로움의 대상이 아니라 인식의 대상이 된다. **결국 인과의 계열 전체로서의 숙명은 정념의 대상이 아니라 인식의 대상인 것이다.**

슬퍼해야 한다면 그 대상은 죽음이라는 최종 결과가 아니라 죽음 이전과 이후의 **모든 인과의 계열, 연기의 사슬, 나아가 우주의 섭리인 것이다.**

〈무아의 길〉

자아무화의 길 - 우주 속에 스며든 나, 나는 없다. 존재하는 것은 우주다. 우주와의 합일, 자아 소멸로서의 무아. 그러나 자아의 그림자마

신들과 행복을 다투다

저 지울 수는 없음. 신수, 스토아 철학. 세계라는 대상이 필요하고 세계와의 관계에 의존할 수밖에 없는 자기 완결적이 아닌 해탈.

본래무아의 길 - 본래 나라는 자아는 없었음을 깊이 인식함으로서의 무아, 본래무아. 인식적 해탈, 돈오. 자아의 그림자는 없음. 혜능, 선. 아무것도 의지할 필요 없고 자신마저 없었음을 깨달음. 완전한 해탈. 공.

〈기타〉

인간은 어떠한 철학적 원리도 창조할 수 없다. 발견하고 해석할 수 있을 뿐이다. 섭리 안에서의 인간의 한계이다.

행복하려면 인생은 본래 불행할 수 밖에 없음을 깊이 인식해야 한다. "못생겨서 죄송합니다."라는 말은 여러 가지 면에서 명언이다.

시원한 바람 속에서 **의지 없이** 자아를 우주에 맡기고 걸을 수 있음이 얼마나 평안한가.

'12. 6. 16

〈단상〉

새로움, 경이로움이 일상의 권태로 바뀌는 것은 어쩔 수 없는 것인가. 익숙함 속에 매몰되는 놓치고 싶지 않은 가치들을 보전할 삶의 철학은 없는가.

내가 유리한 상황에 있다 한들 더 얻을 것은 무엇이며, 더 얻는다 한들 어쩔 것인가. 반대로 불리한 상황에 있다고 한들 더 잃을 것은 무엇이며 모두 잃고 죽음 앞에 선다 한들 이미 죽음을 아는 마당에 무엇이 두렵겠는가. (남들은 애걸복걸하는 삶에 이렇게 초연해도 되는가.)

삶은 처음에는 짐이었다가, 점차 소중함이었다가, 즐거움이었다가,

이제는 편안한 친구가 되었다. 남아 있으면 좋고 떠나도 인내할 수 있는 친구.

아무것도 일어나지 않음에 대해 평안을 느끼는 자와 권태를 느끼는 자의 차이는 통찰과 무지의 차이다.

에피쿠로스적 삶을 추구하기에는 가진 것이 너무 많다. 스토아적 삶을 살기에는 더 정진이 필요하다.

난 어떻게 이 인생을 웃길 수 있을까.

〈인식의 초점〉

대상과 배경을 구별할 수 없으면 대상을 인식할 수 없다. 인식의 초점을 사건과 대상 자체에 두는가, 긴 인과의 계열 전체에 두는가에 따라 인식에 차이가 있다.

〈우주의 눈으로 보라〉

모든 정념은 우주와 분리된, 우주의 객체로서의 자아 관념에서 연유한다. 우주와 분리되어 있는 개체로서가 아니라, 우주의 분자로서, 우주의 눈으로(창조주의 눈으로) 대상을 보라. 우주의 주체로서 사물을 보라. 정념이, 마음의 흔들림이 없을 것이다.

벼락과 천둥은 제대로 동작하는지, 인간은 상황에 맞게 칠정을 느끼고 주입시킨 성격대로 행동하는지. 만물은 정해 놓은 인과 법칙대로 이루어지는지…

나는 객관 세계의 창조주는 아니지만 주관 세계의 창조주이다. 내 마음의 지배자이다. 운명을 받아들일 수밖에 없는 객체가 아니라, 운명을 만들어서 적용하는 운명의 주체가 되어야 한다.

신들과 행복을 다투다

〈단상〉

사회적 인간은 악하다. 문명이 발달한 사회의 인간일수록 더 악하다. 악한 인간의 생, 그래서 슬프게도 인생은 불행할 수밖에 없는 것이다.

많은 철학자들이 결혼을 하지 않는 이유는 현실에 얽매이지 않기를 원했기 때문이리라.

〈생의 무게〉

정확히 35세에서 44세까지 약 10년간은 생의 무게가 무척 무거웠다. 자신의 한계를 느꼈고 반면 스스로가 책임져야 할 생이 너무 많이 남아 있다고 생각했다. 오십을 바라보는 지금, 과거에 고민하던 그 자리에서 그때를 생각해 본다. 그때는 경험이 적어 세상을 너무 두려워했다. 그리고 자연은 변함 없지만 나는 많이 변했다. 과거의 생에 대한 고민은 현재의 생에 대한 기쁨을 낳았다.

문득 바라보는 이 세계는 왜 이리 아름다운 것이냐. 해야 할 일, 생의 고민 없이 그저 무심하게 바라보았기 때문이다. 무아의 눈으로.

〈참나와 진리〉

"참나는 우주적 의식이고 내 몸에 깃든 의식은 우주적 의식의 현시다. - 마하리쉬"라는 사고의 구도는 플라톤의 이데아론과 유사하다. 그러나 이 유사함이 사고 자체의 진위에 영향을 미치는 것은 아니다.

종교적 진리조차 관조하라. 각각은 그 종교 교주 개인의 영적 신념일 뿐이다. 다만 그 신념이 얼마나 많은 사람들이 공감할 만한 보편성을 가지고 있는가가 관건이다. 특정 종교는 자신이 만든 빵(교리)만이 진짜라고 우기지만 주변을 돌아보면 무수히 많은 빵들이 있고 사람들은 그 빵들을 먹고 잘 살아가고 있다.

유일한, 완전한 진리는 없다. 완전에 가까운 진리를 인식하고 완성해야 한다.

〈우연과 필연〉

우연과 필연은 이미 발생한 하나의 사건을 바라보는 다른 관점일 뿐이다. 사건의 발생 이전에서 보면 우연이고 사건의 발생 이후에서 보면 필연이다. 결과적으로 볼 때 우연과 필연은 같다. 자신의 앞 일을 예견할 때, 또는 사건이 진행 중일 때 운명은 없다. 운명은 시간에 따라 변하기 때문이다. 다만 결과로서의 운명은 있다. 결과이기에 받아들일 수밖에 없는 운명. 미네르바의 부엉이가 날기 전까지는 운명과 필연을 알 수 없다. 정해지지 않은 운명은 운명이 아니고 정해지지 않은 필연은 필연이 아니기 때문이다. 시간을 초월하는 운명과 필연은 개념만이 존재할 뿐 실재하지 않는다. 불가지의 대상이다.

〈그리스인과 운명〉

그리스인과 운명, 일리아드, 그리스 비극, 운명적 슬픔. 최후의 비극은 죽음.

죽음과 함께 살아야 했던 그리스 천재들의 사유, 죽음과 운명.

우리는 죽음을 너무 멀리 떨어져 산다. 이전 세대의 사람들 보다 죽음을 훨씬 더 두려워하고 생각하기를 꺼린다. 더 오래 살아야 함에 따라 욕망은 더욱 커지고 삶은 점점 무거운 짐이 되어 간다. 가볍게 즐기는 삶이 아니라 무겁게 지고 가야 하는 의무로서의 삶을 살게 된다.

〈무대 장치로서의 우주〉

이 우주는 나의 인생이라는 연극의 무대 장치다. 연극이 막을 내리면 우주라는 무대 장치는 철거될 것이다. 그 후 내가 또 다른 무대에 선다면 이 우주와는 또 다른 무대 장치를 배경으로 연기할 것이고, 무대에 서지 못한다면 이 우주가 아닌 다른 차원의 영적 구성 분자로 남을 것이다. 우주를 벗어나다. 우주 밖의 세계, 시공간 밖의 세계.

〈젊음〉

"(그녀의) 젊음은 눈부셨다." 되돌아 갈 수 없는 자의 독백. 도달할 수 없음에 대한 텅 빈 동경. 물끄러미 바라볼 수밖에 없음을 수용해야 하는 안타까움. 섭리에 대한 슬픔.

'12. 6. 23

〈자아/세계관 1〉

나는 현존하는 우주 속의 한 개체로서 존재하고 나의 죽음 이후에도 이 우주는 존재한다. 나의 죽음은 현재 형태의 육체와 영혼으로서는 절멸이지만 죽음은 나를 우주의 재료(다른 존재로의 가능성)로서 돌아가게 하는 것이다.

〈자아/세계관 2〉

나는 우주 밖에 영원히 존재한다. 나는 탄생을 통해 이 세계에 현시되며 이 우주는 나의 의식이 만들어 낸 것이다. 우주 속에 내가 있는 것이 아니라, 내 의식 속에 이 우주가 들어 있는 것이다. 나는 죽음과 함께 본래의 나로 환원하고 이 우주는 의식과 함께 사라진다.

〈단상〉

언제까지 육체적 생에 종속되어 살 것인가. 언제까지 행복과 죽음 앞에 쩔쩔매며 살 것인 가. 생을 비웃기까지는 못 할지언정 자신의 삶과 죽음은 초연하게 지배해야 한다.

있는 그대로의 현 상황이 아닌, 의지가 반영된 다른 상황을 원할 때 평안은 흐트러진다. 무엇인가를 바랄 때 평안은 유지되지 못한다.

현상 뒤에 보이지 않는 무한한 인과의 계열, 연기의 사슬을 통찰할 때 나에게 다가온 모든 사건을 어쩔 수 없이 받아들일 수밖에 없음을 깨닫게 된다.

행복은 행복을 원치 않는 자에게 찾아온다.

〈정상적인 삶〉

정상적인 삶이란 무엇인가. 세상사에 초연한 삶인가, 얽매인 삶인가.

즐겁지 못한 생각, 고민이 있다는 것은 무엇엔가에 사로잡혀 있다는 것이다. 욕망이 살아있다는 것이고 어쩌면 스스로가 무엇인가를 사로잡고 있는 것이다. 집착이다. 섭리를 거부하는 마음이 있다는 것이다. 평정은 그물에 걸리지 않는 바람 같은 것. 욕망, 집착, 고통의 그물에 초연한 것. 섭리와의 일치를 넘어 스스로가 섭리 자체가 되는 것.

얼마나 더 내려놓아야 하는가. 얼마나 더 포기해야 하는가. 그것은 양의 문제도 아니고 의지의 문제도 아닌 인식의 문제다. 세계와 자신에 대한 통찰. **의지의 힘으로는 해탈할 수 없다. 해탈은 인식의 문제, 통찰의 문제다.**

신들과 행복을 다투다